DER GROSSE NATURFÜHRER

KRÄUTER

Küchen-, Heil- und Duftkräuter

Maria Teresa Della Beffa

VERLEGT BEI
KAISER

Titel des italienischen Originals: »Erbe«
Einzig berechtigte Übertragung aus dem Italienischen:
Mag. Walter Wurzer
Fachlich redigiert: Oberstudienrat Mag. Klaus Kugi

Redaktion: Valeria Camaschella
Bildredaktion: Centro Iconografico dell'Istituto Geografico De Agostini
Bildnachweis: Archivio IGDA (2P, F. Ballanti, E. Banfi, Bellani, A. Bernini, E. Bertaggia, F. Bertola, G. Cappelli, C. Carfagna, G. Ceffa, M. Cerri, G. Cigolini, Cretti, A. Curzi, D. Dagli Orti, C. Dani-I. Jeske, M.T. Della Beffa, C. Delu, A. Facchinetti, B. Ferrero, G. Galasso, L. Galperti, P. Giordano, M. Giovanoli, P. Jaccod, M. Leigheb, E. Martini, S. Montanari, A. Moreschi, G. Negri, D. Petretti, M. Pizzirani, S. Prato, Random, G. Roli, F. Rotta, R. Sacco, C. Sappa, G. Sioen)
Herausgegeben von Studio Booksystem, Novara

Deutsche Erstausgabe

Neuauflage: 2003
E-Mail: office@kaiserverlag.com
Homepage: www.kaiserverlag.com

Einbandgestaltung: Volkmar Reiter
Satz: Context Type & Sign Pink, St. Veit/Glan
Gesamtherstellung: Gorenjski Tisk, Kranj – Slowenien

Inhaltsverzeichnis

Einführung

Die Heilpflanzen

Schon für die Menschen der Frühzeit war es eine Überlebensfrage, die sie umgebenden Pflanzen in genießbare Arten und in solche zu unterteilen, die sie zum Lindern von Schmerzen oder zur Heilung von Verletzungen und Wunden einsetzen konnten. Sie ließen sich dabei vor allem von ihrer Intuition, aber bisweilen auch von zufälligen Entdeckungen leiten. Das Wissen über viele therapeutische Eigenschaften von Heilpflanzen reicht daher mit Sicherheit bis zu den Anfängen der Menschheit zurück, wovon auch zahlreiche schriftliche Aufzeichnungen Zeugnis ablegen.

EIN KURZER ABRISS ZUR GESCHICHTE

Der chinesische Kaiser Chen-Nong, der im 27. Jahrhundert v. Chr. regierte, gilt als Autor des Werkes *Pen-t'sao (Über die Herkunft der Kräuter)*. Es ist dies die erste bekannte Abhandlung über Heilpflanzen, die nach unserem Wissensstand verfasst wurde. In diesem Buch beschreibt und klassifiziert dieser Autor 365 Kräuter, die er wahrscheinlich an sich selbst erprobte, um damit deren heilende oder auch toxische Wirkung zu testen. Gesicherte Überlieferungen von therapeutischen Rezepturen auf der Grundlage von Pflanzen, Tierprodukten und Mineralien stammen aber auch aus dem alten Ägypten. Der so genannte »Papyrus von Ebers«, nach seinem Entdecker benannt, entstand etwa um 1550 v. Chr. Es handelt sich dabei um eine Aufzeichnung von wichtigen Heilpflanzen des Altertums, die vielfach auch noch in unserer Zeit verwendet werden, wie etwa Fenchel, Thymian, Koriander oder Granatapfel.

In der Antike der westlichen Hemisphäre spielte die Erforschung der Heilwirkung von Pflanzen vor allem im alten Griechenland eine große Rolle. Dort wirkten neben den so genannten *Rhizotomoi* (Wurzelsammler) zahlreiche bedeutende Botaniker, Ärzte und Naturheiler. Hippokrates von Kos, der im 5. Jahrhundert v. Chr. lebte, gilt heute als der Vater der Medizin. Er beschrieb in seiner *De veterum medicina* über 300 Pflanzen, die zu seiner Zeit für die Zubereitung von Medikamenten verwendet wurden.

Im 3. Jahrhundert v. Chr. lebte der berühmteste Botaniker des Altertums, Theophrast, der als Erster eine binäre Nomenklatur (doppelte Namengebung) und Klassifizierung der Pflanzenwelt einführte, auf der dann Karl von Linné rund 1900 Jahre später sein Werk *Systema naturae* begründete. Er beschrieb dabei auch die therapeutischen Wirkungen von Pflanzen, obwohl dies nicht das zentrale Thema seiner Ausführungen war.

Seite 2: Gentiana lutea, *der Gelbe Enzian, wird bisweilen mit* Veratrum album, *dem Weißen Germer, verwechselt. Letzterer ist giftig!*

Mithridates (132–63 v. Chr.), der König von Pontos, zählt ebenfalls zu den Großen in der Geschichte der Medizin. Er war von der fixen Idee besessen, dass ihn einer seiner zahlreichen Feinde vergiften könnte. Aus diesem Grund führte dieser antike Herrscher Experimente mit allen bekannten und unbekannten toxischen Substanzen an seinen Sklaven, aber auch an sich selbst durch. Tag für Tag nahm er eine Dosis Gift zu sich, die er ständig steigerte, um so seinen Körper an die verschiedensten Gifte zu gewöhnen und damit zu immunisieren. Ihm zu Ehren wird ein solches Vorgehen auch heute noch als »Mithridatismus« bezeichnet.

In Anazarbos in Kilikien wurde 50 n. Chr. Pedanios Dioskurides, ein Zeitgenosse von Plinius, geboren. Von ihm stammt die weltberühmte Schrift *De materia medica,* die in detaillierter Form die Beschreibungen von mehr als 500 Heilpflanzen enthält. Neben ihrer Heilwirkung finden sich dort auch die häufigsten Anwendungsformen. Seine Studien stellten die Basis für sämtliche medizinische Rezepturen der Pflanzenheilkunde bis zur Renaissance dar.

Von den klassischen Größen der »medizinischen Botaniker« verdient auch noch Claudius Galenus (129–201 n. Chr.) erwähnt zu werden. Diesem in Pergamon in Kleinasien geborenen Arzt verdanken wir den jahrhundertelang verwendeten Begriff der »Arzneipflanze« als Bezeichnung für die Heilkräuter. Darüber hinaus geht auf ihn der noch heu-

te verwendete Ausdruck des »galenischen Arzneimittels« zurück. Diese Bezeichnung bezieht sich auf jene Arzneizubereitungen, die von einem Apotheker nach einem ärztlichen Rezept hergestellt werden.
Diese auf griechisch-römischer Tradition basierenden Erkenntnisse fanden im Lauf der Geschichte, ergänzt durch Kenntnisse der arabischen Medizin, Eingang in die Wissenschaft sämtlicher Länder Mitteleuropas.
Eine der maßgeblichen Persönlichkeiten dieser Periode war Avicenna (979–1037), dem die Medizin die Verwendung neuer exotischer Drogen wie auch neue Techniken zur Gewinnung und Verwendung von Wirkstoffen pflanzlicher Herkunft verdankt.
Im Mittelalter gewann auch die Tätigkeit mönchischer Orden eine immer wichtigere Bedeutung, da Mönche in ihren Klöstern Heilkräuter anbauten und in minutiöser Arbeit ihr Wissen in Handschriften und Handbüchern niederschrieben. Auf diese Weise lieferten sie ihre gewonnenen Erkenntnisse aus Botanik und Medizin an nachfolgende Generationen. Besondere Berühmtheit erlangten dabei die Werke der Mönche von Montecassino, dieser bekannten Schule aus Salerno (11./12. Jahrhundert), der wir den ersten *Hortus Salutaris* verdanken. Auch deutsche Benediktiner bauten nach den Regeln der hl. Hildegard (1098–1179) im Kloster St. Rupert in Bingen am Rhein in ihren Gärten über Jahrhunderte Heilkräuter an und erforschten deren Wirkung.
Ab der Renaissance führte die Gründung der ersten botanischen Gärten, ausgelöst durch die Entdeckung der Neuen Welt, zu vermehrten Forschungsarbeiten über heimische und exotische Nahrungs- und Heilpflanzen. Die Erfindung des Buchdruckes und der beweglichen Lettern durch Gutenberg (1492) ermöglichte erstmals die Veröffentlichung, Übersetzung und Verbreitung der klassischen Werke der Botanik in großen Auflagen. Diese wurden mit detaillierten Beschreibungen und schönen Abbildungen versehen und vermochten so dieses Wissen einem immer breiteren Publikum zu vermitteln.
Im 16. Jahrhundert zählten Werke, die wir heute als »pharmazeutische Botanik« bezeichnen, zu jenen mit den höchsten Auflagezahlen.
Die rasch steigende Zahl an bekannten Arten führte überdies dazu, dass neben den Werken über Heilkräuter die ersten Blumenbücher auf den Markt kamen. Sie lieferten eine erste echte Bestandsaufnahme der in den verschiedenen europäischen Gegenden heimischen Flora. Die im 17. Jahrhundert entwickelte Technik des Kupferstiches ermöglichte die Herstellung so genannter »Herbarien« und »Florilegien« mit herrlichen handkolorierten Farbabbildungen von zu dieser Zeit bekannten und in Parkanlagen und botanischen Gärten gehegten Pflanzen.
Im 18. und 19. Jahrhundert wurden immer noch zahlreiche natürliche Substanzen als Heilmittel für Krankheiten eingesetzt und die Medizin stand im Mittelpunkt enormer Fortschritte. Bei der Behandlung von Malaria kam beispielsweise die Chinarinde zum Einsatz und bei Herzstörungen Digitalis. Der Wendepunkt in der wissenschaftlichen Entwicklung der Pharmakologie fand jedoch 1803 statt, als man erstmals aus dem Opium das Alkaloid Morphin zu isolieren vermochte. 1820 folgte die Isolierung des Chinins aus der Chinarinde und 1860 schließlich des Kokains aus den Cocablättern.
Als nächster Schritt der aufblühenden Biochemie folgte die künstliche Reproduktion der chemischen Struktur von natürlichen Wirkstoffen im Labor. Dies ermöglichte die Bildung von neuen Strukturelementen, die in der Natur nicht vorkommen, aber über dieselben pharmakologischen Eigenschaften verfügen. Allergrößte Bedeutung kommt dabei der künstlichen Synthetisierung des Aspirins zu, die 1899 aus dem im Spierstrauch enthaltenen natürlichen Wirkstoff, der Acetylsalicylsäure, erfolgte. Seit dieser Zeit benötigt man für die Erzeugung dieses auch heute noch unverzichtbaren Medikamentes keinen Spierstrauch mehr.
Mit Beginn des 19. Jahrhunderts bewirkte die Herstellung dieser neuen stärkeren, leichter dosierbaren und zu verabreichenden synthetischen Pharmaka einen gewaltigen Fortschritt in der Medizin. Gleichzeitig verdrängten die chemischen Produkte immer mehr die aus Wurzeln, Blättern usw. erzeugten natürlichen Heilmittel. Mit der Erkenntnis, dass die Einnahme moderner Medikamente vielfach mit starken Nebenwirkungen für den Organismus verbunden ist und auch nicht immer zu der gewünschten Heilung führt, gewinnen in letzter Zeit jedoch natürliche Heilmittel erneut an Bedeutung und Wertschätzung.

Die von der Weltgesundheitsorganisation erstellten Statistiken besagen, dass 25% der verschriebenen Medikamente in den USA aus natürlichen Substanzen bestehen und weitere 25% aus Stoffen, die aus der chemischen Veränderung von natürlichen Substanzen entstanden sind. Es handelt sich dabei ausschließlich um verschiedene aus Pflanzen gewonnene Wirkstoffe, von denen viele Prototypen oder Ausgangsformen für neue Gruppen von Pharmaka oder auch für wichtige Vorstufen darstellen, aus denen dann auf halbsynthetischem Wege Wirkstoffe hergestellt werden.
Heilpflanzen stellten für lange Zeit die eigentlichen Rohstoffe für die pharmazeutische Industrie dar, dennoch kam es nach der Entdeckung der Sulfonamide im Jahre 1930 zu einer ständig sinkenden Nachfrage. Im Lauf der letzten 20 Jahre hat sich dieser Trend jedoch gewendet, wobei dies auch auf die Entwicklung von verfeinerten neuen Trenn- und Analysetechniken zurückzuführen ist. Die enormen Fortschritte bei der Standardisierung von Pflanzenheilmitteln haben auch dazu geführt, dass große Pharmabetriebe auf diesem Forschungsgebiet gewaltige Summen investiert haben. Der sich daraus ergebende Bedarf an riesigen Mengen von bestimmten Arten, die für die Pharmazie von Interesse sind, führte bisweilen zu deren Ausrottung. Andererseits beinhaltet ein erneut aufgeflammtes Interesse an pflanzlichen Heilmitteln gleichzeitig auch den Auftrag zur Erhaltung intakter Ökosysteme und zur Bewahrung der biologischen Vielfalt unseres Planeten.
In Europa spielt Deutschland eine führende Rolle bei der Erforschung der Pflanzenchemie zur Erzeugung neuer Pharmaka. Dies mag auch damit zusammenhängen, dass hier – auch aus einem gewissen kulturellen Hintergrund heraus – die Pharmaindustrie bei der Genehmigung von Präparaten, die aus pflanzlichen Substanzen gewonnen wurden, auf wesentlich weniger Hindernisse seitens der zuständigen Behörden trifft. Auch in den USA hat in den letzten 30 Jahren die Zusammenarbeit von öffentlichen Stellen, Universitäten und privaten Industriebetrieben zu Erfolgen bei der Isolierung und Entwicklung von wichtigen neuen Pharmaka natürlicher Herkunft geführt.
Darüber hinaus ist es in letzter Zeit aber auch in vielen anderen Ländern zur Einführung von speziellen Ausbildungskursen auf diesem Gebiet an Universitäten und postuniversitären Einrichtungen gekommen. Weltweit investieren nun diverse Pharmabetriebe enorme Summen in die Erforschung der in den Tropenwäldern heimischen und vielfach unbekannten Pflanzen, da möglicherweise nur in der tropischen Pflanzenwelt die entsprechenden Heilmittel für zahlreiche Zivilisationskrankheiten gefunden werden können.

WIRKSTOFFE

Der Begriff »offizinell«, der sehr häufig im Zusammenhang mit Heilmitteln zu finden ist (z. B. *Salvia officinalis, Rosmarinus officinalis, Hysopus officinalis*), leitet sich von »Offizin« ab, einer alten Bezeichnung für Apotheke. So weist schon der Name darauf hin, dass zahlreiche Pflanzen bereits seit alter Zeit für ihre therapeutischen Eigenschaften bekannt waren. Diese Wirkung verdanken sie den in ihnen enthaltenen Substanzen, die als »Wirkstoffe« bezeichnet werden, da sie eine ganz bestimmte Wirkung auf den menschlichen Körper auslösen. Einige dieser Wirkstoffe konnten isoliert, genau erforscht und in Labors künstlich synthetisiert werden, andere wiederum warten noch darauf, entschlüsselt zu werden. Bei den Pflanzen sind verschiedene Wirkstoffe zu unterscheiden, die bisweilen eine synergetische Wirkung ausüben. In der »Visitenkarte«, die bei jeder Artbeschreibung in diesem Buch zu finden ist, sind die bekannten Wirkstoffe angeführt.
Jener Teil der Pflanze, der in der Pflanzenheilkunde Verwendung findet, wird als »Droge« bezeichnet. Der Begriff Droge hat jedoch in diesem Zusammenhang eine ganz andere Bedeutung als die ihm allgemein zugeordnete, nämlich einer Substanz mit Rauschwirkung.

Alkaloide

Alkaloide zählen zu den stärksten, aber auch giftigsten Wirkstoffen, die in den Pflanzen enthalten sein können. Es handelt sich dabei um Stickstoffalkali-Verbindungen, die bereits in kleinsten Dosen eine starke Wirkung hervorbringen. Sie sind vor allem in Vertretern der Mohngewächse, Rötegewächse und der Nachtschattengewächse enthalten. In der Natur, aber auch im Handel trifft man sie fast immer in Form von Salzen an. Bei

den Pflanzen haben sie wahrscheinlich eine Funktion der Reserve und als Giftwaffe zur Verteidigung. Ihre Bezeichnung endet fast immer in der Endung »in«, die meist an den Namen der Pflanze angehängt wird: Atropin *(Atropa belladonna)*, Nikotin *(Nicotiana tabacum)*, Koffein *(Coffea arabica)*. In einigen Fällen geht der Name jedoch auf einen anderen Ursprung zurück.
Morphin, das im Mohn enthaltene Alkaloid, leitet sich von Morpheus, dem Gott des Schlafes, ab und weist so auf seine narkotisierende Wirkung hin. Aufgrund ihrer erhöhten Toxizität sind die Alkaloide mit Vorsicht und nur unter ärztlicher Kontrolle anzuwenden.

Glykoside
Andere sehr starke Inhaltsstoffe sind Glykoside, Wirkstoffe, die aus Molekülen unterschiedlicher und häufig sehr komplexer Struktur bestehen. Unter bestimmten Umständen (z. B. durch die Einwirkung von Säuren oder Enzymen) spalten sie sich in einfachere Strukturen auf (z. B. Glukose oder andere Zucker). Zu den bekanntesten Vertretern zählen die Anthrachinon-Glykoside mit abführender Wirkung sowie die sehr giftigen Zyanwasserstoff-Glykoside. Eine besondere Gruppe der Glykoside bilden die Saponine, die wie Seife hydrophil sind und Fette emulgieren können, wobei Schaum entsteht. Sie kommen in der Natur sehr häufig vor und sind mehr oder weniger toxisch. In kleinen Dosen werden sie wegen ihrer auswurffördernden sowie harn- und schweißtreibenden Eigenschaften pharmakologisch geschätzt.

Gerbstoffe (Tannine)
Diese zählen zu den verbreitetsten Wirkstoffen unter den Pflanzen. Trotz unterschiedlicher Zusammensetzungen ist ihnen allen eine adstringierende (zusammenziehende) Wirkung und ein eher bitterer Geschmack zu Eigen. Sie wirken auch antibakteriell, antiseptisch und hemmen die Zersetzung von Geweben. Sie werden seit jeher auch zum Gerben von Leder eingesetzt.

Schleim und Gummiharze
Viele Pflanzen enthalten Pflanzenschleim, vor allem an der Oberfläche der Samen (z. B. Lein) oder in den Wurzeln (z. B. Sigmarskraut). Es handelt sich dabei um Substanzen, die bei Kontakt mit Wasser stark quellen und schließlich eine gallertige Masse bilden. Wahrscheinlich dient diese Funktion bei der lebenden Pflanze zur Bildung einer gewissen Wasserreserve. In der Medizin und Kosmetik werden solche Schleime hingegen wegen ihrer aufweichenden und schmerzstillenden Wirkung eingesetzt.
Dem Pflanzenschleim sehr ähnlich sind die Gummiharze. Diese durchsichtigen und harten Substanzen bilden sich häufig als Folge von Verletzungen oder Infektionen an der Rinde zahlreicher Pflanzen. Die Gerinnung erfolgt rasch beim Kontakt mit Luft. In Verbindung mit Wasser bilden sie die Grundlage für dichte und gelatinöse kolloidale Lösungen.

Fette und ätherische Öle
Zahlreiche Pflanzen enthalten verschiedenartige Fette und Öle. Im Allgemeinen werden sie in Samen eingelagert und dienen dort als Energiespeicher. Bei Raumtemperatur können Fette fest sein wie z. B. Butter, Kakaobutter, Walnussbutter usw. oder auch flüssig wie etwa Öle: Olivenöl, Rizinusöl, Sonnenblumenöl usw.
In der Pflanzenheilkunde spielen vor allem ätherische Öle eine sehr wichtig Rolle. Sie werden auch als Essenzen oder Quintessenzen bezeichnet und unterscheiden sich von den Ölen und Fetten durch rasche Verdampfung und intensives Aroma. Sie sind chemisch unterschiedlich zusammengesetzt, aber alle äußerst flüchtig und wohlriechend und im Wasser unlöslich oder fast unlöslich, nur in Alkohol und in anderen organischen Lösungsmitteln löslich. Ätherische Öle werden von Fetten leicht aufgenommen und können daraus durch Destillation oder mittels Auszug in Alkohol leicht gewonnen werden. Vor allem viele Arten der Familie der Lippenblütler wie z. B. Thymian, Lavendel, Basilikum, Minze usw. und der Doldengewächse wie etwa Petersilie, Fenchel weisen einen hohen Gehalt an ätherischen Ölen auf und verfügen über eine antiseptische, stimulierende und blähungshemmende Wirkung.

Harze und Milchsaft

Viele Pflanzenarten (z. B. Koniferen) enthalten Harze. Dabei handelt es sich um organische Substanzen, die häufig in ätherischen Ölen gelöst sind und wie diese im Allgemeinen stark harzig riechen sowie in Wasser unlöslich sind.

Einige Pflanzenfamilien, z. B. Mohngewächse, Wolfsmilchgewächse, Korbblütler verfügen über einen hohen Gehalt an Milchsaft, der an frisch verletzten Stellen reichlich austritt. Es handelt sich dabei meist um milchig weiße Flüssigkeiten, die bisweilen auch gelb oder orange gefärbt sein können wie etwa beim Schöllkraut. Sie enthalten unterschiedliche Substanzen wie Harz, Gummi, Alkaloide und können folglich unterschiedlichste therapeutische Eigenschaften aufweisen.

Die wichtigste Rolle in der Medizin kommt bislang dabei dem im Schlafmohn enthaltenen Milchsaft zu. In letzter Zeit konzentriert sich die Pharmazie aber auch auf jene Milchsäfte, die sich in einigen Wolfsmilchgewächsen bilden und die – trotz ihrer ausgeprägt reizenden Wirkung – in kleinen Dosen verabreicht eine pharmakologische Wirkung bei der Behandlung bestimmter Krankheiten, etwa beim Harnfluss, zeigen.

Bitterstoffe

Eine sehr heterogene Gruppe stellen die so genannten Bitterstoffe dar, die aus chemischen Verbindungen unterschiedlichster Art bestehen, im Falle des Bitterstoffes beim Enzian handelt es sich beispielsweise um Glykoside. Ihnen allen gemeinsam ist ihr bitterer Geschmack. Sie wirken vielfach auf das Verdauungssystem und regen dabei die Bildung von Speichel und Magensäften an und in der Folge den Appetit und auch eine verbesserte Verdauung.

TECHNIKEN DER GEWINNUNG (EXTRAKTION)

Schon in den alten Schriften finden sich umfangreiche Dokumentationen über diverse Verarbeitungsmethoden von Pflanzen und die Technik der Gewinnung von Essenzen. Dazu gesellen sich Darstellungen auf Wandmalereien und Reliefs. Erste Hinweise auf die Gewinnung pflanzlicher Wirkstoffe stammen aus Ägypten (20. Dynastie) und Mesopotamien (Sumerer ca. 3000 v. Chr.). Die dabei eingesetzten Methoden waren im Wesentlichen drei: Auspressen, Kaltauszug (Mazeration) und Enfleurage.

Auspressen: Die alten Ägypter verwendeten bei dieser Technik einen Sack mit zerkleinerten Teilen der frischen Pflanze. Nach Pressung, Filterung und Klärung wurde der Saft in Gefäßen abgefüllt. Die Griechen und Römer verwendeten zu diesem Zweck bereits eine Balken- oder Schraubenpresse.

Kaltauszug: Dabei handelt es sich um die am häufigsten verwendete Methode im Mittelmeerraum. Die Aromastoffe der Pflanze wurden in einem Wasser- oder Ölbad extrahiert, das dabei eine Temperatur von ca. 65 °C aufwies und häufig umgerührt und abgeschäumt werden musste. Bisweilen verwendete man dazu auch Essig oder Wein. Im Allgemeinen fügte man nach einem Tag im heißen Wasser Fette hinzu, welche die ätherischen Öle in sich aufnahmen und sich nach dem Abkühlen an der Oberfläche der Flüssigkeit ansammelten.

Enfleurage: Diese Art der Extraktion von Duftstoffen mit Hilfe von Fetten war vor allem bei den Persern, den Völkern Mesopotamiens und den alten Ägyptern sehr verbreitet. Dabei wurden entsprechende Rahmen mit Tierfett bestrichen und feine Blütenblätter aufgestreut, wobei die verwelkten Blätter ständig durch frische ersetzt werden mussten. Diese Methode diente vor allem der Gewinnung von parfümierten Pomaden und Salben.

Heute finden diese drei Techniken praktisch keinerlei Anwendung mehr, obwohl sie im Laufe der Jahrhunderte ständigen Verbesserungen unterworfen waren. Die Presse wird bisweilen noch bei Orangen-, Zitronen- und Bergamotteschalen angewendet, wie auch bei den Wurzelstöcken von Irisgewächsen. Die Enfleurage war bis zum Einsatz von chemischen Lösungsmitteln noch bei Jasminblüten üblich und der Warmwasserauszug mittels Fetten bei Akazienblüten und dem Veilchen.

Die heute verwendeten Methoden sind die **Destillation** (in verschiedenen Methoden) und die **Extraktion mittels chemischer Lösungen.** Schon der Einsatz von Petroläther, als erstes verfügbares chemisches Lösungsmittel, führte im 19. Jahrhundert zu einer enormen Verbesserung der qualitativ-quantitativen Ausbeute innerhalb der verschiedenen Gewinnungszyklen.

Die maßgebenden historischen Quellen schreiben die Erfindung der Destillation Avicenna, dem großen islamischen Wissenschaftler und Philosophen, zu, der um die Jahrtausendwende in Persien lebte. Die Verwendung des Destillierapparates durch die vielen Alchimisten im Westen förderte in der Folge die Verbreitung und Weiterentwicklung dieser Erfindung.
In einer Neuauflage von *De materia medica* von Dioskurides, die der Arzt Pietro Andrea Mattioli aus Siena verfasste, finden sich interessante Tafeln, welche die Techniken der Destillation aufzeigen, um aus Pflanzen Parfums und Aromen zu gewinnen. Ein Zeitgenosse von Matteoli war Paracelsus, auch als Philippus Theophrastus von Hohenheim (1493–1541) bekannt. Dieser vielseitige Wissenschaftler aus der Schweiz schlug als einer der Ersten vor, die Verabreichung von Drogen in Pulverform durch deren Extrakte oder Tinkturen, in denen sich die Wirkstoffe befanden, zu ersetzen (wobei die Wirkstoffe mit Wasser oder Alkohol extrahiert wurden).
Ethanol bzw. Äthylalkohol als Extraktionsmittel ließ sich mit der Entwicklung und Verbreitung der Destillation im 15. und 16. Jahrhundert leicht gewinnen und nahm so eine immer wichtigere Rolle auf dem Gebiet der heilenden Medizin ein, sowohl als Konservierungsmittel als auch zur Extraktion. Seit Jahrhunderten waren und sind auch heute noch der Aufguss, der Kochauszug, der Kaltauszug, die Extraktion in Alkohol, die einfache Destillation oder die Wasserdampfdestillation die gängigsten Extraktionsmethoden für Wirkstoffe von Pflanzen.
Heute werden sowohl in den Forschungslabors als auch auf industrieller Ebene die in Pflanzen enthaltenen Wirkstoffe mittels chemischer Lösungsmittel gewonnen, häufig mit Polaritätsgradienten. Es gibt Alkohole wie Ethanol (Äthylalkohol) und Methanol, chlorhältige Lösungsmittel wie Chloroform und Dichlormethan und schließlich Ester, Äther und Kohlenwasserstofflösungsmittel wie Hexan und Petroläther.

WICHTIGE METHODEN DER ZUBEREITUNG

Von den verschiedenen Methoden der Extraktion und Verwendung der in den Heilpflanzen enthaltenen Wirkstoffe eignen sich nur einige wenige für den einfachen Gebrauch in den eigenen vier Wänden. Man muss bedenken, dass sich der üblicherweise verwendete Begriff »Arzneitrank« nicht auf eine bestimmte Methode der Zubereitung bezieht, sondern einfach ein Getränk auf Basis von Heilkräutern darstellt, das wegen seiner heilenden Wirkung eingenommen wird (Verdauungstee, harntreibender Tee, Abführtee usw.). Dabei wird stets vorausgesetzt, dass dieser mittels Aufkochen oder Aufgießen gewonnen wird.
Aufguss: Diese Methode, die üblicherweise bei der Zubereitung von Tees verwendet wird, eignet sich besonders für Blüten und zarte Blätter mit leicht flüchtigen ätherischen Ölen, die durch das Kochen einen Großteil ihrer Wirkstoffe verlieren würden.
• *Die bereits zerkleinerte oder zerstoßene vorgesehene Menge der Droge in einen entsprechenden Behälter geben (es kann dies auch eine Tasse sein). Mit der genauen Menge kochendem Wasser aufgießen und sofort zudecken, damit mit dem Dampf die flüchtigen Wirkstoffe nicht verloren gehen. 5 bis 15 Minuten stehen lassen, dann filtern, den Rest auspressen und warm oder lauwarm trinken (aber nie kochend oder kalt), eventuell mit etwas Honig süßen.*
Da es sich dabei um eine wässrige Lösung handelt, kann der Aufguss nur kurzzeitig aufbewahrt werden und sollte folglich innerhalb eines Tages konsumiert werden – man kann ihn höchstens eine Nacht lang in den Kühlschrank stellen.
Kochauszug: Diese Zubereitungsart kommt besonders bei jenen Drogen zur Anwendung, die ihre Wirkstoffe in heißem Wasser nur sehr schwer abgeben, z. B. Samen, Wurzeln, Rinden usw.
• *Die bereits zerkleinerte oder zerstoßene Droge in der richtigen Menge in kaltes Wasser geben und einige Stunden lang einweichen lassen. Dann das Wasser zum Kochen bringen und 10 bis 20 Minuten lang kochen lassen. Das Ganze abkühlen lassen und dann filtern, den Rest auspressen. Die Flüssigkeit einnehmen, zuvor eventuell mit etwas Honig süßen. Bei Zeitmangel muss man die Droge nicht unbedingt in kaltem Wasser einweichen, sondern es genügt die Konzentration der Lösung leicht zu erhöhen.*
Da es sich dabei um eine wässrige Lösung handelt, sollte der Kochauszug nur kurzzeitig aufbewahrt und folglich innerhalb eines Tages konsumiert werden.

Tinkturen: Diese Art der Zubereitung von Drogen ergibt sich aus der Extraktion von pflanzlichen Wirkstoffen durch Alkohol oder andere geeignete Lösungsmittel. Abhängig von dem für die Herstellung eingesetzten Lösungsmittel tragen sie den Namen von Alkoholen oder Äther usw. Sie werden als einfach oder zusammengesetzt bezeichnet, je nachdem ob bei ihrer Zubereitung eine oder mehrere Drogen verwendet wurden. Das Gewichtsverhältnis zwischen Droge und Tinktur beträgt 1:5 oder 1:10. Als Methode der Gewinnung der Tinkturen kommt ausschließlich die Perkolation zum Einsatz, im Haushalt kann dies jedoch auch mittels Kaltauszug geschehen.
• *Die bereits zerkleinerte oder zerstoßene Droge zusammen mit der Hälfte des angegebenen Lösungsmittels in einen Behälter mit Deckel geben (es kann dies auch eine einfache dunkle Glasflasche sein) und mindestens fünf Tage lang stehen lassen. Häufig schütteln. Nach Ablauf der vorgesehenen Zeit die Mischung durch ein Tuch filtern, auspressen und dann die zweite Hälfte des Lösungsmittels über die Droge gießen und weiter auspressen.*
Wenn als Lösungsmittel Äthylalkohol verwendet wurde, werden sie als Alkoholtinkturen bezeichnet. Weintinkturen entstehen hingegen mittels Wein als Lösungsmittel.

DAS SAMMELN VON HEILPFLANZEN
In diesem Buch werden zahlreiche Heilpflanzen vorgestellt, von denen viele wild in der Natur wachsen, während andere wiederum leicht in unseren Breiten kultiviert werden können. Exotische Arten wie z. B. Pfeffer, Zimt, Gewürznelken, Kaffee wurden dabei bewusst vernachlässigt, da diese leicht in Gewürzläden oder Drogerien erhältlich sind.
Heimische Heilpflanzen hingegen, wie z. B. die Brennnessel oder der Spierstrauch, wachsen zahlreich an geeigneten Stellen in der freien Natur. Es empfiehlt sich folglich, diese heimischen Spezies kennen zu lernen, um sie für den eigenen Bedarf zu sammeln. Darüber hinaus bekommen so Wanderungen auf dem Land oder im Gebirge eine neue Bedeutung und man kann – wie man zu sagen pflegt – das Nützliche mit dem Angenehmen verbinden. Natürlich ist es wichtig, saubere Sammelstellen zu suchen, weit entfernt von landwirtschaftlicher und industrieller Verschmutzung sowie weitab von den Abgasen der Autos.
Selbstverständlich müssen dabei auch Naturschutzgesetze beachtet werden und man darf keinesfalls geschützte Arten oder solche, die in Naturschutzgebieten oder in Nationalparken wachsen, pflücken.
Wie bei gesammelten Pilzen sollte man sich auch bei Heilpflanzen stets über die genaue Art des Sammelgutes sicher sein, um so gefährliche Verwechslungen zu vermeiden. Es stimmt einfach nicht, dass alles, was in der Natur wächst, auch gesund ist (Tollkirsche!). In Zweifelsfällen empfiehlt sich die Hilfe eines Fachmannes in Anspruch zu nehmen!
Die beste Zeit zum Sammeln von Kräutern stellen die Morgenstunden dar, sobald der Tau verschwunden ist, sowie trockene und windstille Tage. Die Sammelzeit hängt natürlich auch jahreszeitlich von der Art und den Teilen der Pflanzen ab, die für therapeutische Zwecke benötigt werden. Der Gehalt an Wirkstoffen schwankt nämlich je nach Jahreszeit stark. Die ideale Sammelzeit, auch als »Erntekalender« bezeichnet, hängt vom vegetativen Zyklus jeder einzelnen Pflanze ab und wird durch die Faktoren Klima, Boden, Wetter und Umwelt beeinflusst.
Grob gesagt entspricht jene Zeit, an der die unterirdischen Teile der Pflanze, d. h. **Wurzeln, Knollen, Wurzelstock, Zwiebeln,** gesammelt werden sollten, jenem Zeitraum, in der sich die Pflanze in ihrer Ruhephase befindet. Dies trifft für den Herbst zu, wo alle Teile über der Erde praktisch abgetrocknet sind, aber noch vorhanden, damit die Pflanze erkannt werden kann. In dieser Periode befinden sich nämlich die Nährstoffreserven im lebenden unterirdischen Teil der Pflanze. Es sollten jedoch nur Wurzeln von Pflanzen mit einem Alter von mindestens 2 oder 3 Jahren mit Hilfe einer Hacke oder eines Spatens ausgegraben werden. Dabei ist ein Teil des Wurzelstockes nach Möglichkeit im Boden zurückzulassen, damit die Pflanze nicht gänzlich zerstört wird.
Die **Blätter** sind vorzugsweise vor der Blühperiode zu sammeln, wobei man sie einzeln abzupft oder auch einen ganzen Zweig pflückt, falls die Blättchen zu klein sind. Natürlich sollten nur gesunde Blätter abgenommen werden und solche ausgeschieden, die von Schimmel, Fäulnis oder Insekten befallen wurden.

Die richtige Gewinnung von **Blüten** erfordert äußerste Präzision. Sie werden einzeln von der Pflanze abgenommen, die Blütenkrone sollte am besten noch nicht ganz geöffnet sein. Bei Blütenständen kann man die gesamte blühende Spitze abschneiden. Abgenommene Blüten sind anschließend möglichst rasch zu verarbeiten, wobei sie während des Transportes nicht zerdrückt oder durcheinander geschüttelt werden dürfen.
Früchte sollten erst im völlig ausgereiften Zustand gesammelt werden.
Das Sammeln von **Samen** erfolgt stets knapp vor der Reife, ehe sie von der Pflanze freigesetzt werden.
Kunststofftaschen eignen sich für den Transport überhaupt nicht. Sie sind zwar praktisch, schaden aber häufig den pharmakologisch wichtigen Teilen der Pflanze, da diese sich darin erwärmen, schwitzen und so unwiederbringlich zerstört werden. Als ideale Lösung empfiehlt sich ein mit einem sauberen Tuch ausgelegter Korb, in dem die Blätter und Blüten frischer Luft ausgesetzt sind und nur leicht anwelken, d. h. bereits die erste Phase des späteren Trocknens durchlaufen.
Es gilt als Regel, dass
- beim Sammeln nicht übertrieben wird, um der Pflanzenwelt nicht zu schaden;
- man die Pflanzenstiele mit einer scharfen Gartenschere abschneidet;
- man die verschiedenen Arten während des Transportes getrennt hält, damit es nicht zu gefährlichen Verwechslungen und gegenseitigen Beeinträchtigungen kommen kann.

DIE HALTBARMACHUNG

Als einfachste und häufigste Methode der Haltbarmachung gilt die **Trocknung,** in deren Verlauf die Pflanzenteile das im Gewebe enthaltene Wasser verlieren. Auf diese Weise wird verhindert, dass es zu Gärungsprozessen kommt, gleichzeitig werden die in der Pflanze enthaltenen Wirkstoffe für lange Zeit konserviert.
Beim Trocknen an der Luft wird das Material in dünnen Lagen auf sauberen Tüchern, Tischen oder besser noch Gittern an einem trockenen und gut gelüfteten Ort (Dachboden, Schuppen, Laube) geschützt vor der direkten Sonneneinstrahlung und vor Rauch aufgelegt. Dabei muss das Sammelgut bis zur endgültigen Trocknung häufig gewendet werden.
Im Handel sind auch Dörrapparate erhältlich, die aus verschiedenen Gittern bestehen, die übereinander angeordnet sind, sowie über eine geeignete Heizung nicht über 35 bis 40 °C und eine Entlüftung verfügen. Diese Apparate garantieren eine rasche, schonende Trocknung, vor allem bei feuchten Witterungsbedingungen.
Das Trocknen an der Sonne oder im mäßig warmen Backrohr bleibt Wurzeln, Wurzelstöcken und Rinden vorbehalten, die man zuvor in kleine Stücke geschnitten hat.
Wenn der Raum für die Haltbarmachung gut durchlüftet ist, lassen sich ganze Pflanzen oder große Blütenstände auch zu Sträußen zusammenbinden und an einer Schnur zum Trocknen aufhängen.
Der Vorgang der Trocknung ist beendet, wenn die Blätter bei Berührung mit den Fingern mit einem knisternden Geräusch zerfallen. Falls dies nicht eintritt, so empfiehlt sich, das fast völlig trockene Sammelgut einige Stunden lang in die Sonne zu legen.
Die Pflanzen, die extrem flüchtige Wirkstoffe (ätherische Öle) enthalten, wie beispielsweise Basilikum oder Petersilie, eignen sich besser zum **Einfrieren,** da sie durch den Trockenvorgang ihr Aroma und ihre Eigenschaften fast zur Gänze verlieren würden.

Rezepte aus der Pflanzenheilkunde

ein Löffel = ca. 3–4 g (Trockengut); eine Tasse Tee = ca. 200–250 cm³

MAGEN- UND DARMTRAKT

Verdauungstee I

Schafgarbe	Blütenspitzen	40 g
Anisminze	Früchte	30 g
Fieberklee	Blätter	30 g

Ein Löffel pro 100 cm³ Wasser, aufgießen; eine Tasse 20 Minuten vor den Mahlzeiten (Aperitif).

Verdauungstee II

Kamille	Blüten	40 g
Melisse	Blätter	30 g
Pfefferminze	Blätter	30 g

Ein Löffel pro 100 cm³ Wasser, aufgießen; eine Tasse nach den Mahlzeiten (Digestif).

Verdauungstropfen

Chinarinde	Flüssigextrakt	15 g
Genziana (Wurzel)	Flüssigextrakt	20 g
Boldo (Blätter)	Flüssigextrakt	15 g

20 Tropfen zweimal täglich nach den Hauptmahlzeiten.

Abführtee

Sennespflanze	Blätter	40 g
Pfefferminze	Blätter	30 g
Kamille	Blüten	30 g

Ein Löffel pro 100 cm³ Wasser, aufgießen; eine Tasse am Abend vor dem Schlafengehen.

Blähungstee

Anisminze	Samen	40 g
Fenchel	Samen	30 g
Kümmel	Samen	30 g

3%iger Kochauszug; 2 Tassen am Tag, aber nicht zu den Mahlzeiten.

ATEMWEGE

Asthma-Verflüssigungstee

Strohblume		40 g
Königskerze	Blüten	20 g
Eukalyptus	Blätter	20 g
Johanniskraut	Spitzen	20 g

5%iger Kochauszug; 15 Minuten lang abgedeckt ziehen lassen.

Verflüssigungssirup

Kiefer	Flüssigextrakt	10 g
Eukalyptus	Flüssigextrakt	10 g
Tolubalsam	Flüssigextrakt	5 g
Einfacher Sirup		75 g

Lösung für Nasentropfen

Eukalyptus	ätherisches Öl	5 g
Thymian	ätherisches Öl	2 g
Latschenkiefer	ätherisches Öl	2 g
Lavendel	ätherisches Öl	2 g

Mandelöl für 100 g (89 g); zwei Tropfen pro Nasenloch, dreimal am Tag.

Inhalationslösung

Eukalyptus	ätherisches Öl	5 g
Thymian	ätherisches Öl	2 g
Latschenkiefer	ätherisches Öl	2 g
Lavendel	ätherisches Öl	2 g
Äthylalkohol 70°		89 g

Einen Teelöffel in eine Tasse kochendes Wasser; am Abend oder Morgen 5 oder 10 Minuten lang inhalieren.

Heil- und Beruhigungstee

Feldthymian		70 g
Eukalyptus	Blätter	50 g
Mohn	Blütenblätter	40 g
Süßholz	Wurzeln	40 g

Einen Suppenlöffel in eine Teetasse kochendes Wasser geben und 15 Minuten lang abgedeckt ziehen lassen; drei Tassen am Tag – nicht zu den Mahlzeiten.

Malven- Sigmarskraut-Tee

Malve	Blüten und Blätter	12 g
Sigmarskraut	zerstoßene Wurzeln	15 g
Süßholz	zerstoßene Wurzeln	15 g
Huflattich	Blüten und Blätter	15 g
Wegerich	Blätter	15 g
Anisminze	Samen	6 g
Fenchel	Samen	6 g
Feldthymian	Pflanze	16 g

Einen Suppenlöffel in eine Teetasse kochendes Wasser, 15 Minuten lang abgedeckt ziehen lassen; drei Tassen am Tag – nicht zu den Mahlzeiten.

Hustentee I

Eukalyptus	Blätter	40 g
Thymian	Spitzen	20 g
Malve	Blüten und Blätter	20 g
Süßholz	zerstoßene Wurzeln	20 g

5%iger Aufguss; 15 Minuten abgedeckt ziehen lassen; drei Tassen am Tag – nicht zu den Mahlzeiten.

Hustentee II

Sigmarskraut	zerstoßene Wurzeln	20 g
Süßholz	zerstoßene Wurzeln	20 g
Malve	Blüten und Blätter	20 g
Huflattich	Blüten	20 g
Wegerich	Blätter	20 g

5%iger Aufguss; 15 Minuten abgedeckt ziehen lassen; drei Tassen am Tag – nicht zu den Mahlzeiten.

ZENTRALES NERVENSYSTEM

Beruhigungstee

Weißdorn	Blüten und Blätter	40 g
Melisse	Blätter	30 g
Passionsblume	Blütenspitzen	30 g

4%iger Aufguss; eine Tasse vor dem Schlafengehen.

Beruhigungstropfen

Weißdorn	Flüssigextrakt	10 g
Melisse	Flüssigextrakt	20 g
Passionsblume	Flüssigextrakt	20 g

40 Tropfen vor dem Schlafengehen.

UROGENITALAPPARAT

Reinigungstee

Große Klette	Wurzeln	40 g
Löwenzahn	Wurzeln	20 g
Quecke	Wurzelstock	20 g
Süßholz	Wurzeln	20 g

4%iger Absud; zwei bis drei Tassen, aber nicht zu den Mahlzeiten.

Antiseptischer Tee für die Harnwege

Bärentraube	Blätter	30 g
Löwenzahn	Wurzeln	30 g
Rosenmalve	Wurzeln	30 g
Pfefferminze		20 g

3%iger Absud (5 Minuten); zwei Gläser, aber nicht zu den Mahlzeiten.

HERZ- UND GEFÄSSAPPARAT

Gefäßschutz

Rosskastanie	Muttertinktur	25 g
Hamamelis	Muttertinktur	25 g

30 Tropfen, zweimal täglich – nicht zu den Mahlzeiten.

oder:

Centella asiatica (Gotu Kola)	Muttertinktur	25 g
Schwarzbeere (Früchte)	Muttertinktur	25 g

30 Tropfen, zweimal täglich – nicht zu den Mahlzeiten.

Tee gegen Bluthochdruck

Weißdorn	Blüten und Blätter	35 g
Olive	Blätter	35 g
Weißbirke	Blätter	30 g

3%iger Aufguss, zwei Tassen, aber nicht zu den Mahlzeiten.

Genießbare Wildpflanzen

Unmittelbar nach dem Ende des Ersten Weltkrieges im Jahr 1919 veröffentlichte Oreste Mattirolo, heute Direktor des Botanischen Gartens der Universität von Turin, sein Werk *Phytoalimurgia pedemontana,* eine umfangreiche Sammlung der in Piemont wild wachsenden, essbaren Pflanzen. Der Begriff »Phytoalimurgia« leitet sich vom Lateinischen *alimentia urgentia* ab, dem die Silbe »Phyto«, dem Terminus für Pflanze, vorangestellt wurde. Der Grund für die Entstehung dieses Werkes lag in der schwierigen Nachkriegszeit, als die Menschen große Probleme hatten, sich mit dem Allernötigsten an Nahrungsmitteln einzudecken.
Heutzutage stellt sich uns dieses Buch in einem völlig anderen Licht dar, da wir glücklicherweise in wesentlich besseren Zeiten leben. Unsere Wohlfahrtsgesellschaft sieht sich vielmehr mit den Auswirkungen eines ungebremsten Konsums konfrontiert. Durch die Perfektionierung der landwirtschaftlichen und gärtnerischen Produktionsmethoden finden wir das ganze Jahr ein großes Angebot von Obst und Gemüse im Lebensmittelhandel. Diese Produkte fallen derm Konsumenten durch ihre Makellosigkeit ins Auge, sind aber häufig von fadem Geschmack und nicht selten stark belastet durch Rückstände von giftigen Pflanzenschutzmitteln. Aus diesem Grund empfiehlt es sich zu lernen, in der Küche auch einfache wild wachsende, aber gleichzeitig wohlschmeckende Wildpflanzen zuzubereiten. Auf diese Weise gelingt es dem Hobbykoch – zumindest hin und wieder – den Speiseplan abwechslungsreicher zu gestalten und dabei ursprüngliche Geschmacksrichtungen zu entdecken, die vielleicht schon vergessen waren.
Um Missverständnissen vorzubeugen darf dabei jedoch nicht übersehen werden, dass der Begriff »essbar« einfach »genießbar« bedeutet, d. h., dass man diese Pflanze essen kann, es beinhaltet aber nicht von vorneherein, dass sie auch gut schmeckt. Ein Teil der wild wachsenden essbaren Pflanzen weist nämlich von Natur aus einen bitteren oder überhaupt ungewohnten Geschmack für die meisten Gaumen auf. Deshalb obliegt es dem Geschmack jedes Einzelnen, für sich selbst die geeigneten Wildgemüsearten herauszufinden.

DIE BEKANNTESTEN ARTEN

Eine sehr verbreitete Pflanze ist beispielsweise der wilde **Hopfen** *(Humulus lupulus)*, dessen junge und zarte Vegetationsspitzen im Frühjahr gesammelt werden können. Diese sind im Volksmund auch als »Hopfentrieb« bekannt. Sie lassen sich wie Spargel kochen und zubereiten, lassen sich aber auch zu Omeletten, Suppen oder Reisgerichten verarbeiten. Zu diesen Gerichten passen auch Zubereitungen der **Brennnessel** *(Urtica dioica)* hervorragend, weil diese durch das Kochen ihre brennende Wirkung verliert, ihre Blätter eignen sich überdies als Füllung von Ravioli oder anderen Teigwaren.
Auch Arten der Familie Knöterichgewächse sind essbar, auch wenn ihr Geschmack im Allgemeinen eher herb ausfällt. Die vor der Blüte gesammelten Blätter von *Rumex acetosa* und *Rumex acetosella,* im Volksmund auch als **Großer** und **Kleiner Sauerampfer** bezeichnet, verleihen gemischten Salaten oder frisch geschnittenen Tomaten eine besondere Note. Fein zerkleinert und mit Butter vermischt ergeben die säuerlich schmeckenden Blätter einen etwas ungewöhnlichen, aber hervorragend schmeckenden Brotaufstrich.
Die noch jungen und zarten Blätter des **Weißen Gänsefußes** *(Chenopodium album)*, der häufig auf ungepflegten Feldern und als Unkraut in Gärten wächst, entwickeln gedünstet einen angenehmen Geschmack, ähnlich dem des Spinats.
Eine andere wild wachsende Staude in Wiesen und Gärten ist der **Portulak** *(Portulaca oleracea)*, den bereits die alten Römer in ihrer Küche schätzten. Seine gedünsteten Blätter entfalten einen säuerlichen, leicht salzigen Geschmack. Auch eignet er sich hervorragend als Teil von Salaten mit gekochten Kartoffeln und für Omeletten. Zu diesem Zweck muss man dieses Wildgemüse einige Minuten dünsten und dann gut auspressen, um damit das überschüssige Wasser zu entfernen.
Auch für den Laien leicht zu erkennen ist das **Traubenkropf-Leimkraut** *(Silene vulgaris)* aus der Familie der Nelkengewächse. Sein lateinischer Name leitet sich von

Silen ab, einem Satyr im Gefolge des Bacchus, da der charakteristisch aufgeblasene Blütenkelch den Betrachter an den großen Bauch dieses antiken »Waldbewohners« erinnert. Die blaugrünen Blättchen schmecken in Suppen gekocht hervorragend und auch als Füllung für diverse Gerichte, sofern sie vor der Blüte gesammelt werden. Auf ähnliche Weise lassen sich auch die jungen Blattrosetten der **Vogelsternmiere** *(Stellaria media)* und des **Klatschmohns** *(Papaver rhoeas)* zubereiten.
Zu Sommerbeginn kann man in mediterranen Ländern mit dem Sammeln der Blütenknospen des **Kapernstrauchs** *(Capparis spinosa)* beginnen, die vor dem Genuss zuerst in Salz und dann in Essig eingelegt werden. Auch Blüten und unreife Früchte können auf diese Weise verarbeitet werden.
Vor allem die Familie der Kreuzblütler bringt zahlreiche Gartengemüsearten und Wildgemüse hervor, die in großen Mengen angebaut werden wie z. B. Kraut, Karfiol, Rettich, Radieschen usw. oder welche wild wachsen. Von den wild wachsenden Arten gilt wahrscheinlich die **Brunnenkresse** *(Nasturtium officinale)* als die bekannteste Vertreterin. Ihre angenehm und würzig schmeckenden Blätter eignen sich hervorragend für gemischte Salate, mit Käse belegte Brötchen, Soßen und Vorspeisen.
Vom **Meerrettich** oder **Kren** *(Armoracia rusticana)* verwendet man die dicke stämmige Wurzel. Gerieben verleiht sie Soßen einen kräftigen, pikanten Geschmack und empfiehlt sich so als ideale Ergänzung zu Fleisch- und Gemüsegerichten. Auch die jungen Blätter des **Hirtentäschls** *(Capsella bursa-pastoris)*, der **Schmalblätterige Doppelsame** *(Diplotaxis tenuifolia)* und der einjährigen **Rauke** *(Eruca sativa)* – alle Kreuzblütler – sind genießbar.
Viele Arten der Familie der Rosengewächse, die vom Standpunkt der Ernährung aus gesehen sehr wichtig sind, umfassen neben den bekanntesten Obstbaumarten (Birne, Kirsche, Marille, Pflaume, Zwetschke usw.) auch einige sehr wichtige wild wachsende Arten, wie Erdbeere, Himbeere oder Brombeere.
Auch die Blätter und Blüten aller wild wachsenden Arten der Gattung *Malva* können gesammelt werden und geben hervorragende beruhigende Tees gegen Entzündungen ab. Suppen verleihen Malvenblätter einen kräftigen Geschmack und machen Speisen allgemein leichter verdaulich. Die leicht schleimige Konsistenz und das Aroma lassen sich problemlos durch Beigabe einer ganzen, zuvor gerösteten Knoblauchzehe lösen, die später wieder entfernt wird.
Die Familie der Doldengewächse umfasst ebenfalls zahlreiche wichtige Gemüsepflanzen und besonders aromatische Gewächse wie Karotte, Fenchel, Sellerie, Petersilie usw., aber auch wenige giftige oder zumindest ungenießbare Arten. Da es sich dabei vielfach um in der Natur sehr schwer zu unterscheidende Pflanzen handelt, empfiehlt es sich daher, Vertreter dieser Familie nicht zu sammeln. Falls man sich aber seiner Artenkenntnis sehr sicher ist, kann man die schmackhaften Dolden der **wilden Karotte** *(Daucus carota)* ernten, in Teig eintauchen und herausbacken. Die Stiele und Früchte des **Engelwurz** und des **wilden Fenchels** eignen sich als Beilage für aromatische Vorspeisen oder Fischgerichte. Die vor der Blüte gesammelten rohen Blattrosetten der *Primula acaulis* ergeben gemeinsam mit anderen Frühjahrskräutern einen ausgezeichneten Salat oder gekocht eine appetitanregende Suppe. Die Blätter des **Waldmeisters** *(Galium odoratum)* dienen zur Aromatisierung von feinen Käsen, Spirituosen und Aperitifweinen.
Der **Borretsch** war bereits in der klassischen Antike bekannt. Schon Plinius schrieb ihm eine stets glückbringende Wirkung zu: *»Dicit borago gaudio semper ago.«* Diese Pflanze verfügt außerdem über reinigende, harntreibende und fiebersenkende Eigenschaften. In der Küche kommen seine gekochten Blätter bei Quiches, Füllungen und Suppen zur Anwendung. Man kann ihn aber auch in Teig tauchen und dann herausbacken. Die frisch gesammelten Blüten, deren Duft leicht an den Geschmack einer Gurke erinnert, veredeln durch ihr schönes Lasurblau den Anblick von Salaten, frischem Käse und von Vorspeisen.
In der Familie der Lippenblütler finden sich ebenfalls zahlreiche aromatisch duftende Vertreter wie z. B. Minze, Melisse, Thymian, Dost, Bohnenkraut, Salbei, Ysop usw., die sich alle hervorragend zur Verfeinerung von Gerichten eignen.
Eine der beliebtesten Salatpflanzen ist der **gewöhnliche Feldsalat** oder **Rapunzelsalat** *(Valerianella locusta)*, dessen zarte und saftige Blätter ausgezeichnet zu

hart gekochten Eiern passen oder sich auch mit anderen Kräutern vermischen lassen. Mit Ausnahme dieser Art, die zu den Baldriangewächsen zählt, zählen alle anderen Salatpflanzen zur großen Familie der Korbblütler. Sie liefert neben dem Kopfsalat, der Salatzichorie und Radicchio auch zahlreiche wild wachsende, ebenfalls schmackhafte Kräuter, die sowohl roh als auch gekocht verzehrt werden können. Als bekanntester Vertreter gilt hier zweifellos der **Löwenzahn** *(Taraxacum officinale)*, der sich durch seinen leicht bitteren Geschmack und seine harntreibende und reinigende Wirkung auszeichnet. Zu den ebenfalls genießbaren Arten zählen **Geflecktes Ferkelkraut** *(Hypochoeris maculata)* und **Gemeines Ferkelkraut** *(Hypochoeris radicata)*, **Rauer Löwenzahn** *(Leontodon hispidus)*, **Blasenpippau** *(Crepis vesicaria)*, **Kohlgänsedistel** *(Sonchus oleraceus)*, **Rainkohl** *(Lapsana communis)* und **Blauer Lattich** *(Lactuca perennis)*. Dabei ist stets nur die Blattrosette zu verwenden, die schon vor der Blüte gesammelt werden sollte, auch wenn bisweilen das Fehlen der Blüten das sichere Erkennen der Arten etwas erschwert.
Neben den Schösslingen des zur Familie der Liliengewächse zählenden **Spargels** *(Asparagus officinalis)* eignen sich auch die Triebe, welche sich an der Basis des in dichtem Gebüsch wachsenden mediterranen **Mäusedorns** *(Ruscus aculeatus)* entwickeln, als Gemüse. Sie verfügen über einen leicht bitteren Geschmack, werden in reichlich Wasser gekocht und anschließend mit Öl und Zitrone versehen.
Von bitterem aber angenehmem Geschmack sind auch die Zwiebeln von *Leopoldia comosa,* der **Schopfartigen Traubenhyazinthe.** Diese werden gesammelt, sobald im Frühling die ersten Blätter austreiben (unbedingt nötig, damit man die Art zweifelsfrei erkennen kann), wobei ein geeignetes Werkzeug benötigt wird, da sie ziemlich tief wurzeln. Um den stark bitteren Geschmack zu lindern, empfiehlt es sich, sie zweimal in Wasser abzukochen und dann warm als Salat mit einer Öl- und Zitronenmarinade zu servieren. Die Zwiebeln können aber auch in Mehl gewendet und dann gebacken oder auch in Essig eingelegt werden. Zur selben Familie zählt auch die Gattung *Allium* **(Zwiebel)**, deren sämtliche Vertreter denselben mehr oder weniger intensiven Zwiebelduft aufweisen. Daher finden sowohl die Blätter als auch die Blüten aller **wild wachsenden Knoblauchgewächse** in der Küche Verwendung zur Verfeinerung jeder Art von Gerichten.

Aromatische Pflanzen

Viele der aromatischen Pflanzen, die wir täglich verwenden, gehören der heimischen wild wachsenden Flora an und gedeihen nicht selten auf trockenen und mageren Böden, wie z. B. an Straßenrändern oder in Gräben. Als Beispiel dafür gilt die **Melisse** *(Melissa officinalis)*, die solch wenig attraktive Standorte bevorzugt und folglich auch als Kulturpflanze gehalten nur wenig Betreuung benötigt. Der **Dost** *(Origanum vulgare)* hingegen beansprucht einen gut bewässerten und sonnigen Boden.
Das **Balsamkraut** *(Balsamita major)*, das schon unsere Großmütter zur Zubereitung köstlicher Omeletten verwendeten, taucht in letzter Zeit wieder vermehrt auf den Märkten auf. Es handelt sich bei dieser Art um eine recht großwüchsige Pflanze, die immer wieder stark zurückgeschnitten werden muss. Zum Würzen von Eigerichten verwendet man ein halbes Blatt für je zwei Eier. Dieses wird gemeinsam mit den anderen Kräutern, die der Verfeinerung des Geschmacks dienen, wie z. B. Minze, Schnittlauch, Thymian, Bohnenkraut, Basilikum, Petersilie, zerkleinert. Eine Hand voll großer Blätter dieser Pflanze ergeben einen Aufguss, den man ins Badewasser gießt, um darin ein erholsames und stärkendes Bad zu nehmen. Ebenso erhält man damit eine hervorragende Haarspülung, welche die Haare glänzend macht und kräftigt. Alle Teile eignen sich auch hervorragend zum Trocknen. Daraus hergestellte Kräutermischungen verströmen einen angenehmen Duft, der ein wirksames Abwehrmittel gegen Insekten darstellt.
Das **Bohnenkraut** *(Satureja hortensis)* ist die einzige einjährige Art unter den Vertretern der Gattung *Satureja*. Es produziert am Ende der Fruchtbildung Samen, die zu Boden fallen und dann im Frühjahr keimen. Bei nicht idealen Verhältnissen – zu heiß,

zu trocken, zu feucht oder sonstige Widrigkeiten – stirbt die Pflanze ab. Deshalb wird häufig das **mehrjährige Winterbohnenkraut** *(Satureja montana)* bevorzugt, das ob seiner Genügsamkeit sogar zwischen den Steinen eines Felsengartens wachsen kann.

Lorbeer *(Laurus nobilis)* wächst als großer Strauch oder Baum und ist vor allem in der mediterranen Macchie anzutreffen. Seine duftenden immergrünen Blätter eignen sich hervorragend zum Würzen von Hühnerleber sowie zur Verfeinerung von Fleischsuppen, Fischgerichten, Braten und Wild. Seine Blätter zählen zu den wenigen, die sich auch im getrockneten Zustand problemlos für lange Zeit aufbewahren lassen und dabei ihr Aroma beibehalten. Dies gilt auch für Lorbeerfrüchte, Beeren, die zur Herstellung von Likören verwendet werden. Da es sich beim Lorbeer um eine zweihäusige Pflanze handelt, auf der sich entweder nur männliche oder nur weibliche Blüten bilden, kann es jedoch häufig trotz reicher Blüte zu keiner Befruchtung und in der Folge zur Ausbildung von Beeren kommen, wenn sich keine geeigneten männlichen Partner in der Umgebung eines weiblichen Individuums finden.

Der **Schmalblättrige Doppelsame** *(Diplotaxis tenuifolia)* wächst auf unbebauten Feldern (Brachen) und entlang von Flüssen bis auf eine Höhe von 1200 m. Die Pflanze verfügt über einen sehr ausgeprägten Geschmack, sodass ihre Blätter nur in geringem Maß hinzugefügt werden sollten. Sehr klein geschnitten eignen sie sich für Salate, rohes Fleisch, Suppen, Soßen für Nudeln, Gemüsegerichte und für allerlei Füllungen.

Der **wilde Fenchel** *(Foeniculum vulgare)*, eine aromatisch duftende große Staude der Mittelmeerregion, kann zur Gänze in der Küche verwendet werden. Die jungen und zarten Blätter verleihen frischen Salaten eine besondere Note, während die Blütenknospen zu gekochten und auch rohen Salaten passen. Die ganzen Dolden werden hingegen entstielt, in süßem oder salzigem Teig gewendet, herausgebacken und zum Aperitif serviert. Die Stängel verfeinern fein geschnitten den Geschmack von Fischgerichten sowie von gesottenen Kastanien und die Samen stellen letztendlich einen unentbehrlichen Bestandteil gewisser Süßspeisen, von Sirupen sowie von hausgemachten Likören dar.

Der stark bittere Geschmack des **Ysop** *(Hyssopus officinalis)* eignet sich hervorragend für Aufgüsse sowie als Gewürz für kräftiges Fleisch und Wild. In kleinen Mengen kann er auch Suppen, Marinaden, Teigwaren, Füllungen oder Pâtés beigemengt werden.

Das **Zitronenkraut** *(Lippia citriodora)* wächst in Strauchform und stammt aus den ariden Zonen Chiles und Perus. Im Winter benötigt es einen frostsicheren, kühlen und windgeschützten Platz. Die Pflanze verströmt einen starken Zitronenduft, ihre Blätter eignen sich sehr gut zur Zubereitung von Tees, Soßen, Fruchtmarmeladen, Gelees, Fruchtsalaten, Salaten und Likören.

Die **Myrte** *(Myrtus communis)*, ein rein mediterranes Gewächs, bildet Jahr für Jahr duftende Sträucher mit herrlich weißen Blüten aus. In unseren Breiten benötigt sie einen geschützten, frostsicheren Standort. Ihre Blätter und jungen Zweige verleihen dem Fleisch einen ganz eigenen Geschmack, wenn man sie gemeinsam mit diesem auf den Grillrost legt. Die Früchte veredeln Wildgerichte, Weine und Liköre.

Das **Mutterkraut** *(Tanacetum parthenium)* gehört zu den Korbblütlern. Seine Blätter regen in geringen Mengen als Salat genossen den Appetit an. Während der Blüte wirkt das Kraut leicht insektenabstoßend und kann auch in Blumentöpfen auf dem Fensterbrett oder auf der Terrasse wachsen, um dort unliebsame Besucher wie Mücken zu vertreiben.

Rosmarin *(Rosmarinus officinalis)* genießt unter den aromatischen Pflanzen wahrscheinlich den besten Ruf. Die einzige Art dieser Gattung setzt sich aus verschiedenen Sorten zusammen, die durch Zucht entstanden sind. Dazu zählt der sehr aromatische *Rosmarinus officinalis* »Prostratus«, der die Wuchsform eines Bodendeckers entwickelt. *Rosmarinus officinalis* »Erectus Albus« trägt weiße Blüten und wächst aufrecht.

Auch das sehr bekannte **Basilikum** *(Ocimum basilicum)* zeigt sich in verschiedenen Formen und Farben, wie etwa »Green Ruffles« mit großen gekräuselten Blättern und »Dark Opal« mit bordeauxroten Blättern, die einen süßeren Duft entwickeln und sehr dekorativ wirken.

Die verschiedenen, sehr dekorativ blühenden und weit verbreiteten **Lavendelrassen** weisen ebenfalls unterschiedliche Formen und Farben auf. Zur Gewinnung von ätherischen Ölen bevorzugt die chemische Industrie und Pharmazie jedoch den *Lavandula x hybrida,* ein Ergebnis aus der Kreuzung der hochwüchsigen Art *Lavandula latifolia* und der kleinen stark duftenden Art *Lavandula angustifolia* mit blauvioletten Blütenähren, die wild in Wäldern und auf bewachsenen Böschungen des Mittelmeerraumes wächst.

In freier Natur kommen zahlreiche Minzenarten vor, so sind allein in Europa an die hundert Arten bekannt, deren jede ihren speziellen Duft und Geschmack entwickelt. Die **Pfefferminze** *(Mentha x piperita)* stellt jedoch eine Kreuzung zweier Arten dar, die über einen hohen Gehalt an ätherischen Ölen verfügt und in der Pharmazie und der Likörindustrie Verwendung findet. Als Basis für die Kreuzung dienten zwei großwüchsige Minzenarten: einerseits die **Grüne Minze** *(Mentha spicata)* und andererseits *Mentha suaveolens,* die in ganz Europa wild in Gräben wächst und sich durch ihren sehr feinen und zarten Duft auszeichnet. Die Pfefferminze eignet sich ausschließlich für Aufgüsse, Sirupe, Liköre, während die Grüne Minze als klassische Küchenminze gilt. Sie entwickelt jedoch nicht jene »herbe Geschmacksnote«, welche sich für Eiergerichte eignet. *Mentha citrata* besticht durch ihren ausgezeichneten Geschmack. Zu den kleinen Minzegewächsen zählt *Mentha requienii,* eine Art, die auf Korsika und Sardinien vorkommt. Dieses äußerst delikate und duftende Gewürzkraut eignet sich hervorragend für Obstsalat, Eis und Kräuterliköre. *Mentha cervina* zeigt ebenfalls ein besonderes Aroma und Aussehen.

Die **echte Engelwurz** *(Angelica archangelica)*, eine Riesenstaude unter den aromatischen Pflanzen, wird bis zu 2,5 m hoch und ist praktisch zur Gänze verwendbar: Die jungen Blätter werden zerkleinert als Salat oder gekocht als Gemüsebeilage zu Fleischgerichten verarbeitet, die Stiele, geschnitten und kandiert, sind Zutaten zu Feingebäck. Die Blüten ohne Stängel werden in süßem oder salzigem Teig gewendet und dann gebraten oder im Rohr gebacken. Auch die stark duftenden Samen werden dem Teig beigemengt oder auf die Oberfläche von Keksen gestreut bzw. auch in verdauungsfördernden und blähungshemmenden Tees verwendet.

Curry ist kein Kraut, sondern eine Mischung verschiedener Gewürze, die je nach Rezept ziemlich unterschiedlich ausfallen kann. Dennoch hat es sich eingebürgert, die **Italienische Strohblume** *(Helichrysum italicum)* auch als **Curry** zu bezeichnen, weil sie über ein angenehmes Naturaroma verfügt, das jenem der gleichnamigen Gewürzmischung stark ähnelt. Die zerkleinerten Blätter dieser Art dienen zum Verfeinern des Geschmacks von Reis oder Geflügel, wobei sie beiden Gerichten einen äußerst angenehmen Geschmack verleihen.

Der **Wilde Schnittlauch** *(Allium schoenoprasum)* und der **Bärlauch** *(Allium ursinum)* finden vielfache Nennung in alten und neuen Kochrezepten. Beide entwickeln einen angenehmen Knoblauchgeruch, der vor allem zu Weichkäse, Salaten, Eiergerichten und gekochten Kartoffeln passt.

Das **Liebstöckel** *(Levisticum officinale)* eignet sich ausgezeichnet für Suppen und gekochte oder gegrillte Fischgerichte, während die **Bergminze** *(Nepeta nepetella)* einen zarten Geschmack aufweist, der zu Soßen und zu vielen Arten von Aufläufen passt.

Eine Varietät der **Römischen Hundskamille** *(Anthemis nobilis)* mit doppelten Blüten schmeckt in Aufgüssen noch aromatischer und gibt einen wirklich ausgezeichneten verdauungsfördernden und magenschonenden Wein ab.

Die **Süßdolde** *(Myrrhis odorata)* mit ihren großen Fruchtständen, die nach Anis duften, wird von Feinschmeckern äußerst geschätzt – die gesamte Pflanze ist verwendbar. Junge Blätter in Form von Salat oder als gekochtes Gemüse, die Stängel im Fisch- oder Muschelsud, die Blüten in Salaten, die großen leuchtenden Samen auf Weichkäsebrötchen gerieben.

Weltweit existieren ungefähr 900 **Salbeiarten,** wobei *Salvia officinalis* wohl zurecht den größten Ruf im großen Reich der aromatischen Pflanzen genießt. Diese Art stellt nämlich einen absolut unverzichtbaren Bestandteil in jeder guten Küche dar. Die Sorte »Maxima« entwickelt dicke und fleischige Blätter, die gebacken zum Aperitif gereicht werden. »Atropurpurea« besticht durch bordeauxrote Blätter, die einen guten Aufguss rosa färben.

Aromatische Pflanzen in der Küche

Das Verfeinern von Speisen mit aromatischen Kräutern stellt eine eigene Kunst dar. Dieses Wissen nützen auch zahlreiche Meisterköche, die aus dem vorhandenen Reichtum an Gewürzpflanzen schöpfen und damit berühmte Rezepte kreieren.
Um dem Leser das Suchen zu erleichtern, sind in diesem Buch die Essenzen zu den verschiedenen Fleisch-, Fisch- und Eigerichten sowie Gemüsearten einzeln zusammengefasst. Ihr Aroma, Geruch und Geschmack ist so vielseitig, dass für jeden auch noch so verwöhnten Gaumen geeignete Rezepturen dabei sind.

ARTEN	VERWENDUNG
Allium schoenoprasum (Schnittlauch) und *Allium ursinum* (Bärlauch)	Für gekochte Gemüse, Salate und Soßen zu Fisch- und Krebsgerichten.
Angelica archangelica (Engelwurz)	Für gekochte und rohe Salate, Soßen zu Fisch-, Schmor- und Frittiergerichten.
Artemisia dracunculus (Estragon)	Für gekochte oder rohe Gemüse, Soßen, Kräuteressig.
Balsamita major (Balsamkraut)	Für gekochte oder rohe Gemüse, Omeletten und Soßen.
Borago officinalis (Borretsch)	Für gekochte oder rohe Gemüse, Kräuter-Quiches, Omeletten, Füllungen und Essig.
Calamintha nepeta und *Calamintha nepeta var. glandulosa* (Bergminze)	Für gekochte Gemüse, Omeletten, Soßen, Marinaden für gegrilltes Fleisch.
Crithmum maritimum (Meerfenchel)	In Essig eingelegt.
Diplotaxis tenuifolia (Senfrauke) und *Eruca sativa* (Rucola)	Für Salate, Gemüseauflauf, Soßen, Grillfleisch, Pizzas.
Foeniculum vulgare (Gartenfenchel)	Für gekochte und rohe Gemüse, Salate, Soßen, Brot, Marinaden, gesottene Kastanien.
Helichrysum italicum (Italienische Strohblume)	Für Risotto, gekochtes Gemüse und Geflügel.
Levisticum officinale (Liebstöckel)	Für rohes und gekochtes Gemüse sowie Fischgerichte.
Melissa officinalis (Melisse)	Für Salate und Omeletten.

Mentha spicata (Grüne Minze)	Für Salate, Kräuteromeletten, Soßen, Fischgerichte.
Monarda citriodora (Goldmelisse)	Für Salate, Kräuteromeletten, Fischgerichte.
Myrrhis odorata (Süßdolde)	Für Salate, Gemüseauflauf, Suppen.
Nasturtium officinale (Brunnenkresse)	Für Salate, Brote, Eingelegtes, gegrilltes Fleisch.
Ocimum basilicum (Basilikum)	Für Salate, Omeletten, Soßen.
Origanum vulgare (Dost), *Origanum majorana* (Majoran)	Für Salate, Soßen, Gemüse-Quiches, Pizzas, Marinaden für Fleisch und Fisch am Grill.
Ruta graveolens (Raute)	Wenige kleine Blätter in den Salat oder in die Marinade für fettes Fleisch.
Sanguisorba minor (Kleiner Wiesenkopf)	Salate, Eingelegtes.
Satureja montana, S. hortensis (Bergbohnenkraut, Quendel, Bohnenkraut)	Für gekochte und rohe Salate, gegrilltes Fleisch, Soßen, Suppen, Hülsenfrüchtegerichte.
Thymus vulgaris (Thymian)	Für Salate, gekochtes Gemüse, Soßen, Suppen.

Führer zur richtigen Handhabung des Buches

Die einzelnen Vertreter der Heilpflanzen sind nach ihren Gattungsnamen alphabetisch geordnet und werden in dieser leicht nachzuschlagenden Reihenfolge im Hauptteil des Buches ausführlich besprochen.

VISITENKARTE
Diese kleine Tabelle am Beginn einer jeden Seite liefert die wesentlichen Informationen zu einer Pflanzenart in Kürze, und zwar: den deutschen Namen, die Familienangehörigkeit, die Blütezeit, die ideale Sammelzeit, die Verwendung der Pflanze für die Pflanzenheilkunde oder in der Küche, ihre Wirkstoffe und die Anwendung. Die jeweilige Farbe der Visitenkarte zeigt an, welcher Teil der Pflanze verwendet werden kann (wie auf dieser Seite angezeigt).

Gesamte Pflanze	**Unterirdische Teile**	**Blätter**	**Blüten**
Früchte	**Rinde**	**Milchsaft**	**Mehrere Teile**

Einleitender Teil der Beschreibung: Eine kurze Beschreibung der Spezies, die es dem Leser ermöglicht, das Aussehen und die morphologischen Eigenschaften der Pflanze überblicksmäßig kennen zu lernen: Stamm, Wurzel, Blätter, Blüten und Früchte.

Verbreitung und Habitat: Hier werden die natürlichen Standorte der Spezies, ihre Verbreitung und das Umfeld, in dem sie wachsen, beschrieben.

Aufzucht und Pflege: Enthält praktische Tipps und Ratschläge für alle Leser, die sich persönlich der Aufzucht und Pflege von Heilpflanzen widmen möchten.

Nächste Seite: Blühender Klatschmohn (Papaver rhoeas).

Sammeln und Aufbewahren: Ein weiterer Teil der Beschreibung widmet sich dem besten Zeitpunkt zum Sammeln der nützlichen Pflanzenteile und gibt die beste Art der Aufbewahrung an.

Therapeutische Eigenschaften: In diesem Teil werden die medizinisch-pharmakologischen Wirkungen der Pflanze erläutert: Die Bedeutung der dabei verwendeten Fachbegriffe kann im Glossar am Ende des Buches nachgelesen werden.

Verwendung in der Küche: Dieser Teil führt die richtige Verwendung jener Pflanzenteile an, die entweder als Gemüse gegessen werden können oder der Verfeinerung des Geschmacks von Speisen dienen.

Synonyme: Da im Laufe der geschichtlichen Entwicklung der Botanik viele Arten unterschiedliche wissenschaftliche Bezeichnungen erhielten, sind hier auch gängige Synonyme angeführt, um damit Missverständnisse zu vermeiden, falls Leser auf ältere Bezeichnungen von Pflanzenarten stoßen.

Die Heil-, Küchen- und Duftkräuter von A bis Z

Achillea clavenae L.

Visitenkarte

Deutscher Name
Weiße Schafgarbe

Familie
Korbblütler

Blüte
Juli/August

Sammelzeit
Sommer

Verwendung
gesamter Blütenstand

Wirkstoffe
ätherische Öle, Bitterstoffe, Gerbstoffe

Therapeutische Verwendung
Aufguss, Tinktur

Krautige mehrjährige, seidig weißfilzige Pflanze von 15 bis 25 cm Höhe. Kriechende, an der Basis verholzte **Stängel** mit aufrechten oder aufsteigenden Blütenzweigen. Die unteren **Blätter** sind länglich spatelförmig und fast zur Gänze in schmale lanzettliche Fiederspalten geteilt. Der **Blütenstand** hat die Form einer Dolde mit 8 bis 12 Köpfchen, die sich aus gelblichen **Röhrenblüten** und weißen Zungenblüten zusammensetzen.

Verbreitung und Habitat: Die Weiße Schafgarbe kommt in den Ostalpen und in den gebirgigen Gegenden des Balkans und in Italien vor. Sie gedeiht auf Weiden, zwischen Felsen und auf Geröllhalden, vorzugsweise auf kalkigen Böden zwischen 1500 und 2600 m Höhe.

Aufzucht und Pflege: Frisch gesammelte Samen, welche am besten auskeimen, in sandige Gartenerde säen. Sobald die Jungpflanzen etwa 3 bis 4 cm groß sind, in Einzeltöpfe umsetzen – auf eine gute Dränage achten und steiniges Erdreich als Substrat verwenden. Nach einigen Wochen die Pflanzen an einem sonnigen Standort im Freiland, vorzugsweise in einem Steingarten, einpflanzen, wobei Vernässung zu vermeiden ist. Wie bei allen alpinen Arten ist die Kultivierung der Schafgarbe im Flachland nicht einfach, weil sie häufig Pilzbefall ausgesetzt ist, die zu einer meist tödlichen Fäulnisbildung führen kann.

Sammeln und Aufbewahren: Die Blüten sammeln und an einem luftigen und schattigen Ort trocknen. Darauf achten, dass sie sich nicht schwarz verfärben. Anschließend geschützt vor Licht und Feuchtigkeit aufbewahren.

Therapeutische Eigenschaften: Bitter-tonisch, krampflösend, schweißtreibend. Für den äußerlichen Gebrauch zum Aufhellen brauner Hautflecken.

Verwendung in der Küche: Bestandteil von Kräuterlikören, Aperitifs und Digestiva.

Achtung! In einigen Ländern Europas ist *Achillea clavenae* L. geschützt.

Achillea erba-rotta All.

Krautige mehrjährige, fast halbstrauchartige Pflanze von 12 bis 18 cm Höhe mit kampferartigem Geschmack. Kriechende, an der Basis verholzte **Stängel** mit aufrechten oder aufsteigenden Blütenzweigen. Eiförmige bis spatelförmige **Blätter** von 2,5 bis 3 cm Länge und leicht gezähnten Rändern. Der **Blütenstand** bildet die Form einer dichten Dolde aus 3 bis 25 gelblichen **Röhrenblüten** und weißen Zungenblüten.

Verbreitung und Habitat: In den Westalpen (Frankreich, Schweiz, Italien) beheimatete Art. Sie gedeiht in Feldspaten, auf Geröllhalden, Felsabbrüchen und Moränen, vorzugsweise auf silikathaltigen Böden zwischen 2100 und 2800 m.

Aufzucht und Pflege: Frisch gesammelte Samen mit guter Keimfähigkeit in sandige Gartenerde säen. Sobald die Keimlinge 3 bis 4 cm groß sind, in Einzeltöpfe umsetzen – auf eine gute Dränage achten und steiniges Erdreich als Substrat verwenden. Nach einigen Wochen die Jungpflanzen an einem sonnigen Standort im Freiland, vorzugsweise in einem Steingarten, einpflanzen, wobei Vernässung zu vermeiden ist. Schwierig im Flachen zu kultivieren. Da es sich bei dieser Art um eine Pflanze handelt, die silikathaltige Böden bevorzugt, nicht mit kalkhaltigem Wasser gießen, sondern am besten mit Regenwasser oder mit Gießwasser, welchem Eisen-Chelat beigemengt wurde.

Sammeln und Aufbewahren: Die Blüten sammeln und an einem luftigen und schattigen Ort trocknen. Darauf achten, dass sie sich nicht schwarz verfärben. Anschließend geschützt vor Licht und Feuchtigkeit aufbewahren.

Therapeutische Eigenschaften: Bitter-tonisch, krampflösend, schweißtreibend, wurmabtreibend, die Monatsblutung fördernd und regulierend. Für den äußerlichen Gebrauch zum Aufhellen brauner Hautflecken.

Verwendung in der Küche: Bestandteil von Kräuterlikören, Aperitifs und Digestiva.

Visitenkarte

Deutscher Name
Westalpen-Schafgarbe

Familie
Korbblütler

Blüte
Juli/August

Sammelzeit
Sommer

Verwendung
gesamter Blütenstand

Wirkstoffe
ätherische Öle, Bitterstoffe, Gerbstoffe

Therapeutische Verwendung
Aufguss, Tinkturen

Achillea moschata Wulfen

Visitenkarte

Deutscher Name
Moschus-Schafgarbe, Genippikraut, Günsel, Felsenbeifuß

Familie
Korbblütler

Blüte
Juli/August

Sammelzeit
Sommer

Verwendung
gesamte Blüte, Blätter

Wirkstoffe
ätherische Öle, Bitterstoffe, Gerbstoffe

Therapeutische Verwendung
Aufguss, Tinktur

Krautige mehrjährige, fast halbstrauchartige Pflanze von 12 bis 20 cm Höhe. Kriechende **Stängel** mit aufrechten oder aufsteigenden Blütenzweigen. Die blaugrünen **Blätter** werden bis zu 5 cm lang, die Blattspreite ist zur Gänze spitzlinealisch fiederspaltig. Der **Blütenstand** zeigt die Form einer Doldentraube mit 3 bis 25 Köpfchen, die sich aus hellgelben **Röhrenblüten** und weißen Zungenblüten zusammensetzen.

Verbreitung und Habitat: Diese Spezies kommt endemisch in den Westalpen vor. Sie gedeiht in Felsspalten und auf Geröllhalden, vorzugsweise auf silikathaltigen Böden in Höhen zwischen 1800 und 2800 m.

Aufzucht und Pflege: Frisch gesammelte Samen mit guter Keimfähigkeit in sandige Gartenerde säen. Sobald die Keimlinge 3 bis 4 cm groß sind, in Einzeltöpfe umsetzen – auf gute Dränage achten und steiniges Erdreich als Substrat verwenden. Nach einigen Wochen die Jungpflanzen an einem sonnigen Standort, im Freiland vorzugsweise in einem Steingarten, einpflanzen, wobei stauende Nässe zu vermeiden ist. Die Pflanze ist im Flachland schwer zu kultivieren, da es sich um eine Art handelt, die saure Böden bevorzugt, sollte sie nicht mit kalkhaltigem Wasser gegossen werden, sondern mit Regenwasser oder mit Gießwasser, dem Eisen-Chelat beigemengt wurde.

Sammeln und Aufbewahren: Die Blütenspitzen und Blätter vorsichtig abnehmen, um die Pflanze dabei nicht zu zerstören. Das Sammelgut an einem luftigen und schattigen Ort trocknen. Darauf achten, dass es sich dabei nicht schwarz verfärbt. Danach geschützt vor Licht und Feuchtigkeit aufbewahren.

Therapeutische Eigenschaften: Bitter-tonisch, eupeptisch, schweißtreibend.

Verwendung in der Küche: Bestandteil von Kräuterlikören, Aperitifs und Digestiva.

Achtung! Diese Art ist in Teilen ihres Verbreitungsgebietes geschützt.

Achillea millefolium L.

Krautige mehrjährige, ziemlich variable Spezies mit ausgeprägtem Rhizom (Wurzelstock) und 30 bis 50 cm langen, aufrechten **Stängeln. Blätter** länglich lanzettlich, zweifach oder dreifach fiederspaltig mit ganzrandigen oder gezähnten Rändern. Die 4 bis 5 mm großen Köpfchen sind in ausladenden **Blütenständen** in Form von weißen oder rosafarbenen Dolden vereint. Jedes Köpfchen setzt sich aus einer Scheibe von **Röhrenblüten** zusammen, die von einem Kranz aus 5 Zungenblüten umgeben sind.

Verbreitung und Habitat: *Achillea millefolium* ist in ganz Europa verbreitet und bevorzugt alle Standorte, vor allem Wiesen, Ödland, Wegränder und Äcker.

Aufzucht und Pflege: Frisch gesammelte Samen in sandige Gartenerde säen. Sobald die Keimlinge 3 bis 4 cm groß sind, in Einzeltöpfe umsetzen – auf eine gute Dränage achten und steiniges Erdreich als Substrat verwenden. Nach einigen Wochen die Jungpflanzen an einem sonnigen Standort einpflanzen. Erwachsene Pflanzen können auch durch Teilung des Rhizoms im Frühjahr oder Herbst vegetativ vermehrt werden.

Sammeln und Aufbewahren: Blüten und Blätter sammeln und das Sammelgut an einem luftigen und schattigen Ort trocknen. Darauf achten, dass es sich nicht schwarz verfärbt. Anschließend geschützt vor Licht und Feuchtigkeit aufbewahren.

Therapeutische Eigenschaften: Bitter-tonisch, krampflösend, blutstillend, die Monatsblutung fördernd und regulierend, schweißtreibend. Bei äußerer Anwendung die Wundheilung fördernd.

Verwendung in der Küche: Bestandteil von Kräuterlikören, Aperitifs und Digestiva.

Visitenkarte

Deutscher Name
Gemeine Schafgarbe, Achilleskraut, Feldgarbe

Familie
Korbblütler

Blüte
Mai bis Oktober

Sammelzeit
Sommer

Verwendung
Blüten

Wirkstoffe
ätherische Öle, Bitterstoffe, Gerbstoffe, Pflanzenschleim

Therapeutische Verwendung
Aufguss, Tinktur, Breiumschlag

Acinos alpinus (L.) Moench

Krautige mehrjährige, 5 bis 30 cm hohe Pflanze mit niederliegenden oder aufsteigenden **Stängeln,** die an der Basis leicht verholzt sind. Gerundet eiförmige, gezähnte **Blätter.** Die zweilippigen violetten **Blüten** bilden achselständige Quirle.

Verbreitung und Habitat: Der Alpensteinquendel stammt ursprünglich aus den Gebirgsgegenden Südeuropas und bevorzugt als Standorte vor allem steinige, kalkhaltige Böden, Weiden und Schutthalden in Höhen zwischen 1000 und 2000 m.

Sammeln und Aufbewahren: Nur junge, möglichst blühende Pflanzen sammeln und in dünnen Lagen aufgelegt an einem luftigen Ort trocknen, damit sie sich nicht schwarz verfärben. Danach geschützt vor Licht und Feuchtigkeit aufbewahren.

Therapeutische Eigenschaften: Eupeptisch, tonisch anregend, verdauungsfördernd, windtreibend.

Synonyme: *Satureja alpina* Sch.; *Calamintha alpina* Sch.

Visitenkarte

Deutscher Name
Alpensteinquendel
Alpenquendel

Familie
Lippenblütler

Blüte
Juni bis August

Sammelzeit
Sommer

Verwendung
gesamte blühende Pflanze

Wirkstoffe
ätherische Öle, Terpene, Gerbstoffe

Therapeutische Verwendung
Aufguss, Tinktur

Aconitum napellus L.

Visitenkarte

Deutscher Name
Blauer Eisenhut, Sturmhut, Teufelswurz

Familie
Hahnenfußgewächse

Blüte
Juli bis September

Sammelzeit
Ende Sommer / Herbst

Verwendung
Wurzelknollen

Wirkstoffe
Alkaloide, Stärke, Fettsubstanzen

Therapeutische Verwendung
Pulver, Tinktur, Pomaden

Achtung!
Stark giftig

Krautige mehrjährige Pflanze mit Wurzelknollen und mit aufrechten, 50 bis 150 cm hohen **Stängeln.** Die **Blattspreiten** sind deutlich bis zur Basis handförmig in 2 bis 3 dünne, längliche Teile geteilt. Der mehr oder weniger verzweigte, an seiner Basis belaubte **Blütenstand** bildet die Form einer dichten **Ähre** mit zahlreichen intensiv blau-violett gefärbten **Blüten.** Die **Frucht** besteht aus 3 Balgkapseln, in denen sich zahlreiche schwarze, glänzende **Samen** bilden.

Verbreitung und Habitat: Diese Art sowie die verschiedenen Unterarten dieser Spezies sind über den gesamten Alpenbogen verbreitet und können dort insbesondere auf Almen und vor allem in der Nähe von Vieheinständen auf bewirtschafteten Almen in Höhen von 500 bis 2600 m Seehöhe angetroffen werden.

Therapeutische Eigenschaften: Schmerzstillend, antineuralgisch, krampflösend. Äußerliche Anwendung als rötendes Mittel. In der Homöopathie kommt der Blaue Eisenhut bei der Behandlung bestimmter Herzerkrankungen zum Einsatz.

Achtung! Diese Art ist in einigen Ländern Europas geschützt. Die pharmakologische Verwendung dieser Pflanze, die extrem giftige Alkaloide enthält, muss ausschließlich Ärzten vorbehalten bleiben.

Bild oben: Aconitum vulparia *(der Wolfseisenhut), ist mit* Aconitum napellus, *dem Blauen Eisenhut, nahe verwandt.*

Aconitum variegatum L.

Krautige mehrjährige Pflanze mit Wurzelknollen und mit aufrechten **Stängeln,** die 40 bis 150 cm hoch werden. Die **Blätter** sind fünfeckig und zur Gänze in 5 fingerförmige, rhombische Segmente geteilt, die ihrerseits nochmals geteilt sind. Der **Blütenstand** bildet eine Rispe mit etwas zickzackförmigen Achseln, auf der die blau-violetten Blüten sitzen. Die **Frucht** besteht üblicherweise aus 5 Balgkapseln, welche zur Reife zahlreiche schwarze, glänzende **Samen** enthalten.

Verbreitung und Habitat: Diese Art ist in den gebirgigen Zonen Mitteleuropas verbreitet und kann im gesamten Alpenbogen, vor allem in Wäldern, auf Waldlichtungen und in Feuchtwiesen von 500 bis 2000 m Seehöhe, angetroffen werden.

Therapeutische Eigenschaften: Schmerzstillend, antineuralgisch, krampflösend. Äußerliche Anwendung als rötendes Mittel. In der Homöopathie kommt der Eisenhut bei der Behandlung bestimmter Herzerkrankungen zum Einsatz.

Achtung! Diese Art ist in einigen Ländern Europas geschützt. Die pharmakologische Verwendung dieser Pflanze, die extrem giftige Alkaloide enthält, bleibt ausschließlich Ärzten vorbehalten.

Synonym: *Aconitum cammarum* Auct. Fl. Ital.

Visitenkarte

Deutscher Name
Bunter Eisenhut

Familie
Hahnenfußgewächse

Blüte
Juli bis September

Sammelzeit
Ende Sommer/Herbst

Verwendung
Wurzelknollen

Wirkstoffe
Alkaloide, Stärke, Fettsubstanzen

Therapeutische Verwendung
Pulver, Tinktur, Pomaden

Achtung!
Stark giftig

Acorus calamus L.

Mehrjährige Wasserpflanze mit einem waagrechten, knotigen **Wurzelstock** und aufrechten, deutlich linealischen **Blättern,** die 50 bis 100 cm hoch werden. Der **Blütenstand** bildet die Form eines 4 bis 8 cm langen Kolbens (Spadix), der zum Teil von einer gelblichen Blütenscheide (Spatha) umgeben wird.

Verbreitung und Habitat: Diese ursprünglich aus dem Orient stammende Art ist heute an zahlreichen Gewässern Europas heimisch. Sie gedeiht entlang von Seeufern und Wasserlaufen sowie in Sümpfen und Weihern bis zu einer Höhe von 600 m.

Aufzucht und Pflege: In Europa produziert diese Pflanze keine fruchtbaren Samen und muss folglich durch Teilung der Wurzelstöcke vermehrt werden. Teile des Wurzelstockes werden in Töpfe ohne Dränage gesetzt. Das Substrat muss fruchtbar und sandig sein und ständig mit Wasser gesättigt bleiben. Im Winter benötigt die Pflanze einen geschützten Standort.

Sammeln und Aufbewahren: Die Wurzelstöcke werden entrindet und in dünne Scheiben geschnitten und in der Sonne oder im Ofen bei mäßiger Hitze getrocknet. Anschließend geschützt vor Feuchtigkeit und Licht aufbewahren.

Therapeutische Eigenschaften: Bitter-tonisch, eupeptisch, verdauungsfördernd. Äußerliche Anwendung als Mundwasser oder in Zahnpasten. Wirkt auf die Mundschleimhaut antiseptisch und desodorierend.

Verwendung in der Küche: Kalmus wird von der Getränkeindustrie zur Aromatisierung von Getränken eingesetzt. Für den Hausgebrauch können Wurzelstöcke dazu verwendet werden, um Kräuterlikören eine besondere Geschmacksnote zu verleihen.

Visitenkarte

Deutscher Name
Kalmus, Ackerwurz, Magenwurz

Familie
Aronstabgewächse

Blüte
Juni/Juli

Sammelzeit
Ende Sommer/Herbst

Verwendung
Wurzelstock

Wirkstoffe
ätherische Öle, Stärke, Gerbstoffe, Pflanzenschleim, Vitamin C

Therapeutische Verwendung
Aufguss, Sirup, Tinktur, Mundwasser

Adiantum capillus-veneris L.

Visitenkarte

Deutscher Name
Frauenhaarfarn, Venushaar, Frauenhaar, Krullfarn

Familie
Frauenhaar-Farngewächse

Sammelzeit
Ende Sommer / Herbst

Verwendung
gesamte Pflanze, Wurzelstock

Wirkstoffe
Gallussäure, Gerbstoffe, Pflanzenschleim, Gummiharz

Therapeutische Verwendung
Aufguss, Tinktur, Sirupe

Mehrjährige Farnpflanze, 15 bis 40 cm hoch, mit kriechendem schwarzem **Wurzelstock** und eleganten, biegsamen, zweifach fiederspaltigen Wedeln, mit kleinen, fächerartigen hellgrünen **Blättchen.** Am Rand der Blattlappen entwickeln sich die Sporangien (Sporenträger).

Verbreitung und Habitat: Diese Art ist in den gemäßigten Zonen Europas, Asiens und Nordamerikas heimisch. Sie bevorzugt als Standort feuchte, schattige Stellen, wie etwa Höhleneingänge, Brunnenwände, Quellränder und Felsritzen von Meereshöhe bis 1500 m Seehöhe.

Sammeln und Aufbewahren: Die Wurzelstöcke und Wedel sollten im Spätsommer oder Frühherbst gesammelt und am besten im frischen Zustand benützt werden, dies vor allem bei äußerlicher Anwendung. Darüber hinaus kann man sie trocknen und geschützt vor Licht und Feuchtigkeit aufbewahren. Diese Art kann auch in Blumentöpfen kultiviert werden (siehe Bild) und besticht dann vor allem durch ihre Schönheit.

Therapeutische Eigenschaften: Auswurffördernd, abschwellend, erweichend. Äußerlich angewendet als Gurgelwasser oder zum Einreiben gegen Hautschuppen.

Achtung! Diese Art ist in einigen Ländern Europas geschützt.

Adonis vernalis L.

Krautige mehrjährige Pflanze mit 10 bis 40 cm hohen **Stängeln** und 2- bis 3-fach fein gefiederten, linealischen **Blättern.** Die schönen, goldgelb gefärbten Blüten stehen endständig an jedem Spross.

Verbreitung und Habitat: Diese Art stammt ursprünglich aus den kalten und kalt-gemäßigten Zonen Europas und Asiens, wird heute aber in vielen Gärten als Zierpflanze angebaut. Das Adonisröschen bevorzugt steinige, trockene Standorte bis zu einer Meereshöhe von 500 m.

Sammeln und Aufbewahren: Bevorzugt kleine – blühende – Pflanzen sammeln und in dünnen Lagen rasch trocknen, damit sie sich nicht schwarz verfärben.

Therapeutische Eigenschaften: Herzstärkend, beruhigend und harntreibend.

Achtung! Diese Art ist in einigen Gebieten Europas geschützt.

Anmerkung: Bei der hier abgebildeten Pflanze handelt es sich um die Spezies *Adonis pyrenaica* DC., die vor allem in den französischen und spanischen Pyrenäen sowie in Gebirgsregionen Frankreichs anzutreffen ist.

Visitenkarte

Deutscher Name
Adonisröschen, Frühlingsteufelsauge

Familie
Hahnenfußgewächse

Blütezeit
Mai/Juni

Sammelzeit
Anfang Sommer

Verwendung
gesamte blühende Pflanze

Wirkstoffe
Glykoside (vor allem Cymarin)

Therapeutische Verwendung
Aufguss, Tinktur

Aegopodium podagraria L.

Visitenkarte

Deutscher Name
Giersch, Geißfuß, Pogadrakraut, Gichtkraut

Familie
Doldengewächse

Blütezeit
Mai bis Juli

Sammelzeit
Herbst

Verwendung
Wurzel, Früchte

Wirkstoffe
ätherische Öle, Harze, Gummiharze, Gerbstoffe, organische Salze

Therapeutische Verwendung
Aufguss, Tinktur

Krautige mehrjährige Pflanze mit Wurzelstock und 40 bis 70 cm hohen **Stängeln.** Die doppelt dreizählig gefiederten **Blätter** sind elliptisch und randlich gezähnt. Die aus 5 weißen oder rosafarbenen Kronblättern bestehenden **Blüten** bilden große zusammengesetzte Dolden.

Verbreitung und Habitat: Diese Art stammt ursprünglich aus dem euro-sibirischen Raum, ist jedoch heute in ganz Europa verbreitet. Der Giersch bevorzugt feuchte Standorte und Laubwälder bis zu einer Meereshöhe von 1800 m.

Sammeln und Aufbewahren: Den Wurzelstock samt Wurzeln ausgraben, waschen, in Stücke schneiden und in der Sonne oder bei kleiner Hitze im Backrohr trocknen lassen. Die Dolden knapp vor der Reife abschneiden, völlig ausreifen lassen und dann die Samen gewinnen, indem man die Frucht schüttelt oder gegen eine Unterlage schlägt.

Therapeutische Eigenschaften: Reinigend, harntreibend, entzündungshemmend, Mittel gegen Rheuma und Gicht.

Anmerkung: Bei der hier abgebildeten Pflanze handelt es sich um die Form *Aegopodium podagraria* »Variegata«, die in unseren heimischen Gärten bisweilen als Zierpflanze anzutreffen ist.

Agastache rugosa Kuntze

Visitenkarte

Deutscher Name
Anisminze, Koreaminze

Familie
Lippenblütler

Blütezeit
August bis Oktober

Sammelzeit
Sommer

Verwendung
Blätter, blühende Spross-Spitzen

Wirkstoffe
ätherische Öle

Therapeutische Verwendung
Aufguss, Tinkturen

Krautige mehrjährige Pflanze mit bis zu 120 cm hohen aufrechten und verzweigten **Stängeln.** Die gegenständigen, eiförmig herzförmigen Blätter sind an den Rändern gezähnt und laufen spitz zu. Die purpurvioletten **Blüten** bilden dichte endständige, bis zu 15 cm lange Ähren.

Verbreitung und Habitat: Diese Art stammt ursprünglich aus Korea, der Mandschurei, China und aus Ostsibirien. Sie wird in den USA als Nektarblüte für Bienen und in europäischen Gärten als Zierpflanze kultiviert.

Sammeln und Aufbewahren: Die Blätter und blühenden Spitzen der Pflanze abschneiden und entweder im frischen Zustand verwenden oder rasch in dünnen Lagen aufgelegt trocknen lassen, damit sie sich nicht schwarz verfärben. Danach geschützt vor Licht und Feuchtigkeit aufbewahren.

Therapeutische Eigenschaften: Blähungshemmend, verdauungsfördernd und magenstärkend.

Synonyme: *Lophanthus rugosus* Fisch. Et Mey; *Cedronella japonica* Hassk.

Agrimonia eupatoria L.

Krautige mehrjährige Pflanze mit aufrechten, 30 bis 60 cm hohen **Stängeln.** Die auf der Oberseite grünen und unterseits weißfilzigen **Blätter** sind unregelmäßig fiederspaltig mit 4 bis 5 Paar ovalen oder länglichen, grob gezähnten Segmenten. Die aus 5 gelben Kronblättern bestehenden **Blüten** bilden lange endständige Traubenblütenstände.

Verbreitung und Habitat: Diese Art ist fast auf der ganzen Welt verbreitet und in Europa häufig anzutreffen. Sie bevorzugt trockene Felder, Brachflächen und Straßenränder bis in Höhen von 1200 m Seehöhe.

Sammeln und Aufbewahren: Die blühenden Spross-Spitzen und Blätter werden, wenn möglich, zum Zeitpunkt der Blüte gesammelt, an einem luftigen und schattigen Ort getrocknet und dann geschützt vor Licht und Feuchtigkeit aufbewahrt.

Therapeutische Eigenschaften: Kräftigend und adstringierend (zusammenziehend), gallentreibend, entzündungshemmend. Äußerliche Verwendung als Gurgelwasser bei Rachenentzündungen.

Visitenkarte

Deutscher Name
Gewöhnlicher Odermennig, Ackermennig, Leberklette

Familie
Rosengewächse

Blütezeit
Juni/Juli

Sammelzeit
Mai bis Sept.

Verwendung
blühende Spross-Spitzen, Blätter

Wirkstoffe
ätherische Öle, Bitterstoffe, Gerbstoffe, Vitamine

Therapeutische Verwendung
Aufguss, Tinktur, Mundwasser

Agropyron repens (L.) Beauv.

Mehrjähriges Gras mit knotigem **Wurzelstock** und Ausläufern sowie 30 bis 70 cm hohen Halmen. Linealische, dünne und raue **Blätter.** Der **Blütenstand** ist eine 7 bis 15 cm lange Ähre, die ihrerseits aus Ährchen aus 5 bis 7 **Blüten** zusammengesetzt ist.

Verbreitung und Habitat: Diese Art stammt ursprünglich aus Europa und Sibirien und ist bei uns überall anzutreffen. Die Gemeine Quecke bevorzugt unbebaute Flächen, trockene Wiesen und Ackerflächen sowie Straßenränder bis zu 1500 m Höhe.

Sammeln und Aufbewahren: Die Wurzelstöcke sammeln, reinigen, zerteilen und bei mäßiger Hitze im Rohr trocknen lassen. Geschützt vor Licht und Feuchtigkeit aufbewahren. Neben den Wurzeln der Quecke können aber auch die Wurzelstöcke des Hundszahngrases *(Cynodon dactylon)* gesammelt und in gleicher Weise verwendet werden, weil diese mehr oder weniger dieselben pharmakologischen Eigenschaften aufweisen.

Therapeutische Eigenschaften: Harntreibend, gallentreibend, erweichend, antiseptisch, reinigend und blutdrucksenkend.

Visitenkarte

Deutscher Name
Gemeine Quecke, Schnürgras, Hundsgras

Familie
Süßgräser

Blütezeit
Mai bis Juli

Sammelzeit
während des gesamten Jahres

Verwendung
Wurzelstock

Wirkstoffe
ätherische Öle, Bitterstoffe, Zucker, Pflanzenschleim

Therapeutische Verwendung
Aufguss, Absud, Tinktur

Ajuga reptans L.

Visitenkarte

Deutscher Name
Kriechender Günsel, Guglkraut, Güldengünsel

Familie
Lippenblütler

Blütezeit
März bis Juli

Sammelzeit
Frühling bis Sommer

Verwendung
gesamte Pflanze

Wirkstoffe
Gerbstoffe, ätherische Öle, Bitterstoffe, organische Salze

Therapeutische Verwendung
Aufguss, Tinktur, Breiumschlag

Krautige mehrjährige, 10 bis 20 cm hohe Pflanze mit kriechenden und an den Knoten wurzelnden **Stängeln.** Die **Blätter** sind verlängert spatelförmig und leicht gekerbt. Die blau-violetten **Blüten** sind weiß überlaufen und stehen in dichten Wirteln, die von ovalen, meist violetten Deckblättern umgeben sind.

Verbreitung und Habitat: Diese in Europa und im Kaukasus heimische Pflanze ist bei uns überall häufig anzutreffen. Sich wächst bevorzugt auf Grasflächen, Wiesen, Waldlichtungen, Weg- und Straßenrändern bis in Höhen von 1500 m.

Sammeln und Aufbewahren: Die Pflanze, wenn möglich, zum Zeitpunkt der Blüte sammeln und an einem luftigen und schattigen Ort trocknen. Danach geschützt vor Licht und Feuchtigkeit aufbewahren.

Therapeutische Eigenschaften: Adstringierend (zusammenziehend), gegen Durchfall. Äußerliche Anwendung: Beschleunigte Wundheilung, Hemmung von Entzündungen.

Alcea rosea L.

Visitenkarte

Deutscher Name
Roter Eibisch, Stockrose, Stockmalve, Brandrose

Familie
Malvengewächse

Blütezeit
Mai bis August

Sammelzeit
Mai bis August

Verwendung
Blüten

Wirkstoffe
Pflanzenschleim, Zucker, Gerbstoffe

Therapeutische Verwendung
Aufguss, Tinktur, Mundwasser, Breiumschlag

Krautige mehrjährige Pflanze mit aufrechten, einfachen, bis zu 3 m hohen **Stängeln.** Die rundlichen, handförmig gelappten **Blätter** weisen 5 bis 7 Lappen auf. Die Farbpalette der Kronblätter der bis zu 10 cm großen **Blüten** reicht von Weißrosa über Rot bis zu einem dunklen Purpur.

Verbreitung und Habitat: Die Herkunft dieser Spezies ist unbekannt. Sie wird jedoch heute in ganz Europa als Zierpflanze kultiviert.

Aufzucht und Pflege: Da der Rote Eibisch eine beträchtliche Größe erlangt, eignet sich diese Art als Topfpflanze nicht besonders. Die Samen werden am besten im Frühjahr an einer sonnigen Stelle im Freiland ausgesät, wobei sich auch trockene und steinige Böden als geeignet erweisen. Reife Pflanzen lassen sich leicht durch Teilung der Wurzelstöcke im Frühjahr oder im Herbst vegetativ vermehren.

Sammeln und Aufbewahren: Eben aufgeblühte Blüten sammeln und an einem schattigen, gut durchlüfteten Ort trocknen lassen. Dabei in lockeren Lagen auflegen, damit sich die Blüten nicht schwarz verfärben. Danach geschützt vor Licht und Feuchtigkeit aufbewahren.

Therapeutische Eigenschaften: Auswurffördernd, harntreibend, abführend, erweichend. Bei der äußerlichen Anwendung werden vor allem die entzündungshemmenden und schmerzstillenden Eigenschaften des Roten Eibisch genützt.

Synonym: *Althea rosea* Cav.

Alchemilla vulgaris L.

Krautige mehrjährige Pflanze mit Wurzelstock und dünnen, 10 bis 40 cm hohen **Stängeln.** Die abgerundet nierenförmigen **Blätter** sind in 7 bis 11 meist fächerartig gefaltete Lappen unterteilt. Die zierlichen gelbgrünen **Blüten** bilden lockere endständige Blütenstände.

Verbreitung und Habitat: Diese Art stammt ursprünglich aus den gemäßigten Zonen Nordeuropas und findet sich in unseren Breiten in Form zahlreicher Unterarten. Der Frauenmantel bevorzugt als Standort Wiesen und Grasflächen bis in Höhen von 2000 m.

Therapeutische Eigenschaften: Adstringierend (zusammenziehend), harntreibend, entzündungshemmend, leicht schmerzstillend.

Anmerkung: Die hier abgebildete Pflanze gehört zur Sippe der *Alchemilla alpina* L., zu der einige einander sehr ähnliche Arten zählen, die im Bergland beheimatet sind und sich durch ihre wesentlich tiefer gelappten Blätter unterscheiden. Sie weisen ebenfalls kräftigende und zusammenziehende Eigenschaften auf.

Visitenkarte

Deutscher Name
Frauenmantel, Sinau, Taubecher, Jungfernkraut

Familie
Rosengewächse

Blütezeit
Mai bis Juli

Sammelzeit
Sommer

Verwendung
Blätter

Wirkstoffe
Gerbstoffe, Harze, Bitterstoffe, Pflanzenschleim, Saponine

Therapeutische Verwendung
Absud, Tinktur

Alliaria petiolata (Bieb.) Cavara et Grande

Krautige ein- oder zweijährige Pflanze mit typischem Knoblauchgeruch und aufrechten, einfachen oder verzweigten, 30 bis 80 cm hohen **Stängeln.** Die eiförmig dreieckigen **Blätter** sind an der Basis herzförmig, die Ränder sind stark gezähnt. Die zu Doldentrauben vereinigten **Blüten** weisen vier weiße, 5 bis 6 mm lange Kronblätter auf. Die Früchte sind aufrechtstehende Schoten.

Verbreitung und Habitat: Diese ursprünglich aus dem westlichen Asien stammende Art ist heute in fast ganz Europa heimisch. Die Knoblauchsrauke bevorzugt Wälder und Waldlichtungen sowie schattige Waldränder bis zu Höhen von 1700 m.

Sammeln und Aufbewahren: Die Pflanze sollte während der Blütezeit gesammelt und im frischen Zustand verwendet werden, da die getrockneten Teile ihre therapeutische Wirkung verlieren.

Therapeutische Eigenschaften: Auswurffördernd, harntreibend, reinigend. Äußerliche Anwendung als Antiseptikum oder zur Behandlung von Ekzemen.

Verwendung in der Küche: Die Blätter sind genießbar und dienen mit ihrem Knoblauchgeschmack zum Verfeinern von Salaten und Füllungen.

Synonyme: *Alliaria officinalis* Andrz.; *Erysimum alliaria* L., *Sisymbrium alliaria* Scp.

Visitenkarte

Deutscher Name
Gemeine Knoblauchsrauke, Lauchkraut

Familie
Kreuzblütler

Blütezeit
Mai bis Juli

Sammelzeit
Mai bis Juli

Verwendung
gesamte Pflanze

Wirkstoffe
Glykoside, Gerbstoffe, Schwefelverbindungen, ätherische Öle

Therapeutische Verwendung
Tinktur, Aufguss, Breiumschlag

Allium sativum L.

Visitenkarte

Deutscher Name
Knoblauch, Knofel, Gruserich, Rockambolle

Familie
Liliengewächse

Blütezeit
Juni/Juli

Sammelzeit
Sommer

Verwendung
Zwiebel

Wirkstoffe
ätherische Öle, Vitamine, Allylsulfid

Therapeutische Verwendung
Aufguss, Absud, Tinktur, Sirup

Krautige mehrjährige, 50 bis 80 cm hohe Pflanze mit einer aus zahlreichen länglichen als Knoblauchzehen bezeichneten Knollen bestehenden **Zwiebel,** die von einer weißen häutigen Hülle umgeben ist. Die grünen **Blätter** sind linealisch, und die doldenförmigen Blütenstände, welche bis zur Hälfte von einer Blütenscheide umhüllt sind, tragen zahlreiche grün-weiße **Blüten.**

Verbreitung und Habitat: Diese ursprünglich aus Zentral- und Ostasien stammende Art ist heute weltweit verbreitet und wird in Gärten häufig kultiviert.

Aufzucht und Pflege: Die Knoblauchzwiebel wird in Gebieten mit mildem Klima im Herbst geerntet, in Ländern mit kälteren und feuchten Klimaverhältnissen jedoch erst im Frühjahr. Der Knoblauch stellt an den Boden keine besonderen Anforderungen, bevorzugt jedoch sonniges und lockeres Terrain ohne stauende Nässe und gute Düngung. Unkräuter zwischen den Pflanzen sollten händisch entfernt werden, um die Zwiebel nicht zu verletzen. Nur im Falle einer längeren Trockenheit sollte man gießen und außerdem darauf achten, dass die Pflanzen keine Blüten ansetzen, weil dadurch die in der Zwiebel enthaltenen Nährstoffe aufgebraucht werden. Blütenknospen sollten also ehebaldigst entfernt werden, sobald sie sich zeigen.

Sammeln und Aufbewahren: Die Zwiebeln werden am Ende des Sommers geerntet, sobald die Blätter zu vertrocknen beginnen. Die Zwiebeln möglichst im Dunkeln an einem kühlen, belüfteten Ort entweder in Kisten oder zu den typischen »Zöpfen« verflochten aufbewahren.

Therapeutische Eigenschaften: Blutdrucksenkend, auswurffördernd, verdauungsfördernd, windtreibend, wurmabtreibend, antiseptisch, blutzuckersenkend.

Verwendung in der Küche: Knoblauchzehen werden schon seit alter Zeit zum Würzen von Speisen sowie zum Verfeinern von Fleisch-, Fisch- und Gemüsegerichten verwendet. In großen Mengen wird Knoblauch auch in der Konservenindustrie bei der Zubereitung bestimmter Wurstwaren sowie bei der Herstellung von in Öl oder Essig eingelegten Vorspeisen verarbeitet.

Allium schoenoprasum L.

Krautige mehrjährige Pflanze mit eiförmiger **Zwiebel,** die von einer bräunlich grauen Schale bedeckt ist. Die drehrunden hohlen, 20 bis 40 cm langen **Blätter** sind von zylindrischer Form. Der aufrechte, röhrige Blütenstängel weist mehr oder weniger dieselbe Länge wie die Blätter auf. Die zahlreichen rosa-violetten **Blüten** sind in einem fast kugeligen **Blütenstand** vereinigt, der seinerseits teilweise von einer papierartigen Blütenscheide umhüllt ist.

Verbreitung und Habitat: Dieses in den kalten und gemäßigten Zonen Europas, Asiens und Nordamerikas beheimatete Liliengewächs ist in freier Natur auf feuchten Wiesen bis in Höhen von 2500 m anzutreffen.

Aufzucht und Pflege: Schnittlauch lässt sich durch Aussäen vermehren, wobei die Keimlinge einen lockeren, durchlässigen Boden bevorzugen. Die entwickelten Pflanzenbüschel sollten danach einzeln in Töpfe mit fruchtbarer Erde gesetzt und, sobald sie ausreichend entwickelt sind, im Garten an einem sonnigen Standort eingepflanzt werden. Regelmäßiges Gießen und ab und zu etwas Dünger lassen prächtige Pflanzen mit zarten Blättern gedeihen. Die vegetative Vermehrung reifer Pflanzen geschieht sehr einfach, indem man die Stöcke teilt und die Teilstücke einzeln einpflanzt.

Sammeln und Aufbewahren: Die Blätter mit einem Messer nahe der Basis abschneiden und möglichst in frischem Zustand verwenden. Schnittlauch kann auch geschnitten in kleinen, gut verschlossenen Beuteln tiefgekühlt aufbewahrt werden, eignet sich aber nicht zum Trocknen, weil er dabei seinen typischen Geschmack vollständig verliert.

Therapeutische Eigenschaften: Anregend, verdauungsfördernd, antiseptisch, reinigend.

Verwendung in der Küche: Frische Schnittlauchblätter eignen sich allein oder zusammen mit anderen aromatischen Kräutern zur Verfeinerung von Fischgerichten, gekochten Kartoffeln, Salaten und Weichkäse, beispielsweise als köstlicher Brotaufstrich. Die Blütenstände können als Dekoration für Salate, Vorspeisen usw. verwendet werden.

Visitenkarte

Deutscher Name
Schnittlauch

Familie
Liliengewächse

Blütezeit
Sommer

Sammelzeit
Frühling bis Herbst

Verwendung
Blätter

Wirkstoffe
ätherische Öle, Zucker, Allyl- und Magnesiumsulfid

Therapeutische Verwendung
Aufguss, Tinktur

Allium ursinum L.

Visitenkarte

Deutscher Name
Bärlauch, Zigeunerlauch, Waldknoblauch, Hexenzwiefel

Familie
Liliengewächse

Blütezeit
Frühling

Sammelzeit
Frühling

Verwendung
Blätter, Blüten

Wirkstoffe
ätherische Öle, organische Salze, Vinylsulfid

Therapeutische Verwendung
Aufguss, Tinktur

Krautige mehrjährige Pflanze mit länglicher **Zwiebel,** die von einer bräunlich grauen Haut bedeckt ist. Die oval elliptischen, 10 bis 20 cm langen **Blätter** stehen an einem langen geflügelten Blattstiel. Der aufrechte, dreieckige Blütenstängel erreicht Höhen von 20 bis 40 cm. Die zahlreichen weißen **Blüten** bilden einen 3 bis 8 cm großen schirmförmigen **Blütenstand.**

Verbreitung und Habitat: Der Bärlauch ist in Europa recht häufig anzutreffen und wächst bevorzugt und vielfach in ausgedehnten Populationen in feuchten Laubwäldern (Rotbuchenwald) bis in Höhen von 1000 m.

Aufzucht und Pflege: Bärlauch lässt sich durch Aussaat vermehren, wobei die Keimlinge einen lockeren und gut durchlässigen Boden bevorzugen. Die Jungpflanzen werden dann einzeln in Töpfe mit fruchtbarer Gartenerde eingepflanzt. Nachdem sie sich entsprechend entwickelt haben, können sie im Garten an einem schattigen und kühlen Platz eingesetzt werden. Die Vermehrung der Pflanzen kann aber auch dadurch geschehen, dass man reife Exemplare teilt und die Teilstücke einzeln auspflanzt.

Sammeln und Aufbewahren: Bärlauchblätter sollten im Frühjahr gesammelt und möglichst frisch verwendet werden, sie können aber auch in zerkleinertem Zustand in kleinen, gut schließenden Beuteln tiefgekühlt aufbewahrt werden.

Therapeutische Eigenschaften: Reinigend, wurmabtötend, anregend, antiseptisch, blutdrucksenkend. Äußerliche Anwendung als rötendes Mittel.

Verwendung in der Küche: Frische Bärlauchblätter eignen sich zur Verfeinerung von Fischgerichten, gekochten Kartoffeln, von Salaten und Weichkäse. Bärlauchblüten können ebenfalls dazu verwendet werden.

Aloe vera L.

Visitenkarte

Deutscher Name
Aloe, Kap-Aloe

Familie
Liliengewächse

Blütezeit
Anfang Sommer

Sammelzeit
das gesamte Jahr über

Verwendung
Blätter

Wirkstoffe
Anthrachinon-Glykoside, Zucker, Sterine, Pflanzenschleim, Mineralsalze

Therapeutische Verwendung
Tinktur, frisch gepresster Saft, Salbe

Rosettenpflanze mit lanzettlichen, bis zu 50 cm langen dickfleischigen **Blättern,** die eine dichte Rosette bilden. Sie sind grünlich rosa gefärbt, bisweilen weiß gepunktet und weisen an den Rändern Stacheln auf. Bei der reifen Pflanze entwickelt sich aus der Mitte der Rosette ein bis zu 90 cm hoher **Blütenstand,** der sich aus 2 bis 4 röhrigen, rund 3 cm langen **Blüten** mit einer mehr oder weniger intensiven gelben Färbung zusammensetzt.

Verbreitung und Habitat: Der Herkunftsort von *Aloe vera* ist unbekannt, da diese Pflanze bereits seit der Antike wegen ihrer pharmakologischen Eigenschaften kultiviert wird. Sie ist heute in allen Regionen heimisch, die sich durch ein gemäßigtes Klima auszeichnen, wobei sie trockene und sonnige Böschungen als Standort bevorzugt.

Aufzucht und Pflege: *Aloe vera* benötigt einen sonnigen Standort und sandige oder steinige und sehr gut wasserdurchlässige Erde. Man vermehrt sie entweder durch Aussäen der Samen oder vegetativ mittels der Jungtriebe, die sich an der Basis der Rosette von Frühjahr bis zum Sommer bilden.

Sammeln und Aufbewahren: Blätter an der Basis abschneiden und in frischem Zustand verwenden bzw. nur für kurze Zeit im Kühlschrank aufbewahren.

Therapeutische Eigenschaften: Abführend, gallentreibend, verdauungsfördernd, eupeptisch, reinigend. Äußerliche Anwendung als weichmachendes, reinigendes, wundheilendes und schmerzstillendes Mittel.

Synonyme: *Aloe barbadensis* Mill.; *Aloe lanzae* Tod.; *Aloe indica* Royle.

Anchusa officinalis L.

Krautige zwei- oder mehrjährige, haarig borstige Pflanze von 20 bis 60 cm Höhe mit aufrechten oder aufsteigenden **Stängeln,** die sich am Ende verzweigen. Die lanzettlichen und an den Rändern grob gewellten und gezähnten **Stängelblätter** sind halb stängelumfassend. Die endständigen, röhrig glockigen **Blüten** sind violett bis purpurrot gefärbt.

Verbreitung und Habitat: Diese Pflanze stammt ursprünglich aus Osteuropa und Kleinasien und kommt bei uns nicht allzu häufig vor. Sie bevorzugt als Standorte steinige Brachflächen auf bebauten und von menschlicher Tätigkeit beeinflussten Flächen bis in Höhen von 1500 m.

Sammeln und Aufbewahren: Die Blätter und blühenden Spross-Spitzen abschneiden und an einem luftigen, kühlen und schattigen Ort trocknen lassen. Darauf achten, dass sich das Sammelgut dabei nicht schwarz verfärbt. Danach geschützt vor Licht und Feuchtigkeit aufbewahren.

Therapeutische Eigenschaften: Harntreibend, schweißtreibend, reinigend und weichmachend.

Visitenkarte

Deutscher Name
Ochsenzunge

Familie
Borretschgewächse

Blütezeit
Mai bis August

Sammelzeit
Sommer

Verwendung
blühende Spross-Spitzen, Blätter

Wirkstoffe
Pflanzenschleim, Bitterstoffe, Gerbstoffe, Alkaloide

Therapeutische Verwendung
Absud, Tinktur

Anemone nemorosa L.

Krautige mehrjährige Pflanze mit Wurzelstock und dünnen, aufrechten, 10 bis 25 cm langen **Stängeln.** Die **Blattspreite** ist handförmig in 3 bis 5 lanzettliche, unregelmäßig eingeschnittene Segmente unterteilt. Die einzelnen, 2,5 bis 3 cm großen **Blüten** setzen sich aus 6 bis 12 elliptischen, an der Oberseite weißen und an der Unterseite leicht violett gefärbten Kronblättern sowie Staubgefäßen und Stempeln zusammen. Die **Sammelfrucht** wird aus zahlreichen, mit winzigen Fortsätzen versehenen Schließfrüchten gebildet.

Verbreitung und Habitat: Das Buschwindröschen ist in den kalten und kalt-gemäßigten Zonen Europas, Asiens und Nordamerikas verbreitet und bevorzugt als Lebensraum Laubwälder, vor allem Buchen- und Eichenwälder, Waldlichtungen und schattige Plätze bis zu einer Höhe von 1500 m.

Sammeln und Aufbewahren: Die Pflanze während der Blüte sammeln und an einem kühlen und luftigen Ort trocknen lassen.

Therapeutische Eigenschaften: Äußerliche Anwendung gegen Gelenksschmerzen. In der Homöopathie wird sie vor allem als die Monatsblutung förderndes und regulierendes Mittel eingesetzt. Die Pflanze enthält toxische Saponine, weshalb sie als Hausmittel mit Vorsicht eingesetzt werden muss!

Visitenkarte

Deutscher Name
Buschwindröschen

Familie
Hahnenfußgewächse

Blütezeit
März bis Mai

Sammelzeit
Frühling

Verwendung
gesamte Pflanze

Wirkstoffe
Alkaloide, Saponine

Therapeutische Verwendung
Tinktur, Breiumschläge

Anethum graveolens L.

Visitenkarte

Deutscher Name
Dill, Blähkraut, Gurkenkümmel, Kapernkraut

Familie
Doldenblütler

Blütezeit
Juli/August

Sammelzeit
im Sommer für die Blätter und im Herbst für die Samen

Verwendung
Blätter, Blüten, Samen

Wirkstoffe
ätherische Öle, Gerbstoffe, Harze

Therapeutische Verwendung
Tinktur, Absud

Krautige einjährige Pflanze mit aufrechten, gerieften und 30 bis 100 cm langen **Stängeln.** Die Spreite der wechselständigen, drei- bis vierfach fiederspaltigen **Blätter** ist in dünne fädige Segmente geteilt. Der **Blütenstand** ist eine Dolde von 15 bis 30 Strahlen, auf denen die kleinen gelben **Blüten** stehen. Die **Frucht** (allgemein als Samen bezeichnet) ist eine leicht geflügelte Achäne.

Verbreitung und Habitat: Diese Pflanze stammt ursprünglich aus Südwestasien, ist aber in Europa schon seit langer Zeit eingebürgert.

Aufzucht und Pflege: Da der Dill einen Einjahres-Lebenszyklus aufweist, müssen die Samen jedes Jahr aufs Neue im Frühjahr ausgesät werden. Die Samen, welche frisch sein müssen, wenn sie gut keimen sollen, werden direkt in lockere und fruchtbare Erde gesät, möglichst an einem sonnigen Standort. Falls die Keimlinge in der Folge zu dicht stehen, müssen sie ausgelichtet werden. Pflanzen regelmäßig gießen und Unkraut entfernen.

Sammeln und Aufbewahren: Die zarten fadenförmigen Blätter können während der gesamten Vegetationsperiode gesammelt und frisch konsumiert werden. Sobald die Früchte knapp vor der Reife stehen und ihre Farbe zu verändern beginnen, sollte die ganze Pflanze aus der Erde gezogen und an einem kühlen und luftigen Ort hängend getrocknet werden. Die ausgereiften Samen werden durch Ausschütteln oder Schlagen gegen eine Unterlage gewonnen.

Therapeutische Eigenschaften: Anregend, windtreibend, die Monatsblutung fördernd und regulierend sowie harntreibend.

Verwendung in der Küche: Die frischen zarten Blättchen eignen sich zur Verfeinerung von Fischgerichten, Eierspeisen, Vorspeisen und Salaten. Die sehr aromatischen Früchte (Samen) verleihen Kräuteressigen, Einmachobst, Pilzen und in Essig eingelegtem Gemüse eine besondere Note.

Angelica archangelica L.

Visitenkarte

Deutscher Name
Echte Engelwurz, Brustwurz, Gartenangelika

Familie
Doldenblütler

Blütezeit
Juni bis August

Sammelzeit
Blätter im Sommer, Früchte (Samen) und Wurzeln im Herbst

Verwendung
Blätter, Früchte (Samen), Wurzeln

Wirkstoffe
ätherische Öle, Gerbstoffe, Harze

Therapeutische Verwendung
Tinktur, Absud

Krautige zwei- oder mehrjährige Pflanze mit spindelförmigen Wurzeln und zylindrischen grünen, gerieften und bis zu 2 m hohen **Stängeln.** Die grundständigen, zwei- oder dreifach fiederspaltigen **Blätter** sind langstielig und in eiförmig lanzettliche und randlich grob gezähnte Segmente unterteilt. Die weißen oder gelblichen **Blüten** stehen auf Dolden, die sich aus 30 bis 50 Strahlen zusammensetzen. Die **Frucht,** allgemein Samen genannt, ist eine elliptische Achäne mit drei Rippen und zwei dicken korkigen Flügeln.

Verbreitung und Habitat: Diese Spezies stammt ursprünglich aus Nordeuropa, wird aber auch in Mittel- und Südeuropa immer häufiger kultiviert.

Aufzucht und Pflege: Da es sich bei *Angelica a.* um eine zweijährige Art handelt, müssen ihre Samen alljährlich ausgesät werden, wenn man ständig Wurzeln, Blätter und Früchte zur Verfügung haben will. Die Engelwurz erreicht eine beträchtliche Größe (2 m), weshalb sie sich nicht als Topfpflanze eignet. Die Samen – die frisch sein müssen, wenn sie gut keimen sollen – werden im Frühjahr direkt in sandiges Erdreich an einer im Halbschatten liegenden Stelle ausgesät. Die Pflanzen sollten, falls sie zu dicht wachsen, ausgelichtet und das Erdreich feucht und frei von Unkraut gehalten werden.

Sammeln und Aufbewahren: Die Blätter und zarten Stängel können schon während der ersten Wachstumsphase gesammelt und dann sofort verbraucht werden. Zur Samengewinnung die Spitzen der Pflanze knapp vor der Reife der Früchte (erkennbar an einer Farbänderung) abschneiden und an einem kühlen und luftigen Ort zum Trocknen aufhängen. Den Blütenstand in der Folge schütteln und die ausgefallenen getrockneten Früchte (Samen) auflesen. Die Wurzeln von *Angelica* müssen im Herbst ausgegraben, gewaschen, in Stücke geschnitten und an der Sonne oder im Backrohr bei mäßiger Temperatur getrocknet werden. Geschützt vor Licht und Feuchtigkeit aufbewahren.

Therapeutische Eigenschaften: Verdauungsfördernd, appetitanregend, windtreibend, kräftigend, harntreibend, auswurffördernd.

Verwendung in der Küche: Die Blätter und jungen Stängel können als Gemüse zubereitet werden, eignen sich aber auch als Beilage oder zur Verfeinerung von Fisch- und Schalentiergerichten. Rohe Blätter passen zu gemischten Salaten, Soßen und als Füllungen. Kurz geschnittene entrindete Stängel können auch kandiert oder zur Aromatisierung von Kräuterlikören eingesetzt werden.

Angelica sylvestris L.

Visitenkarte

Deutscher Name
Waldengelwurz

Familie
Doldenblütler

Blütezeit
Juni bis August

Sammelzeit
Blätter im Sommer, Früchte und Wurzeln im Herbst

Verwendung
Blätter, Früchte (Samen), Wurzeln

Wirkstoffe
ätherische Öle, Gerbstoffe, Harze

Therapeutische Verwendung
Tinktur, Absud

Krautige mehrjährige Pflanze mit gerieften, zylindrischen, 50 bis 150 cm hohen **Stängeln** von meist purpurner Färbung. Die grundständigen, zwei- oder dreifach fiederspaltigen **Blätter** sind lang gestielt und weisen spitz-ovale rundlich grob gezähnte Segmente auf. Die weißen oder rosafarbenen **Blüten** stehen auf zusammengesetzten Dolden mit 30 bis 50 Doldenstrahlen. Die **Frucht** (Samen) ist eine elliptische Achäne mit drei Rippen und zwei häutigen Flügeln.

Verbreitung und Habitat: Diese in Eurasien heimische Pflanze ist in Mitteleuropa häufig anzutreffen. Sie bevorzugt als Standort schattige, feuchte Stellen, entlang von Gräben und Waldrändern bis in Höhen von 1600 m.

Pflege: Da es sich bei *Angelica s.* um eine Pflanze von beträchtlicher Größe handelt, eignet sie sich nicht als Topfpflanze. Die Samen – die frisch gesammelt werden sollten, damit sie gut keimen – werden im Frühjahr direkt in sandiges Erdreich an einem im Halbschatten liegenden Beet gesät. Falls die Pflanzen zu dicht stehen, auslichten und das Beet feucht und frei von Unkraut halten.

Sammeln und Aufbewahren: Blätter und zarte Stängel können von der Waldengelwurz während der gesamten Wachstumsphase gesamelt und dann sofort verbraucht werden. Sobald die Früchte mit beginnender Reife ihre Farbe ändern, kann man die Fruchtstände an den Spitzen der Pflanze abschneiden und an einem kühlen und luftigen Ort zur Nachreifung aufhängen. Die trockenen Fruchtstände in der Folge schütteln und die getrockneten Früchte (Samen) auflesen. Die Wurzeln sollten im Herbst ausgegraben, gewaschen, in Stücke geschnitten und an der Sonne oder im Backrohr bei gemäßigter Temperatur getrocknet werden. Danach geschützt vor Licht und Feuchtigkeit aufbewahren.

Therapeutische Eigenschaften: Verdauungsfördernd, appetitanregend, windtreibend, kräftigend, harntreibend, auswurffördernd.

Verwendung in der Küche: Die Blätter und jungen Stängel von *Angelica s.* können als Gemüsebeilage gekocht werden, eignen sich aber auch zur Verfeinerung von Fisch- und Schalentiergerichten. Rohe Blätter eignen sich für gemischte Salate, Soßen und Füllungen. Kurz geschnittene Stängelstücke können kandiert oder zur Aromatisierung von Kräuterlikören verwendet werden.

Antennaria dioica (L.) Gaertner

Krautige mehrjährige, weiß behaarte, 5 bis 10 cm hohe Pflanze mit Wurzelstock und aufrechten **Stängeln.** Die Grundblätter bilden eine dichte Blattrosette. Die eiförmigen, rund 7 mm großen Köpfchenblütenstände stehen an der Spitze der Stängel und bilden dichte Bündel von Dolden. Die getrenntgeschlechtlichen männlichen Köpfchen bestehen aus gelblichen Blüten, die weiblichen aus fadenförmigen **Blüten,** die zuerst gelb und dann rosafarben sind.

Verbreitung und Habitat: Diese Spezies ist in den kalten und kalt-gemäßigten Zonen Europas, Asiens und Nordamerikas beheimatet und daher im Alpenraum häufig anzutreffen. Sie bevorzugt saure Böden und bevorzugt als Standort Wiesen und Weiden, Waldlichtungen und lichtes Strauchwerk in 100 bis 2300 m Meereshöhe.

Aufzucht und Pflege: Die Samen auf sandigem Boden aussäen, wobei diese frisch sein müssen, um eine gute Keimung zu garantieren. Sobald die Keimlinge eine Größe von 3 bis 4 cm erreicht haben, in Einzelgefäße mit guter Dränage und steinigem Substrat eintopfen. Nach einigen Wochen im Garten an einem sonnigen Platz einpflanzen, vorzugsweise an Stellen ohne stauende Nässe.

Sammeln und Aufbewahren: Die Blätter und Spross-Spitzen abschneiden und an einem kühlen und schattigen Ort trocknen. Darauf achten, dass sich das Sammelgut durch fehlende Belüftung nicht schwarz verfärbt. Danach geschützt vor Licht und Feuchtigkeit aufbewahren.

Therapeutische Eigenschaften: Adstringierend (zusammenziehend), gallentreibend, gegen Durchfall.

Visitenkarte

Deutscher Name
Katzenpfötchen, Immortelle, Ruhrkraut, Bärenpfötchen

Familie
Korbblütler

Blütezeit
Juni bis August

Sammelzeit
Sommer

Verwendung
blühende Spross-Spitzen, Blätter

Wirkstoffe
Pflanzenschleim, Bitterstoffe, Gerbstoffe

Therapeutische Verwendung
Tinktur, Absud

Anthemis nobilis L.

Visitenkarte

Deutscher Name
Römische Hundskamille, Gartenkamille, Welsche Kamille

Familie
Korbblütler

Blütezeit
Juli bis Sept.

Sammelzeit
Sommer

Verwendung
Köpfchen

Wirkstoffe
ätherische Öle, Bitterstoffe, Pflanzenschleim

Therapeutische Verwendung
Aufguss, Tinktur, Mundwasser

Mehrjährige graufilzige, 15 bis 30 cm hohe krautige Pflanze mit kriechenden oder aufsteigenden **Stängeln,** die an der Basis leicht verholzt sind. Die wechselständigen, doppelt fiederspaltigen **Blätter** setzen sich aus kurzen linealischen Segmenten zusammen. Die **Blütenstände** bilden 2 bis 3 cm große Köpfchen, die sich aus randlich angeordneten weißen Zungenblüten und gelben Röhrenblüten in der zentralen Scheibe zusammensetzen. Bei den kultivierten Rassen finden sich häufig Exemplare mit gefüllten Blüten, die nur aus weißen Zungenblüten bestehen.

Verbreitung und Habitat: Diese in Westeuropa beheimatete Pflanze ist als Wildform nur mehr selten anzutreffen.

Aufzucht und Pflege: Die Samen – die frisch geerntet sein sollten – werden im Frühjahr auf einem fruchtbaren, sandigen Boden ausgesät. Sobald sich die Jungpflanzen gut entwickelt haben, werden sie an einem gut besonnten Platz in wasserdurchlässiger Erde eingesetzt. Erwachsene Pflanzen lassen sich sehr einfach mittels Stecklingsgewinnung oder durch Teilung des Stockes vermehren.

Sammeln und Aufbewahren: Die frisch erblühten Köpfchen abnehmen und an einem schattigen und luftigen Ort trocknen. Danach geschützt vor Licht und Feuchtigkeit aufbewahren.

Therapeutische Eigenschaften: Bittertonikum, verdauungsfördernd, krampflösend, wurmabtreibend. Äußerliche Anwendung zur Desinfektion der Mundhöhle.

Verwendung in der Küche: Aromatisierender Bestandteil für Wermut, Wein und Kräuterliköre.

Synonym: *Chamaemelum nobile* All.

Anthyllis vulneraria L.

Visitenkarte

Deutscher Name
Wundklee, Bärenpratzen, Frauenkäppli

Familie
Schmetterlingsblütler

Blütezeit
Mai bis August

Sammelzeit
Sommer

Verwendung
Blätter, Blüten

Wirkstoffe
Glykoside, Pflanzenschleim, Gerbstoffe, Saponine

Therapeutische Verwendung
Absud, Breiumschlag

Mehrjährige, im Aussehen extrem variable krautige Pflanze von 10 bis 40 cm Höhe mit niederliegenden oder aufsteigenden **Stängeln,** die an der Basis leicht verholzt sind. Die unpaarig gefiederten **Blätter** setzen sich aus 2 bis 3 Paar verlängert lanzettlichen Fiederblättchen zusammen. Der **Blütenstand** hat die Form eines goldgelben, 3 bis 4 cm breiten Köpfchens, das an der Basis von handförmig gelappten Hüllblättern umgeben ist.

Verbreitung und Habitat: Diese ursprünglich aus Südeuropa stammende Pflanze ist auch in Mitteleuropa immer häufiger anzutreffen. Sie wächst auf trockenen Wiesen, steinigen Böschungen bis in eine Höhe von 2500 m.

Sammeln und Aufbewahren: Die Blüten und Blätter sammeln und im frischen Zustand klein zerteilt als Breiumschlag verwenden. Sonst an einem schattigen und luftigen Ort trocknen. Geschützt vor Licht und Feuchtigkeit aufbewahren.

Therapeutische Eigenschaften: Adstringierend (zusammenziehend), reinigend, harntreibend. Äußerlich angewendet führt der Wundklee zur raschen Heilung von Verletzungen.

Apium graveolens L.

Zwei- oder mehrjährige krautige Pflanze mit eckigen, bis zu 1 m hohen **Stängeln.** Die fiederteiligen **Blätter** setzen sich aus oval gelappten, am Rand grob gesägten Segmenten zusammen. Die weißen **Blüten** sind in Dolden mit 6 bis 12 Strahlen vereint. Die **Frucht** (Samen) besteht aus 2 konvex gekrümmten Achänen mit 5 längs verlaufenden Rippen.

Verbreitung und Habitat: Allerorts als Kulturpflanze, wild nur mehr selten.

Aufzucht und Pflege: Sellerie benötigt einen sonnigen Standort, fruchtbares Erdreich und reichlich Wasser. Im Februar die Samen (kein altes Saatgut) im Saatbeet aussäen oder im Freiland im April. Die Pflänzchen dann pikieren und in Abständen von 20 bis 30 cm einpflanzen.

Sammeln und Aufbewahren: Die Blätter und jungen Stängel können während der gesamten Vegetationsperiode gesammelt und in frischem Zustand verbraucht werden. Sobald die Fruchtstände knapp vor der Reife stehen – sie beginnen dann ihre Farbe zu ändern –, die Spitzen der Stängel samt Dolden abschneiden und an einem kühlen und luftigen Ort zum Trocknen aufhängen. Danach die Blütenstände schütteln und die ausgefallenen Samen auflesen. Die Wurzeln im Herbst ausziehen, waschen, in Stücke schneiden und an der Sonne oder im Backrohr bei mäßiger Hitze trocknen.

Therapeutische Eigenschaften: Verdauungsfördernd, appetitanregend, windtreibend, harntreibend.

Verwendung in der Küche: Die Blätter und zarten Stängel der Sellerie lassen sich wie Gemüse zubereiten. Rohe Blätter eignen sich für gemischte Salate.

Visitenkarte

Deutscher Name
Sellerie, Eppich, Suppenkraut, Geilwurz

Familie
Doldenblütler

Blütezeit
Mai bis Sept.

Sammelzeit
Blätter im Sommer, Früchte und Wurzeln im Herbst

Verwendung
Blätter, Früchte (Samen), Wurzeln

Wirkstoffe
ätherische Öle, Glykoside, Harze, Vitamin B und C

Therapeutische Verwendung
Tinktur, Aufguss, Absud

Aquilegia vulgaris L.

Krautige mehrjährige Pflanze mit Wurzelstock und aufrechten, 30 bis 80 cm hohen **Stängeln.** Die lang gestielten **Blätter** zeigen eine mehr oder weniger rhombische Form und sind gekerbt bzw. gelappt. Die hängenden blau-violetten **Blüten** stehen im Allgemeinen einzeln oder in Gruppen von 3 bis 6 an der Spitze des Blütenstängels. Die **Früchte** sind Balgfrüchte.

Verbreitung und Habitat: Diese in weiten Gebieten Europas, Asiens und Nordafrikas verbreitete Pflanze ist in Mitteleuropa häufig anzutreffen. Sie gedeiht bevorzugt in Laubwäldern, vor allem in Buchenwäldern, bis in Höhen von 2000 m.

Sammeln und Aufbewahren: Die Pflanze während der Blüte sammeln und in frischem Zustand verwenden.

Therapeutische Eigenschaften: Adstringierend (zusammenziehend), entzündungshemmend bei äußerlicher Anwendung. Der pharmakologische Gebrauch dieser Pflanze, die extrem giftige Substanzen enthält, ist ausschließlich Ärzten vorbehalten!

Visitenkarte

Deutscher Name
Gemeine Akelei, Gewöhnliche Akelei

Familie
Hahnenfußgewächse

Blütezeit
Juni/Juli

Sammelzeit
Sommer

Verwendung
gesamte Pflanze

Wirkstoffe
Glykoside

Therapeutische Verwendung
Tinktur, Breiumschlag

Arctium lappa L.

Visitenkarte

Deutscher Name
Große Klette, Kladde, Letschenwurzel, Wolfskraut

Familie
Korbblütler

Blütezeit
Juli bis Sept.

Sammelzeit
Blätter im Sommer, Wurzeln im Herbst

Verwendung
Blätter und Wurzeln

Wirkstoffe
Pflanzenschleim, ätherische Öle, Inulin, Tannine, Bitterstoffe

Therapeutische Verwendung
Aufguss, Absud, Tinktur, Breiumschlag

Zweijährige, kräftige und 80 bis 180 cm hohe Pflanze mit einer großen Pfahlwurzel und aufrechten **Stängeln**, die bisweilen rötlich gefärbt und stark verzweigt sind. Die ei- oder herzförmigen **Blätter** weisen eine dunkelgrüne Oberseite und eine weißliche, fein behaarte Unterseite auf. Die rosa bis purpurfarbenen **Blüten** bilden runde Köpfchen und sind von zahlreichen Hüllblättern mit typisch hakenförmigen Spitzen umgeben.

Verbreitung und Habitat: Die Große Klette ist überall in den gemäßigten Gebieten Europas und Asiens beheimatet. Als Standort bevorzugt sie Brachen, ungepflegte Felder sowie Schuttplätze und Straßenränder bis in Höhen von 1100 m.

Sammeln und Aufbewahren: Die Wurzeln im Herbst des ersten Jahres oder im Frühjahr des zweiten Jahres ausgraben, grob säubern, waschen, in Stücke schneiden und in der Sonne oder im Backrohr bei mäßiger Hitze trocknen. Die Blätter im Sommer abschneiden und in frischem Zustand als Breiumschlag verwenden bzw. nach Entfernen des Blattstiels an einem schattigen, kühlen und luftigen Ort trocknen.

Therapeutische Eigenschaften: Reinigend, schweißtreibend, harntreibend. Hilft auch bei Furunkeln und Hautunreinheiten.

Synonyme: *Arctium majus* Bernh.; *Lappa officinalis* All.; *Lappa major* Gaert.; *Lappa vulgaris* Hill.

Arctostaphylos uva-ursi (L.) Sprengel

Visitenkarte

Deutscher Name
Immergrüne Bärentraube, Achelkraut, Rauschkraut, Wilder Buchs

Familie
Heidekrautgewächse

Blütezeit
Juni/Juli

Sammelzeit
Sommer

Verwendung
junge Blätter

Wirkstoffe
Glykoside, vor allem Arbutin, Gerbstoffe, Ursolsäure

Therapeutische Verwendung
Aufguss, Tinktur

Mehrjähriger Halbstrauch mit kriechenden oder aufsteigenden verholzten **Stängeln,** die bis zu 1 m lang werden können. Die immergrünen, glänzenden und lederigen **Blätter** sind verkehrt lanzettlich spatelförmig. Der **Blütenstand** ist eine endständige, leicht hängende Traube, die sich aus 3 bis 12 weißen oder rosafarbenen röhrenförmigen Blüten zusammensetzt. Die **Frucht** ist eine kugelige, im reifen Zustand rote Beere mit säuerlichem Geschmack.

Verbreitung und Habitat: Die Bärentraube gedeiht in den höheren Lagen der gemäßigten und arktischen Zonen Europas, Asiens und Nordamerikas. In Mitteleuropa ist sie vor allem in den Alpen anzutreffen. Als Habitat bevorzugt sie felsige Standorte, Weiden, Buschland und Wälder, vor allem Nadelwälder, zwischen 700 und 2500 m Seehöhe.

Sammeln und Aufbewahren: Die jungen Blätter sammeln und an einem schattigen und luftigen Ort trocknen. Danach geschützt vor Licht und Feuchtigkeit aufbewahren.

Therapeutische Eigenschaften: Antiseptisch, harntreibend, abschwellend, adstringierend (zusammenziehend) und gegen Infekte der Harnwege.

Aristolochia clematitis L.

Krautige mehrjährige Pflanze mit Wurzelstock und biegsamen, 30 bis 90 cm langen aufrechten oder aufsteigenden **Stängeln.** Die wechselständigen, ei- oder herzförmigen **Blätter** sind langstielig. Die gelben bis bräunlichen **Blüten** sitzen in Büscheln in den Blattachseln und weisen eine zweiseitig symmetrische (zygomorphe) Blumenkrone mit einer gebogenen und an der Basis erweiterten Röhre auf. Die **Frucht** ist eine eiförmige, 2 bis 4 cm breite Kapsel, die im reifen Zustand nach unten hängt.

Verbreitung und Habitat: Die Osterluzei stammt aus dem mediterranen Raum, ist aber auch weiter nördlich stellenweise anzutreffen. Die Pflanze wächst bevorzugt auf unbebauten Flächen, am Rande von Wäldern und im Bereich von Ruinen bis in Höhen von 1000 m.

Sammeln und Aufbewahren: Die Wurzelstöcke im Herbst aus der Erde ziehen, säubern, in kleine Stücke schneiden und an der Sonne trocknen lassen. Die Blätter vorzugsweise während der Blütezeit sammeln und an einem schattigen und luftigen Ort trocknen.

Therapeutische Eigenschaften: Schmerzstillend, die Monatsblutung fördernd und regulierend, harntreibend, wirkt desinfizierend im Bereich der Harnwege. Bei äußerlicher Anwendung lindert die Osterluzei den Juckreiz und beschleunigt die Wundheilung.

Achtung! Bei erhöhten Dosen hat Osterluzei die Wirkung eines starken Abführmittels.

Visitenkarte

Deutscher Name
Osterluzei, Pfeifenwinde

Familie
Osterluzeigewächse

Blütezeit
April/Mai

Sammelzeit
Sommer bis Herbst

Verwendung
Wurzelstock, Blätter

Wirkstoffe
Aristolochiasäure, Gerbstoffe, Bitterstoffe, Aminosäuren

Therapeutische Verwendung
Absud

Armoracia rusticana Gaert., Mey. et Sch.

Krautige mehrjährige, 40 bis 80 cm hohe Pflanze mit kräftigem Wurzelstock. Die derben, großen **Blätter** sind verlängert eiförmig und haben gezähnte oder gekerbte Ränder. Die relativ kleinen **Blüten** haben 4 weiße Kronblätter und stehen in großen Rispenblütenständen vereint.

Verbreitung und Habitat: Der Meerrettich stammt ursprünglich aus Osteuropa, wird aber heute in Mitteleuropa und anderen Teilen der Welt vielfach kultiviert.

Aufzucht und Pflege: Der Meerrettich ist eine sehr kräftige Pflanze mit dickem Wurzelstock, die sich durch Teilung leicht vermehren lässt. Dabei können all jene Teile des Wurzelstockes wieder eingesetzt werden, an denen Vegetationskegel (Knospen) sitzen. Der Meerrettich bevorzugt einen halbschattigen Platz.

Sammeln und Aufbewahren: Die Wurzeln erst nach dem zweiten Jahr und nur in der benötigten Menge ausgraben, da sie rasch an Frische und Turgor verlieren (welken). Die Wurzel wird frisch gerieben und entweder roh verzehrt oder als pikante Soße zubereitet.

Therapeutische Eigenschaften: Eupeptisch, anregend, harntreibend, antiarthritisch. Äußerliche Anwendung als rötendes Mittel gegen Gelenksschmerzen und bei Insektenstichen.

Verwendung in der Küche: Die frische, geriebene Wurzel ergibt eine pikante Soße, die vor allem zu gekochten Fleisch- und Fischgerichten passt. Die jungen, frischen Blätter ergeben eine ausgezeichnete Salatbeilage.

Synonyme: *Nasturtium armoracia* Fries; *Cochlearia armoracia* L.

Visitenkarte

Deutscher Name
Meerrettich, Kren, Bauernsenf, Pfefferwurzel

Familie
Kreuzblütler

Blütezeit
Mai/Juni

Sammelzeit
August bis Oktober

Verwendung
Blätter, Wurzeln

Wirkstoffe
ätherische Öle, Glykoside, Allyl-Schwefelcyanat, Mineralsalze

Therapeutische Verwendung
Absud, Tinktur, Breiumschlag

Arnica montana L.

Visitenkarte

Deutscher Name
Arnika, Fallwurz, Johannisblume

Familie
Korbblütler

Blütezeit
Juni bis August

Sammelzeit
Blüten im Sommer, Wurzeln im Herbst

Verwendung
Wurzelstock, Blüten

Wirkstoffe
ätherische Öle, Bitterstoffe, Zucker, Gerbstoffe

Therapeutische Verwendung
Aufguss, Tinktur, Salben

Krautige mehrjährige Pflanze mit waagrechtem schwärzlichem **Wurzelstock** und aufrechten, einfachen oder im oberen Teil leicht verzweigten **Stängeln** von 20 bis 40 cm Höhe. Die grundständigen **Blätter** stehen einander kreuzförmig gegenüber und bilden so eine Rosette. Ihre verlängert eiförmig lanzettliche Spreite wird 10 bis 15 cm lang und ist an der Oberseite leicht behaart. Die 6 bis 8 cm breiten und zumeist einzeln stehenden Köpfchen weisen eine schöne gelborange Färbung auf.

Verbreitung und Habitat: Arnika ist in fast allen gebirgigen Zonen Europas und besonders in den Alpen anzutreffen.Die Pflanze wächst vor allem auf Almen, Bergweiden, trockenen Wiesen sowie Heidelandschaften zwischen 500 und 2500 m Höhe, wobei sie saure Böden bevorzugt.

Sammeln und Aufbewahren: Die frisch erblühten Köpfchen sammeln und an einem schattigen und luftigen Ort trocknen. Darauf achten, dass sich das Sammelgut nicht schwarz verfärbt. Die Wurzelstöcke im Herbst aus der Erde ziehen, säubern, waschen, in Stücke schneiden und an der Sonne oder im Backrohr bei mäßiger Hitze trocknen lassen.

Therapeutische Eigenschaften: Kräftigend, magenstärkend, verdauungsfördernd, antiseptisch, schweißtreibend. Bei äußerlicher Anwendung unterstützt Arnika die Wundheilung bei Verletzungen, blutunterlaufenen Stellen, Frostbeulen und Wunden.

Achtung! In vielen Ländern Europas geschützte Pflanze.

Artemisia abrotanum L.

Mehrjähriger, bis zu 1 m hoher Halbstrauch, mit aufrechten, stark verzweigten **Stängeln** und gefiederten, mit Drüsen versehenen und behaarten **Blättern** mit silbrig grüner Färbung. Der **Blütenstand** ist eine ausladende beblätterte Rispe, mit 2 bis 5 mm kleinen kugeligen, gelb gefärbten Köpfchen.

Verbreitung und Habitat: Der Ursprung dieser Pflanze ist unbekannt. Sie wird heute in Europa, Asien und Nordamerika kultiviert und kann bisweilen in ihrer ursprünglichen Form angetroffen werden.

Aufzucht und Pflege: Die Eberraute lässt sich an einem sonnigen Standort in fruchtbarer sandiger Erde leicht kultivieren. Die Vermehrung erfolgt mittels Samen, Stecklingen oder durch Teilung des Stockes im Herbst oder Frühling. Reife Pflanzen sollten regelmäßig zurückgeschnitten werden.

Sammeln und Aufbewahren: Die belaubten Stängel samt den Blüten abschneiden und an einem schattigen und luftigen Ort in lockeren dünnen Lagen auflegen oder zu Büscheln gebunden aufhängen und trocknen lassen. Danach geschützt vor Licht und Feuchtigkeit aufbewahren.

Therapeutische Eigenschaften: Kräftigend, magenstärkend und verdauungsfördernd, wurmabtreibend, schweißtreibend.

Verwendung in der Küche: Wird bei der Herstellung von Wermut und Likören eingesetzt. Einige wenige Blätter verfeinern als Beigabe den Geschmack von Grillfleisch und Kräuteressig.

Visitenkarte

Deutscher Name
Eberraute

Familie
Korbblütler

Blütezeit
Juli bis Oktober

Sammelzeit
Sommer bis Herbst

Verwendung
Blätter und blühende Spross-Spitzen

Wirkstoffe
ätherische Öle, Bitterstoffe, Gerbstoffe, Pflanzenschleim

Therapeutische Verwendung
Aufguss, Absud, Tinktur

Artemisia absinthium L.

Mehrjähriger, stark aromatischer, weißlich behaarter 30 bis 120 cm hoher Halbstrauch mit aufrechten oder aufsteigenden, verzweigten **Stängeln,** die an der Basis leicht verholzt sind. Die zwei- bis dreifach fiederspaltigen **Blätter** sind in linealisch längliche, an der Spitze abgerundete Segmente unterteilt. Der **Blütenstand** ist eine weite, belaubte, fast einseitige Rispe, die sich aus 30 bis 60 kugeligen, gelbbraun gefärbten Köpfchen zusammensetzt.

Verbreitung und Habitat: Der Wermut stammt ursprünglich aus Europa und Westasien und ist mittlerweile weit verbreitet. Die Pflanze bevorzugt als Standorte Ödland, trockene Plätze, bei Ruinen und wächst auch entlang von Straßenrändern bis in 1200 m Höhe.

Sammeln und Aufbewahren: Die belaubten Zweige samt den Blüten abschneiden und an einem schattigen und luftigen Ort trocknen. Dabei in lockeren Schichten auflegen oder zu Büscheln gebunden aufhängen und trocknen lassen. Danach geschützt vor Licht und Feuchtigkeit aufbewahren.

Therapeutische Eigenschaften: Kräftigend, magenstärkend, verdauungsfördernd sowie appetitanregend, die Monatsblutung fördernd und regulierend, wurmabtreibend, gallentreibend.

Verwendung in der Küche: Wird bei der Herstellung von Kräuterlikören eingesetzt.

Achtung! Es empfiehlt sich den Wermut in Maßen zu verwenden, da die Pflanze eine Substanz (Thujon) enthält, die in hohen Dosen zu Vergiftungen führen kann.

Visitenkarte

Deutscher Name
Wermut, Absinth, Magenkraut

Familie
Korbblütler

Blütezeit
August/September

Sammelzeit
Sommer/Herbst

Verwendung
Blätter und blühende Spross-Spitzen

Wirkstoffe
ätherische Öle, Bitterstoffe, Zucker, Gerbstoffe, Pflanzenschleim

Therapeutische Verwendung
Aufguss, Absud

Artemisia dracunculus L.

Visitenkarte

Deutscher Name
Estragon, Beifuß, Dragon, Schlangenkraut

Familie
Korbblütler

Blütezeit
Ende Sommer

Sammelzeit
Sommer/Herbst

Verwendung
Blätter und blühende Spross-Spitzen

Wirkstoffe
ätherische Öle, Vitamine, Gerbstoffe

Therapeutische Verwendung
Aufguss, Tinktur

Krautige mehrjährige, 50 bis 100 cm hohe Pflanze mit aufrechten, stark verzweigten **Stängeln** und linealischen, schmal lanzettlichen **Blättern** mit dunkelgrüner, glänzender Färbung. Der **Blütenstand** ist eine belaubte, fast pyramidenförmige Rispe, die sich aus kleinen kugeligen, braungelb gefärbten und hängenden Köpfchen zusammensetzt.

Verbreitung und Habitat: Diese Spezies stammt ursprünglich aus Osteuropa und Südsibirien. Sie wird heute aber in vielen Ländern kultiviert. Sie kann bisweilen auch in ihrer ursprünglichen Form in Gärten angetroffen werden.

Aufzucht und Pflege: Estragon entwickelt keine fruchtbaren Samen und wird daher ausschließlich mittels Teilung des Wurzelstockes oder durch Stecklinge vermehrt. Beim Erwerb einer Pflanze sollte man sich vergewissern, dass es sich um die Varietät mit aromatischen Blättern handelt, da es im Handel mittlerweile auch Pflanzen gibt, die überhaupt nicht duften. Estragon bevorzugt als Standort sonnige Stellen in fruchtbarer und sandiger Erde.

Sammeln und Aufbewahren: Die beblätterten Zweige samt den Blüten abschneiden und an einem schattigen und kühlen Ort in lockeren Schichten auflegen oder zu Büscheln gebunden aufhängen und trocknen lassen. Danach geschützt vor Licht und Feuchtigkeit aufbewahren.

Therapeutische Eigenschaften: Kräftigend, magenstärkend und verdauungsfördernd, appetitanregend, windtreibend.

Verwendung in der Küche: Estragon wird wegen seines zarten Aromas zusammen mit Anis und Sellerie in der französischen Küche viel verwendet. Er eignet sich hervorragend für Fischgerichte, Omeletten, Frischkäse, Soßen, Füllungen und vor allem für Kräuteressige.

Artemisia genipi Weber

Krautige mehrjährige, 5 bis 15 cm hohe, weiß behaarte Pflanze mit einfachen **Stängeln** und kriechenden, aufrechten oder aufsteigenden Zweigen. Die grundständigen, kurz gestielten **Blätter** weisen eine spatelförmige, dreigeteilte Spreite auf, deren Teile dreizipfelig lineal lanzettlich enden. Die sitzenden Köpfchen bilden dichte, mehr oder weniger längliche Ähren. Jedes Köpfchen ist 5 bis 8 mm groß, eiförmig oder kugelig und besteht aus 10 bis 20 goldgelben **Blüten.**

Verbreitung und Habitat Diese Spezies ist in den Alpen heimisch und bevorzugt als Standorte alpine Matten, Schutthalden und Felsspalten mit kieselhaltigen Böden in Höhen zwischen 2400 und 3000 m.

Aufzucht und Pflege: Die Samen in sandiger, kieselhaltiger Erde aussäen, wobei nur frische Samen verwendet werden sollten, um eine gute Keimung zu garantieren. Sobald die Keimlinge eine Höhe von 3 bis 4 cm erreicht haben, in Einzeltöpfe mit guter Dränage und steiniger Erde als Substrat eintopfen. Nach einigen Wochen im Garten an einem sonnigen Standort ohne stauende Nässe, vorzugsweise zwischen Steinen, anpflanzen. Wie alle Alpenpflanzen lässt sich auch die Edelraute nicht so einfach in tieferen Lagen kultivieren, weil sie anfällig gegenüber Pilzerkrankungen ist, die häufig tödlich enden.

Sammeln und Aufbewahren: Die blühenden Spross-Spitzen abschneiden und an einem schattigen und kühlen Ort trocknen lassen. Darauf achten, dass sich das Sammelgut nicht schwarz verfärbt. Danach geschützt vor Licht und Feuchtigkeit aufbewahren.

Therapeutische Eigenschaften: Kräftigend, krampflösend, schweißtreibend. Äußerliche Anwendung zum Aufhellen brauner Hautflecken.

Verwendung in der Küche: Die Edelraute dient der Herstellung von Likören auf Kräuterbasis sowie für Aperitifs und Digestiva.

Achtung! In vielen Ländern Europas geschützte Pflanze.

Synonym: *Artemisia spicata* Wulfen.

Visitenkarte

Deutscher Name
Schwarze Edelraute, Ährige Edelraute, Genippikraut

Familie
Korbblütler

Blütezeit
Juli/August

Sammelzeit
Sommer

Verwendung
blühende Spross-Spitzen

Wirkstoffe
ätherische Öle, Bitterstoffe, Gerbstoffe

Therapeutische Verwendung
Aufguss, Tinktur

Artemisia umbelliformis Lam.

Visitenkarte

Deutscher Name
Felsenbeifuß, Gauchwermut, Silberraute, Edelraute

Familie
Korbblütler

Blütezeit
August/September

Sammelzeit
Sommer

Verwendung
blühende Spross-Enden

Wirkstoffe
ätherische Öle, Bitterstoffe, Gerbstoffe

Therapeutische Verwendung
Aufguss, Tinktur

Krautige mehrjährige, 5 bis 15 cm hohe, silbrig wollig behaarte Pflanze mit einfachen **Stängeln** und kriechenden, aufrechten oder aufsteigenden Zweigen. Die grundständigen, kurz gestielten **Blätter** weisen eine fiederspaltige Spreite mit sehr zarten Segmenten auf. Die eiförmigen oder kugeligen Köpfchen bestehen aus 10 bis 15 goldgelben **Blüten.**

Verbreitung und Habitat: Diese Spezies ist in den Alpen heimisch und gedeiht auf alpinen Matten, in Felsenritzen, auf Muränen und Gebirgsschuttablagerungen. Sie bevorzugt kalkhaltige Böden in Höhen zwischen 2400 und 3000 m.

Aufzucht und Pflege: Die frisch geernteten Samen in sandiger Erde aussäen. Sobald die Keimlinge eine Höhe von 3 bis 4 cm erreicht haben, in Einzeltöpfe mit guter Dränage und steiniger Erde als Substrat eintopfen. Nach einigen Wochen im Garten an einem sonnigen Standort ohne stauende Nässe einsetzen.

Sammeln und Aufbewahren: Die blühenden Spross-Spitzen sammeln und an einem kühlen, luftigen Ort trocknen lassen. Geschützt vor Licht und Feuchtigkeit aufbewahren.

Therapeutische Eigenschaften: Kräftigend, krampflösend. Äußerliche Anwendung zum Aufhellen brauner Hautflecken.

Verwendung in der Küche: Die Pflanze dient der Herstellung von Likören auf Kräuterbasis sowie Aperitifs und Digestiva.

Synonym: *Artemisia mutellina* Vill.; *Artemisia laxa* Fritsch.

Artemisia vulgaris L.

Visitenkarte

Deutscher Name
Gemeiner Beifuß, Gänsekraut, Besenkraut, Johanniskraut

Familie
Korbblütler

Blütezeit
Juli bis Oktober

Sammelzeit
Sommer bis Herbst

Verwendung
Blätter und blühende Spross-Enden

Wirkstoffe
ätherische Öle, Bitterstoffe, Zucker, Gerbstoffe

Therapeutische Verwendung
Aufguss, Absud, Tinktur

Krautige mehrjährige, 50 bis 100 cm hohe Pflanze mit aufrechten, stark verzweigten und an der Basis verholzten **Stängeln** sowie fiederspaltigen **Blättern** mit 2 bis 4 unregelmäßig gekerbten bis gezähnten Segmenten. Die Blattoberseite ist dunkelgrün, während die Unterseite eine weiße Behaarung aufweist. Der **Blütenstand** ist eine breite, blattreiche Rispe, die sich aus kleinen kugeligen, gelbbraun gefärbten Köpfchen zusammensetzt.

Verbreitung und Habitat: Diese Pflanze ist in Europa weit verbreitet und recht häufig anzutreffen. Sie wächst auf Ödland, trockenen Standorten, zwischen Felsabhängen und an Straßenrändern bis in 1000 m Höhe.

Sammeln und Aufbewahren: Die beblätterten Zweige samt den Blüten abschneiden und an einem schattigen und kühlen Ort in lockeren Schichten auflegen oder zu Büscheln gebunden aufhängen und trocknen lassen. Danach geschützt vor Licht und Feuchtigkeit aufbewahren.

Therapeutische Eigenschaften: Tonikum, magenstärkend, verdauungsfördernd, beruhigend, die Monatsblutund fördernd und regulierend.

Arum maculatum L.

Krautige mehrjährige, 20 bis 40 cm hohe Pflanze mit knolliger Wurzel und lanzen- bis pfeilförmigen grünen **Blättern** mit dunklen Flecken. Die eingeschlechtigen **Blüten** bilden einen ährenförmigen **Blütenstand** (Spadix), der von einem breiten Deckblatt (Spatha) umhüllt ist. Die **Früchte** sind fleischige Beeren, die im reifen Zustand eine leuchtend rote Färbung annehmen.

Verbreitung und Habitat: Diese Spezies stammt ursprünglich aus Mittel- und Südeuropa und wächst in Wäldern, zwischen Ruinen, unter Hecken, auf Lichtungen und an schattigen Stellen bis zu einer Höhe von 1600 m.

Therapeutische Eigenschaften: Antirheumatisch, gegen Gicht, wurmabtreibend. In der Homöopathie wird die Pflanze bei Kehlkopfkatarrh und gegen andere Erkrankungen des Atemapparates eingesetzt.

Achtung! Die gesamte Pflanze ist giftig und darf deshalb ohne ärztliche Aufsicht keinesfalls verwendet werden.

Anmerkung: Bei der hier abgebildeten Pflanze handelt es sich um *Arum italicum* Mill., einer relativ ähnlichen Art, die im Mittelmeerraum beheimatet ist und im Wesentlichen dieselben Wirkstoffe enthält.

Visitenkarte

Deutscher Name
Gefleckter Aronstab, Trommelschlägel, Zehrwurz

Familie
Aronstabgewächse

Blütezeit
April/Mai

Sammelzeit
Sommer/Herbst

Verwendung
Wurzelstock

Wirkstoffe
Saponine, Glykoside, Amine

Therapeutische Verwendung
Tinktur

Achtung!
Giftig

Asparagus officinalis L.

Visitenkarte

Deutscher Name
Spargel, Korallenkraut, Sparsich

Familie
Liliengewächse

Blütezeit
Mai/Juni

Sammelzeit
Wurzeln im Herbst, junge Triebe im Frühling

Verwendung
Wurzeln, Triebe

Wirkstoffe
Asparagin, Flavonoide, Vitamin C, Aminosäuren, organische Salze

Therapeutische Verwendung
Absud, Tinktur

Krautige mehrjährige, 40 bis 120 cm hohe Pflanze. Die winzigen, zu Schuppen verkümmerten **Blätter** werden durch fadenförmige Kladodien (umgewandelte Zweige) ersetzt, die zu Büscheln vereint in den Achseln der Schuppenblätter stehen. Die glockenförmigen **Blüten** sind klein und grünlich gefärbt. Die Früchte sind Beeren, die sich im reifen Zustand rot verfärben.

Verbreitung und Habitat: Der Ursprung des Spargels liegt im Mittelmeerraum, die Pflanze wird heute aber im gesamten europäischen Raum kultiviert.

Aufzucht und Pflege: Der Spargel bevorzugt sonnige Standorte auf sandigen, fruchtbaren und gut dränierten Böden. Die Vermehrung erfolgt entweder durch Teilung des Wurzelstockes, dessen Teilstücke im Frühjahr in rund 20 cm tiefen Furchen eingesetzt werden. Die hauptsächliche Vermehrung geschieht mit Hilfe von Trieben (»Turione«). Spargel kann jedoch auch mittels Samenaussaat vermehrt werden.

Sammeln und Aufbewahren: Die Wurzeln ausgraben, sobald die Pflanze in ihre Ruhephase eintritt. Einen Teil der Wurzeln entfernen und dann den Wurzelstock wieder in der Erde einpflanzen. Die gewaschenen und zerteilten Wurzeln im Backrohr trocknen und danach geschützt vor Licht und Feuchtigkeit aufbewahren.

Therapeutische Eigenschaften: Appetitanregend, harntreibend, reinigend.

Verwendung in der Küche: Die Triebe des kultivierten Spargels werden wie auch jene des wilden Spagels (*Asparagus tenuifolius* Lam.) in mannigfaltiger Form zubereitet.

Asphodelus albus Miller

Visitenkarte

Deutscher Name
Affodill

Familie
Liliengewächse

Blütezeit
Mai/Juni

Sammelzeit
Sommer bis Herbst

Verwendung
Wurzelknöllchen

Wirkstoffe
Pflanzenschleim, Glykoside, Alkaloide, Zucker

Therapeutische Verwendung
Aufguss, Breiumschlag

Mehrjährige Pflanze mit Wurzelstock und mit verdickten **Wurzeln** und einem aufrechten bis zu 1 m hohen **Stängel.** Die linealischen **Blätter** sind flach, aufrecht und bilden eine Furche. Der **Blütenstand** ist eine dichte endständige, 20 bis 40 cm hohe Traube, welche die sternförmigen, rund 4 cm großen weißen grün gestreiften **Blüten** trägt. Die Früchte sind eiförmige Kapseln.

Verbreitung und Habitat: Die Pflanze bewohnt vor allem gebirgige Gebiete des Mittelmeerraumes und bevorzugt als Habitat Ödland, trockene Standorte, steinige Böschungen und Waldränder zwischen 300 und 1800 m Höhe.

Sammeln und Aufbewahren: Die Wurzelknöllchen im späten Sommer oder Anfang Herbst ausgraben, sobald die oberirdischen Teile der Pflanze vertrocknet sind. Anschließend waschen, in Stücke schneiden und an der Sonne oder im Backrohr trocknen. Danach geschützt vor Licht und Feuchtigkeit aufbewahren.

Therapeutische Eigenschaften: Adstringierend (zusammenziehend), auswurffördernd, erweichend. Äußerlich als schmerzstillendes Mittel bei Sonnenbrand sowie zum Aufhellen von dunklen Hautflecken.

Achtung! In den meisen Ländern Europas geschützte Art.

Atropa belladonna L.

Krautige mehrjährige, 50 bis 180 cm hohe Staude mit aufrechten, verzweigten **Stängeln.** Die wechselständigen, eiförmig lanzettlichen **Blätter** laufen spitz zu. Die hängenden, röhrig glockigen **Blüten** sind violett bis bräunlich gefärbt und zeigen im Inneren eine gelbliche Schattierung. Die runden Beerenfrüchte sind im reifen Zustand schwarz glänzend.

Verbreitung und Habitat: Die ursprüngliche Heimat der Tollkirsche liegt in Mittel- und Südeuropa sowie Westasien. Sie wächst in Wäldern, auf Waldlichtungen und feuchten, schattigen Waldrändern bis zu einer Höhe von 1400 m.

Therapeutische Eigenschaften: Schmerzstillend, betäubend, krampflösend und bei äußerlicher Anwendung als Rheumasalbe. In der Homöopathie kommt die Tollkirsche bei der Behandlung von Migräne zum Einsatz.

Achtung! In eingen Ländern Europas geschützte Pflanze. Die pharmakologische Anwendung der Tollkirsche darf ausschließlich unter ärzlicher Kontrolle erfolgen, weil die Pflanze extrem giftige Alkaloide enthält.

Visitenkarte

Deutscher Name
Tollkirsche, Teufelskirsche, Taumelstrauch, Belladonna

Familie
Nachtschattengewächse

Blütezeit
Juni bis Sept.

Sammelzeit
Blätter Sommer, Wurzeln Herbst

Verwendung
Blätter, Wurzeln

Wirkstoffe
Alkaloide (Atropin), Amide, Fettsubstanzen

Therapeutische Verwendung
Absud, Tinktur, Salbe

Avena sativa L.

Einjährige, 50 bis 120 cm hohe Pflanze mit aufrechten **Stängeln** (Halmen). Die parallelnervigen **Blätter** sind linealisch lanzettlich. Der **Blütenstand** ist eine pyramidenförmige Rispe mit zahlreichen hängenden Ährchen. Die **Frucht** ist eine Karyopse, die von einer Hüllspelze umgeben ist.

Verbreitung und Habitat: Der Ursprung des Hafers ist unbekannt, die Pflanze wird heute weltweit als Nahrungs- und Futtermittel angebaut.

Aufzucht und Pflege: Der Hafer wird zumeist im Herbst direkt im Freien ausgesät, im darauf folgenden Sommer reifen die Ähren.

Sammeln und Aufbewahren: Die Rispen sollten schon vor der völligen Reife gesammelt werden. Die Halme eine Handbreit über dem Boden abschneiden, zu Büscheln binden und hängend an einem kühlen und luftigen Ort trocknen lassen. Danach die reifen Früchte (Samen) herausklopfen, reinigen, sieben und in atmungsaktiven Papier- oder Stoffsäckchen aufbewahren.

Therapeutische Eigenschaften: Antidepressiv, beruhigend, harntreibend, kräftigend, erweichend. In der Homöopathie zur Behandlung von Schlaflosigkeit eingesetzt.

Verwendung in der Küche: Das Mehl der gemahlenen Früchte (Samen) dient zum Brotbacken. Aus vergorenen (fermentierten) Samen wird in Russland Wodka erzeugt.

Visitenkarte

Deutscher Name
Hafer, Saathafer, Rispenhafer

Familie
Süßgräser

Blütezeit
Mai und Juni

Sammelzeit
Sommer

Verwendung
Karyopse

Wirkstoffe
Stärke, Vitamine, Alkaloide (vor allem Gramin)

Therapeutische Verwendung
Absud, Tinktur

Ballota nigra L.

Visitenkarte

Deutscher Name
Schwarznessel, Schwarzer Andorn, Stinkandorn, Gottesvergess

Familie
Lippenblütler

Blütezeit
Mai bis August

Sammelzeit
Sommer

Verwendung
blühende Spross-Spitzen

Wirkstoffe
ätherische Öle, Bitterstoffe, Gallus- und Malonsäure

Therapeutische Verwendung
Aufguss, Tinktur, Breiumschlag

Krautige mehrjährige, unangenehm riechende Pflanze mit aufrechten oder aufsteigenden, behaarten, 20 bis 80 cm langen **Stängeln.** Die gegenständigen, runzeligen **Blätter** sind eiförmig lanzettlich und am Rand unregelmäßig gezähnt bis gekerbt. Der **Blütenstand** setzt sich aus 15 bis 30 rosavioletten **Blüten** zusammen, die in den Blattachseln quirlständig angeordnet sind.

Verbreitung und Habitat: Diese Pflanze ist in Europa und Westasien heimisch und überall recht häufig anzutreffen. Sie wächst in Hecken, an Straßen- und Äckerrändern, vorzugsweise auf stickstoffreichen Böden bis in 1300 m Seehöhe.

Sammeln und Aufbewahren: Die blühenden Spross-Spitzen abschneiden und an einem kühlen und schattigen Ort trocknen. Darauf achten, dass sie sich nicht schwarz verfärben. Geschützt vor Licht und Feuchtigkeit aufbewahren.

Therapeutische Eigenschaften: Krampflösend, beruhigend, die Monatsblutung fördernd und regulierend, adstringierend (zusammenziehend). Für den äußerlichen Gebrauch als schmerzstillendes Mittel bei Hautrötungen.

Bellis perennis L.

Krautige mehrjährige, 5 bis 20 cm hohe Pflanze mit kurzem **Stängel** und verkehrt eiförmigen bis spatelförmigen **Blättern,** die in einer dichten grundständigen Rosette an der Basis des Stängels vereint sind. Die 2 bis 2,5 cm großen Köpfchen setzen sich aus zentralen gelben **Röhrenblüten** und einem Kranz weißer Zungenblüten, die randlich zumeist eine rosa Schattierung zeigen, zusammen.

Verbreitung und Habitat: Das Gänseblümchen stammt aus Europa und dem Kaukasus. Die Pflanze gedeiht auf Öd- und Brachland sowie Wiesen und Feldern bis in eine Höhe von 1800 m.

Sammeln und Aufbewahren: Die blühenden Pflanzen sammeln und entweder in frischem Zustand als Breiumschlag verwenden oder an einem kühlen und schattigen Ort trocknen. Darauf achten, dass sie sich nicht schwarz verfärben. Geschützt vor Licht und Feuchtigkeit aufbewahren.

Therapeutische Eigenschaften: Harntreibend, reinigend, schweißtreibend, adstringierend (zusammenziehend). Für den äußeren Gebrauch als schmerzstillendes Mittel bei Haut- und Schleimhautrötungen.

Verwendung in der Küche: Zarte junge Blätter des Gänseblümchens verfeinern den Geschmack von Gemüsesuppen oder Frühlingssalaten.

Visitenkarte

Deutscher Name
Gänseblümchen, Maßliebchen, Tausendschön

Familie
Korbblütler

Blütezeit
März bis Oktober

Sammelzeit
fast das ganze Jahr über

Verwendung
gesamte Pflanze

Wirkstoffe
ätherische Öle, Bitterstoffe, Saponine, organische Säuren

Therapeutische Verwendung
Aufguss, Tinktur, Breiumschlag

Berberis vulgaris L.

Visitenkarte

Deutscher Name
Berberitze, Sauerdorn, Essigdorn, Spitzbeere

Familie
Sauerdorngewächse

Blütezeit
Mai/Juni

Sammelzeit
Blätter Sommer, Wurzeln, Früchte im Herbst

Verwendung
Blätter, Früchte, Rinde der Wurzeln

Wirkstoffe
Alkaloide, Bitterstoffe, Gerbstoffe, Vitamin C, Pflanzenschleim

Therapeutische Verwendung
Aufguss, Tinktur, Mundwasser

Dorniger, bis zu 2,5 m hoher Strauch mit aufrechten Zweigen und elliptischen, an den Rändern feingezähnten **Blättern.** Der **Blütenstand** ist eine hängende Traube, die sich aus 15 bis 30 kleinen gelben Blüten zusammensetzt. Die **Frucht** ist eine längliche Beere, die im reifen Zustand scharlachrot gefärbt ist.

Verbreitung und Habitat: Diese Pflanze ist in Eurasien heimisch und bevorzugt als Standorte trockene Böden in Hecken und lichten Wäldern.

Sammeln und Aufbewahren: Die Blüten im Sommer sammeln und an einem kühlen und luftigen Ort trocknen lassen. Danach geschützt vor Licht und Feuchtigkeit aufbewahren. Reife Früchte im Herbst sammeln und im frischen Zustand oder getrocknet verwenden. Aus den Berberitzenbeeren lässt sich eine säuerlich schmeckende Marmelade oder Sirup zubereiten. Wurzelteile im Herbst ausgraben, waschen und mit Hilfe eines Messers die Rinde abschälen, diese an der Sonne oder bei mäßiger Hitze im Backrohr trocknen.

Therapeutische Eigenschaften: Fiebersenkend, reinigend, harntreibend, bittertonisch, adstringierend (zusammenziehend). Für den äußerlichen Gebrauch als entzündungshemmendes Gurgelwasser geeignet.

Borago officinalis L.

Visitenkarte

Deutscher Name
Borretsch, Gurkenkraut, Herzfreude

Familie
Borretschgewächse

Blütezeit
April bis Nov.

Sammelzeit
Frühling bis Herbst

Verwendung
Blätter, Blüten

Wirkstoffe
Pflanzenschleim, Harze, Gerbstoffe, Kaliumnitrat

Therapeutische Verwendung
Aufguss, Tinktur, Mundwasser

Krautige einjährige, borstig behaarte Pflanze mit aufrechten oder aufsteigenden, 20 bis 80 cm langen verzweigten **Stängeln.** Die **Blätter** sind gestielt, die Blattspreite ist eiförmig oder lanzettlich mit wellenförmigem Rand. Die rund 2 cm großen tiefblauen **Blüten** sind in einem **Traubenblütenstand** vereint.

Verbreitung und Habitat: Borretsch stammt ursprünglich aus dem Mittelmeerraum. Er ist aber heute weit verbreitet und in ganz Mitteleuropa in verwilderter Form anzutreffen. Die Pflanze wächst vorzugsweise auf Brachland und auf Schuttplätzen bis in 1300 m Seehöhe.

Aufzucht und Pflege: Die Kultivierung des Borretsch ist einfach. Im Frühling werden die Samen in fruchtbare sandige Erde ausgesät und die Jungpflanzen später in Töpfe umgesetzt. Als einjährige Pflanze verfügt der Borretsch über einen kurzen Lebenszyklus, vermehrt sich aber auf natürliche Art und erneuert sich jedes Jahr – oder zumeist noch im selben Jahr – mittels seiner Samen.

Sammeln und Aufbewahren: Die jungen Blätter und noch nicht geöffnete Blüten sammeln und möglichst in frischem Zustand verwenden.

Therapeutische Eigenschaften: Harntreibend, schweißtreibend, reinigend, erweichend. Äußerliche Anwendung als schmerzstillendes Mittel bei Haut- und Schleimhautrötungen.

Verwendung in der Küche: Die jungen und zarten Borretschblätter eignen sich kurz abgekocht hervorragend als Gemüsebeilage oder als Bestandteil von Füllungen, Omeletten oder Quiches. Frische junge Blüten entwickeln einen zarten Gurkengeschmack und machen sich auf Speisen äußerst dekorativ. Sie passen gut zu gemischten Salaten sowie zu Weichkäsen und verleihen dem Weißweinessig eine interessante bläuliche Färbung.

Brassica oleracea L.

Visitenkarte

Deutscher Name
Gemüsekohl, Kohl, Kraut, Markstammkohl

Familie
Kreuzblütler

Blütezeit
März/April

Sammelzeit
das ganze Jahr über

Verwendung
frische Blätter

Wirkstoffe
Glykoside, Schwefelverbindungen, Vitamine, Pflanzenschleim

Therapeutische Verwendung
Absud, Breiumschlag

Ein-, zwei- oder mehrjährige Pflanze mit zylindrischen, blättertragenden, 30 bis 80 cm langen **Stängeln.** Die fleischigen, leierförmigen oder fiederspaltigen **Blätter** sind von einem wachsartigen weißen Reif bedeckt. Der **Blütenstand** ist eine Traube, die zahlreiche **Blüten** mit 4 gelben Kronblättern trägt. Die Frucht ist eine Schote.

Verbreitung und Habitat: Diese Spezies stammt ursprünglich aus Westeuropa, ist aber heute in ihrer Wildform nur mehr selten anzutreffen. Als Gemüsepflanze wird Kohl jedoch heute in seinen zahlreichen Varietäten überall in Europa kultiviert.

Aufzucht und Pflege: Kohl lässt sich sehr einfach in Gärten und Äckern anbauen und erweist sich dabei als äußerst widerstandsfähig gegenüber Kälte und Trockenheit. Die Pflanze benötigt jedoch einen krümeligen und gut gedüngten Boden. Die Zeit der Aussaat hängt von der gewünschten Erntezeit ab. Üblicherweise werden die Jungpflanzen im März/April ausgepflanzt und im Herbst geerntet. Die Aussaat erfolgt am besten im Saatkasten, die Jungpflänzchen sollten nach 40 bis 50 Tagen in einem Abstand von rund 50 cm im Freiland eingepflanzt werden. Um ein gutes Wachstum zu erzielen, sind die Kohlpflanzen während des gesamten Vegetationszyklus regelmäßig zu gießen und frei von Unkraut zu halten.

Sammeln und Aufbewahren: Kohlblätter kann man während der gesamten Wachstumsphase abnehmen und frisch verwenden. Kohlköpfe lassen sich auch für lange Zeit im Kühlschrank aufbewahren oder im Keller am Strunk kopfüber aufgehängt überwintern. Man kann die Pflanzen aber auch längere Zeit im Beet belassen, da ihnen Schneefall und Kälte nicht schadet.

Therapeutische Eigenschaften: Reinigend, mineralstoffreich, gegen Skorbut. Bei äußerlicher Anwendung die Wundheilung fördernd und erweichend.

Verwendung in der Küche: Kohl wird in all seinen Zuchtvarietäten zur Zubereitung von Salaten, Suppen und Gemüsebeilagen eingesetzt. Die gehobelten Blätter des Kopfkohls lassen sich schichtweise abwechselnd mit Salz, Pfeffer und anderen Gewürzen versehen in Holzfässer einlegen. Bei der darauf einsetzenden Milchsäuregärung entsteht in der Folge das weltweit geschätzte Sauerkraut.

Bryonia dioica Jacq.

Krautige mehrjährige, zweihäusige Kletterpflanze mit bis zu 3 m langen, sich windenden Haftranken. Die **Blattspreite** ist handförmig gelappt mit fünf abgerundeten Lappen. Die gelb-violetten **Blüten** sind in achselständigen Trauben vereint. Die **Frucht** ist eine kugelige Beere, die im reifen Zustand tiefrot gefärbt ist.

Verbreitung und Habitat: Diese Spezies stammt aus Südeuropa, ist aber auch in Mitteleuropa verbreitet. Sie bevorzugt als Habitat Hecken, Wälder, Gräben und Schuttplätze bis in 800 m Seehöhe.

Sammeln und Aufbewahren: Die Wurzeln im Herbst sammeln, waschen und in Stücke schneiden. Im frischen Zustand als Breiumschlag verwenden oder in der Sonne trocknen und danach geschützt vor Licht und Feuchtigkeit aufbewahren.

Therapeutische Eigenschaften: Abführend, emetisch (Brechreiz hervorrufend), die Monatsblutung fördernd und regulierend, wurmabtreibend. Verwendung in der Homöopathie zur Behandlung von rheumatischem Fieber. Für den äußerlichen Gebrauch als rötendes Mittel bei Prellungen und blutunterlaufenen Stellen.

Achtung! Die Pflanze enthält toxische Substanzen und darf deshalb nur unter ärztlicher Kontrolle verwendet werden.

Visitenkarte

Deutscher Name
Zweihäusige Zaunrübe, Rote Zaunrübe, Faulrübe, Feuerwurzel

Familie
Kürbisgewächse

Blütezeit
April bis Juni

Sammelzeit
Sommer/Herbst

Verwendung
Wurzeln

Wirkstoffe
Bryonin, Stärke

Therapeutische Verwendung
Tinktur, Breiumschlag

Achtung!
Giftig

Buxus sempervirens L.

Immergrünes Bäumchen von 3 bis 4 m Höhe mit gedrehtwüchsigen Zweigen und ovalen lederigen und glänzenden **Blättern.** Die achselständigen **Blütenstände** bestehen aus einer zentralen weiblichen **Blüte,** die von zahlreichen männlichen Blüten umgeben ist. Die Blüten sind klein, gelbgrün gefärbt und verströmen einen intensiven Duft.

Verbreitung und Habitat: Der Buchsbaum stammt aus Westeuropa und ist in großen Teilen Europas sowohl wild wachsend als auch als Kulturpflanze anzutreffen. Als natürlichen Standort bevorzugt die Pflanze Laubwälder, sie wird aber häufig in Gärten und Parkanlagen kultiviert.

Sammeln und Aufbewahren: Die Rinde der Zweige wenn möglich während der Ruhephase der Pflanze abschälen, in Stücke schneiden und bei mäßiger Hitze im Backrohr trocknen. Die Blätter kann man das ganze Jahr über sammeln und im Schatten an einem kühlen und luftigen Ort trocknen. Danach geschützt vor Licht und Feuchtigkeit aufbewahren.

Therapeutische Eigenschaften: Fiebersenkend, reinigend, harntreibend, antirheumatisch.

Achtung! Die Blätter enthalten das Alkaloid Buxin, das leicht toxisch wirkt. Präparate des Buxbaums müssen daher mit Vorsicht und in Maßen verwendet werden.

Visitenkarte

Deutscher Name
Buchsbaum, Beetzaun, Bux, Grabkraut

Familie
Buchbaumgewächse

Blüte
März/April

Sammelzeit
das ganze Jahr über

Verwendung
Blätter, Rinde der Zweige

Wirkstoffe
Alkaloide, Bitterstoffe, Gerbstoffe, Harze

Therapeutische Verwendung
Absud, Tinktur, Aufguss

Calamintha nepeta (L.) Savi

Visitenkarte

Deutscher Name
Echte Bergminze, Kleinblütige Bergminze, Bergmelisse, Bergthymian

Familie
Lippenblütler

Blütezeit
Mai bis Oktober

Sammelzeit
Sommer

Verwendung
Blätter, blühende Spross-Spitzen

Wirkstoffe
ätherische Öle, Pflanzenschleim, Gerbstoffe

Therapeutische Verwendung
Aufguss, Tinktur

Krautige mehrjährige Pflanze mit Wurzelstock und kriechenden Ausläufern sowie 30 bis 80 cm hohen **Stängeln.** Die gegenständigen **Blätter** sind eiförmig elliptisch und an den Rändern gekerbt-gesägt. Die blauviolett oder rosa gefärbten **Blüten** sind in achselständigen **Blütenständen** vereint.

Verbreitung und Habitat: Diese Pflanze ist in den Gebirgen Südeuropas beheimatet und bevorzugt karge Böden in lichten Bergwäldern und Bergweiden bis in Höhen von 1500 m.

Aufzucht und Pflege: Die Aufzucht der Echten Bergminze ist relativ einfach. Die Samen im Frühling in Saatkästen mit lockerem Erdreich säen und die jungen Pflänzchen dann in Töpfe oder an einem sonnigen Platz im Garten anpflanzen. Erwachsene Pflanzen lassen sich im Frühjahr durch Stecklinge oder im Herbst durch Teilung des Wurzelstockes vermehren.

Sammeln und Aufbewahren: Die jungen Blätter wenn möglich schon vor dem Aufblühen der Blüten sammeln und an einem kühlen, luftigen und schattigen Ort trocknen lassen. Die erblühenden Spross-Spitzen abschneiden und ebenfalls zum Trocknen in lockeren Lagen auflegen, damit sie sich nicht schwarz verfärben. Danach geschützt vor Licht und Feuchtigkeit aufbewahren.

Therapeutische Eigenschaften: Verdauungsfördernd, windtreibend und auswurffördernd.

Verwendung in der Küche: Die zerkleinerten Blätter der Bergminze verfeinern durch ihr angenehmes Aroma, das dem der Gartenminze ähnelt, zahlreiche Fleisch-, Gemüse- und Pilzgerichte. Die Blätter der Unterart *glandulosa* haben einen typischen pfefferartigen Geschmack und lassen sich deshalb als Gewürze bei vielen Rezepten, die solche Zutaten benötigen, einsetzen.

Synonyme: *Satureja nepeta* Sch.; *Satureja calamintha* Sch.

Anmerkung: Bei der auf dieser Seite abgebildeten Pflanze handelt es sich um *Calamintha sylvatica* L. (Waldbergminze), die der hier beschriebenen Art sehr ähnelt, aber über größere Blätter verfügt und weniger intensiv duftet.

Calendula officinalis L.

Krautige ein-, zwei- oder mehrjährige Pflanze mit aufrechten oder aufsteigenden, 20 bis 50 cm hohen **Stängeln.** Die verkehrt eiförmig spatelförmigen **Blätter** sind ganzrandig oder buchtig gezähnt. Die 3 bis 5 cm großen Köpfchen sind gelb-orangefarben.

Verbreitung und Habitat: Diese Pflanze stammt höchstwahrscheinlich aus dem Mittelmeerraum, ist aber heute in ganz Europa in kultivierter Form und wild wachsend verbreitet. Die Ringelblume gedeiht auf Brachland, Feldern, nahe bebauter Flächen und an Straßenrändern bis in 600 m Höhe.

Aufzucht und Pflege: Die Aufzucht der Ringelblume ist relativ einfach. Die Samen im Frühling in Saatschalen mit lockerer Erde säen. Die jungen Pflänzchen sodann in Töpfe oder auch an einen sonnigen Standort im Garten verpflanzen. Nicht selten vermehrt sich die Ringelblume im Garten auch spontan durch ihre Samen.

Sammeln und Aufbewahren: Die jungen Blätter und noch nicht geöffnete Blütenköpfchen sammeln und frisch als Breiumschlag verwenden oder in lockeren Lagen aufgelegt trocknen lassen, damit sie sich nicht schwarz verfärben. Danach geschützt vor Licht und Feuchtigkeit aufbewahren.

Therapeutische Eigenschaften: Die Monatsblutung fördernd und regulierend, krampflösend, schweißtreibend sowie erweichend. Äußerliche Anwendung als schmerzstillendes und abschwellendes Mittel.

Visitenkarte

Deutscher Name
Ringelblume, Ringelrose, Butterblume, Goldblume

Familie
Korbblütler

Blütezeit
Juni bis November

Sammelzeit
Sommer

Verwendung
Blütenköpfchen, Blätter

Wirkstoffe
ätherische Öle, Harze, Pflanzenschleim

Therapeutische Verwendung
Aufguss, Tinktur, Breiumschlag

Calluna vulgaris (L.) Hull

Visitenkarte

Deutscher Name
Besenheide, Heidekraut, Besenkraut, Immerschön

Familie
Heidekrautgewächse

Blütezeit
August bis November

Sammelzeit
Sommer/Herbst

Verwendung
blühende Spross-Spitzen

Wirkstoffe
Glykoside, Gerbstoffe, Bitterstoffe

Therapeutische Verwendung
Absud

Mehrjähriger, bis zu 50 cm hoher Halbstrauch mit verholzten **Stängeln**. Auf aufrechten Zweigen sitzen gegenständig die lanzettlich schuppenförmigen **Blätter,** die dachziegelartig in vier dichten Längsreihen übereinander liegend angeordnet sind. Der **Blütenstand** ist eine einseitswendige endständige Traube, die sich aus zahlreichen rosa- oder purpurfarbenen Blüten zusammensetzt.

Verbreitung und Habitat: Das Heidekraut ist in den kalten und gemäßigt-kalten Regionen Europas, Asiens und Nordamerikas verbreitet und wächst in Mitteleuropa vor allem in den alpinen Zonen auf Hochweiden, in Wäldern und zwischen Felsen. Es bevorzugt saure silikatische Böden bis zu 2500 m Höhe.

Sammeln und Aufbewahren: Die blühenden Spross-Enden Ende Sommer oder zu Herbstbeginn abnehmen, trocknen lassen und sodann geschützt vor Licht und Feuchtigkeit aufbewahren.

Therapeutische Eigenschaften: Harntreibend, adstringierend (zusammenziehend), antiseptisch (Harnwege). Äußerliche Anwendung als schmerzstillendes Mittel bei Haut- oder Schleimhautrötungen.

Caltha palustris L.

Krautige mehrjährige Pflanze mit **Wurzelstock** und aufrechten, 15 bis 40 cm hohen **Stängeln**. Die mehr oder weniger nierenförmigen, 5 bis 7 cm breiten **Blätter** sind leicht gelappt und gekerbt. Die **Blütenstände** stehen an der Spitze des Blütenschaftes und stellen eine Dolde aus 2 bis 7 goldgelben, 2,5 bis 4 cm großen glänzenden goldgelben Blüten dar. Die Fruchtstände bestehen aus zahlreichen flachen, rund 1 cm langen Balgfrüchten.

Verbreitung und Habitat: Die Sumpfdotterblume ist in den kalten und gemäßigt-kalten Zonen Europas, Asiens und Nordamerikas verbreitet und auch in Mitteleuropa häufig anzutreffen. Sie bevorzugt feuchte Standorte in der Nähe von Sümpfen, Quellen und entlang von Wasserläufen bis in Höhen von 2000 m.

Sammeln und Aufbewahren: Die Pflanze während der Blüte sammeln und ausschließlich im frischen Zustand verwenden. Nur für äußerliche Anwendung geeignet!

Therapeutische Eigenschaften: Antirheumatisch, relvulsiv ableitend bei äußerlicher Verwendung in Form eines Breiumschlags. In der Homöopathie wird die Sumpfdotterblume bei der Behandlung bestimmter Hauterkrankungen und Ausschläge eingesetzt.

Achtung! Die Pflanze enthält toxische Saponine, weshalb eine Verwendung ohne ärztliche Kontrolle für den Laien nicht anzuraten ist.

Visitenkarte

Deutscher Name
Sumpf-Dotterblume, Dotterblume

Familie
Hahnenfußgewächse

Blütezeit
März bis Juni

Sammelzeit
Sommer

Verwendung
gesamte Pflanze

Wirkstoffe
Saponine, Flavonoide, Cholin

Therapeutische Verwendung
Breiumschlag, Tinktur

Calystegia sepium (L.) R. Br.

Krautige mehrjährige Pflanze mit Wurzelstock und sich windenden, 30 bis 150 cm langen **Stängeln,** die sich im Uhrzeigersinn an Stützen hochranken. Die Spreiten der gestielten **Blätter** sind herz- oder pfeilförmig. Die weißen oder rosa getönten trichterförmigen **Blüten** stehen einzeln in den Blattachseln.

Verbreitung und Habitat: Diese Spezies ist eurasischen Ursprungs und daher auch im mitteleuropäischen Raum beheimatet. Die Pflanze bevorzugt als Standorte Brachen, Ackerland, Wegränder und Gräben bis zu einer Höhe von 1400 m.

Sammeln und Aufbewahren: Die Blätter der Zaunwinde im Sommer, die Wurzeln jedoch im Herbst sammeln, sofort trocknen lassen und danach geschützt vor Licht und Feuchtigkeit aufbewahren.

Therapeutische Eigenschaften: Reinigend und gallentreibend.

Synonym: *Convolvulus sepium* L.

Visitenkarte

Deutscher Name
Zaunwinde

Familie
Windengewächse

Blütezeit
Mai bis Sept.

Sammelzeit
Blätter im Sommer, Wurzeln im Herbst

Verwendung
Blätter, Wurzeln

Wirkstoffe
Glykoside, Gummiharz, Harze, Stärke, organische Salze

Therapeutische Verwendung
Absud, Tinktur

Cannabis sativa L.

Visitenkarte

Deutscher Name
Hanf

Familie
Hanfgewächse

Blütezeit
Juni bis Sept.

Sammelzeit
Sommer/Herbst

Verwendung
blühende Spross-Enden, Früchte

Wirkstoffe
Im Harz sind vor allem Cannabinol und THC je nach Varietät und Klima in unterschiedlichen Mengen enthalten

Therapeutische Verwendung
Aufguss, Tinktur

Krautige einjährige, zweihäusige Pflanze mit aufrechten, 1 bis 4 m hohen **Stängeln.** Die handförmig geteilten **Blätter** sind in 5 bis 11 lanzettliche und an den Rändern gesägte Blattsegmente unterteilt. Die männlichen, gelb-grün gefärbten und rund 5 mm großen **Blüten** bilden lockere Rispenblütenstände. Die weiblichen stehen hingegen paarweise in den oberen Blattachseln am Stängel. Die **Frucht** ist eine grau gefärbte eiförmig kugelförmige Schließfrucht von 3 bis 5 mm Länge.

Verbreitung und Habitat: Die Hanfpflanze stammt aus Zentralasien, ist aber heute wild wachsend und in kultivierter Form weltweit anzutreffen. Sie bevorzugt als Standorte Brachen und Ackerland sowie Dämme und Straßenränder bis in Höhen von 800 m.

Aufzucht und Pflege: Die Aufzucht beginnt im Frühling mit der Aussaat der Samen in fruchtbare und stets feucht gehaltene Gartenerde. Die Samen des Hanfes sind im Handel erhältlich, wobei die angebotenen Sorten einen geringen Gehalt an THC (Tetrahydrocannabinol) aufweisen und deren Aufzucht daher vom Gesetzgeber erlaubt ist. Es ist jedoch in den meisten Ländern Europas verboten, den Indischen Hanf mit hohem THC-Gehalt zu kultivieren!

Sammeln und Aufbewahren: Die blühenden Spross-Enden der weiblichen Pflanze im Spätsommer abschneiden, die Früchte im Herbst sammeln, sodann an einem luftigen und schattigen Ort trocknen lassen.

Therapeutische Eigenschaften: Krampflösend, beruhigend, harntreibend. In der Homöopathie kommt die Hanfpflanze bei Entzündungen der Harnwege und der Harnblase zum Einsatz.

Achtung! Die Blätter (Marihuana) und das Harz (Haschisch), welche von den blühenden weiblichen Spross-Enden des Indischen Hanfes stammen, weisen einen hohen Gehalt an THC (Tetrahydrocannabinol) auf. Die Verwendung dieser Pflanzenteile kann zu Halluzinationen mit Beeinträchtigung des Raum-Zeit-Gefühls führen und gelten deshalb als verbotene Droge.

Capparis spinosa L.

Rund 40 bis 70 cm hohe Pflanze mit niederliegenden oder aufsteigenden, an der Basis verholzten **Stängeln.** Die lederigen, eiförmigen oder rundlichen **Blätter** weisen im unteren Bereich zwei zu Stipulardornen umgewandelte Nebenblätter auf. Die **Blüten** tragen 4 weiße Kronblätter, welche die zahlreichen violett gefärbten, fadenförmigen Staubblätter umgeben. Die **Frucht** ist eine längliche Beere und enthält in ihrem klebrigen Fruchtfleisch zahlreiche **Samen.** Die Varietät »*inermis* Turra«, der am häufigsten kultivierte Vertreter dieser Art, unterscheidet sich durch ihre weichen nicht stechenden Stipulardornen, die schon frühzeitig abfallen

Verbreitung und Habitat: Diese Spezies stammt aus Eurasien, ist aber heute vor allem im Mittelmeerraum sowohl in kultivierter Form als auch wild wachsend weit verbreitet. Die Pflanze bevorzugt als Standorte Mauerspalten und trockene und sonnige Abhänge, vorzugsweise auf kalkhaltigen Böden bis in 1000 m Höhe.

Aufzucht und Pflege: Die Aufzucht ist in Regionen mit mildem Klima relativ einfach, in Gebieten mit kalten und feuchten Wintern gestaltet sie sich jedoch etwas schwieriger. Die Samen werden im Frühjahr in lockerer und gut dränierter Erde ausgesät. Die Keimung benötigt eine gewisse Zeit, verläuft aber erfolgreich, wenn die Samen frisch gesammelt wurden. Ab einer entsprechenden Größe werden die Jungpflanzen sorgfältig in den Spalten von Trockenmauern oder zwischen den Steinbrocken eines Steingartens an einer sonnigen und geschützten Stelle eingesetzt. Man kann aber die Samen auch direkt in die Spalten stecken und diese dann mit einer Mischung aus toniger Erde und zerkleinertem Kalkschutt bedecken. Das Saatgut und die Pflänzchen stets in Maßen gießen, da der Kapernstrauch sehr anfällig für Schimmelbefall ist. Die Vermehrung des Kapernstrauches kann auch mittels Stecklingen von Zweigen erfolgen, die man im Frühjahr in sandiger Erde zur Bewurzelung bringt. Reife Pflanzen sind im Allgemeinen sehr vital und bedürfen keiner speziellen Pflege. Im Herbst sollte jedoch alljährlich ein kräftiger Rückschnitt der alten und vertrockneten Zweige erfolgen.

Sammeln und Aufbewahren: Die Rinde von den verholzten Stängeln ablösen, zerkleinern und an der Sonne oder im Backrohr bei mäßiger Hitze trocknen. Die Blütenknospen und zarten Früchte sammeln und abwechselnd mit einer Schicht groben Salzes in Glasbehältern einlegen.

Therapeutische Eigenschaften: Harntreibend, adstringierend (zusammenziehend), bitter-tonisch, verdauungsfördernd, appetitanregend.

Verwendung in der Küche: Die Blütenknospen und bisweilen auch die unreifen Früchte, die zuvor in Salz und dann Essig eingelegt wurden, dienen der Verfeinerung von Vorspeisen, Soßen usw.

Visitenkarte

Deutscher Name
Kapernstrauch, Kappern, Kapres

Familie
Kapern-gewächse

Blütezeit
April bis August

Sammelzeit
April bis August

Verwendung
Rinde, Wurzeln, Blütenknospen

Wirkstoffe
Flavonoide, Bitterstoffe, Harze, Saponine

Therapeutische Verwendung
Absud

Capsella bursa-pastoris (L.) Med.

Visitenkarte

Deutscher Name
Hirtentäschelkraut, Hirtentäschel, Herzelkraut

Familie
Kreuzblütler

Blütezeit
Januar bis Dez.

Sammelzeit
das ganze Jahr

Verwendung
gesamte Pflanze

Wirkstoffe
Cholin, Acetylcholin, Saponine, Fumarsäure

Therapeutische Verwendung
Aufguss, Tinktur

Ein- oder zweijährige krautige Pflanze mit aufrechten, 10 bis 30 cm hohen **Stängeln**. Die mehr oder weniger stark fiederteiligen **Blätter** bilden eine dichte grundständige Rosette. Die Stängelblätter sind hingegen lanzettlich mit einer pfeilförmigen Basis. Die 4 kleine weiße Kronblätter tragenden **Blüten** formen endständige Trauben. Die Früchte sind aufrechte oder abstehende, gestielte Schoten von 4 bis 6 mm Länge. Ihre charakteristische dreieckige Form erinnert an die Form eines kleinen Herzens.

Verbreitung und Habitat: Diese Spezies ist heute weltweit anzutreffen und gedeiht auf Brachland, entlang von Straßenrändern, auf Ackerland, in Gärten sowie auf Kulturland aller Art bis in Höhen von 1800 m.

Sammeln und Aufbewahren: Die jungen Pflanzen während der Blüte sammeln und wenn möglich in frischem Zustand verwenden.

Therapeutische Eigenschaften: Tonisch zusammenziehend, blutstillend, blutdrucksenkend.

Capsicum annuum L.

Visitenkarte

Deutscher Name
Paprika, Spanischer Pfeffer, Paprikaschote, Roter Pfeffer

Familie
Nachtschattengewächse

Blütezeit
Juni bis August

Sammelzeit
Sommer/Herbst

Verwendung
Früchte

Wirkstoffe
Vitamine, Capsaïcin, ätherische Öle

Therapeutische Verwendung
Absud, Tinktur, Breiumschlag

Krautige einjährige Pflanze mit aufrechten, verzweigten, 40 bis 100 cm hohen **Stängeln.** Die wechselständigen, eiförmig lanzettlichen **Blätter** laufen spitz zu. Die einzeln, in den Blattachseln stehenden **Blüten** verfügen über eine drehrunde, fünflappige gelblich weiß gefärbte Krone. Die Frucht ist eine Beere und verfärbt sich im Allgemeinen zur Zeit der Reife rot. Sie kann je nach Kulturvarietät unterschiedliche Formen aufweisen (rund, konisch, länglich usw.).

Verbreitung und Habitat: Die Paprikapflanze stammt ursprünglich aus Südamerika und ist bei uns nur in ihrer kultivierten Form in Gärten und auf Äckern anzutreffen.

Aufzucht und Pflege: Da diese Pflanze nur einen einjährigen Vegetationszyklus durchläuft, muss sie alljährlich im Frühjahr aus ihren Samen gezogen werden. Zu diesem Zweck werden die Samen in einem Saatkasten ausgesät und die jungen Pflanzen erst dann im Garten eingepflanzt, wenn die Außentemperaturen 15 bis 18 °C erreicht hat. Die Paprikapflanze benötigt eine gut gedüngte und stets bewässerte, lockere Erde an einem sonnigen Standort. Die Pflanzen sollten regelmäßig an einer Stütze befestigt und die Erde stets feucht und frei von Unkraut gehalten werden. Paprika kann auch in großen Töpfen mit fruchtbarem und gut dräniertem Substrat gezogen werden.

Sammeln und Aufbewahren: Die ausgereiften Früchte ernten und locker aufgelegt oder in Bündeln aufgehängt an einem kühlen und luftigen Ort trocknen lassen. Man kann die Früchte aber auch tiefgekühlt aufbewahren oder in Essig und Öl einlegen und so haltbar machen.

Therapeutische Eigenschaften: Verdauungsfördernd, appetitanregend, vitaminreich. Äußerliche Anwendung als rötendes und antineuralgisches Mittel.

Verwendung in der Küche: Die Paprikafrüchte und -samen haben einen typischen pikanten Geschmack und dienen nicht nur zur Verfeinerung von Fleisch- und Wurstwaren, Käse und gekochtem Gemüse, sondern erhöhen auch deren Haltbarkeit, wenn diese aufbewahrt werden sollen. Die Früchte sind im Ganzen, in Stücke geschnitten oder getrocknet und zu Pulver zerrieben als Grundlage für zahlreiche exotische Gerichte unentbehrlich.

Cardamine pratensis L.

Visitenkarte

Deutscher Name
Wiesenschaumkraut, Milchblume, Semmelmilch, Schottenblume

Familie
Kreuzblütler

Blütezeit
Mai bis Juli

Sammelzeit
April bis Mai

Verwendung
gesamte Pflanze

Wirkstoffe
Glykoside, Schwefelverbindungen, Mineralsalze

Therapeutische Verwendung
Saft, Aufguss, Breiumschlag

Krautige mehrjährige Pflanze mit aufrechten, 20 bis 40 cm hohen **Stängeln.** Die grundständigen, unpaarig gefiederten **Blätter** bilden eine Rosette und sind in 3 bis 5 eiförmige oder herzförmige Segmente geteilt. Die **Blüten** tragen 4 weißrosa gefärbte Kronblätter und sind in einer Doldentraube vereint. Die **Früchte** sind aufrechtstehende Schoten.

Verbreitung und Habitat: Das Wiesenschaumkraut ist in weiten Teilen Europa beheimatet und auch in Mitteleuropa sehr häufig. Die Pflanze bevorzugt als Habitat feuchte und torfige Wiesen bis in Höhen von 1700 m.

Sammeln und Aufbewahren: Die Pflanze knapp vor der Blüte sammeln und möglichst im frischen Zustand verwenden oder an einem kühlen und luftigen Ort trocknen lassen. Sodann geschützt vor Licht und Feuchtigkeit aufbewahren.

Therapeutische Eigenschaften: Kräftigend, gegen Blutarmut, reinigend. Äußerliche Anwendung bei Rheuma in Form von Packungen.

Verwendung in der Küche: Die Blätter des Wiesenschaumkrauts sind essbar und werden im Frühling bisweilen Salaten beigemengt.

Carlina acaulis L.

Visitenkarte

Deutscher Name
Große Eberwurz, Silberdistel, Rosswurz, Hundszorn

Familie
Korbblütler

Blütezeit
Juni bis September

Sammelzeit
Herbst

Verwendung
Wurzeln

Wirkstoffe
ätherische Öle, Bitterstoffe, Gerbstoffe

Therapeutische Verwendung
Absud, Tinktur

Krautige mehrjährige, fast stängellose, 10 bis 30 cm hohe Pflanze mit einer dem Boden eng anliegenden Blattrosette. Die länglich spatelförmigen, fiederschnittigen **Blätter** setzen sich aus 6 bis 8 Paar gelappten stacheligen Segmenten zusammen. Das Köpfchen steht einzeln im Zentrum der Rosette und besteht aus einer Scheibe mit röhrenförmigen violetten **Blüten,** die von einem Kranz von länglichen, weißsilbrig glänzenden Hüllblättern umgeben ist.

Verbreitung und Habitat: Diese Spezies ist in fast ganz Europa verbreitet und gedeiht auf trockenen Wiesen und Bergmatten bis in Höhen von 1400 m.

Sammeln und Aufbewahren: Die Wurzeln der Eberwurz während der Ruhephase der Pflanze ausgraben, waschen, in Teile schneiden und in der Sonne oder im Backrohr bei mäßiger Hitze trocknen. Danach geschützt vor Licht und Feuchtigkeit aufbewahren.

Therapeutische Eigenschaften: Harntreibend, verdauungsfördernd, schweißtreibend.

Carum carvi L.

Krautige zwei- oder mehrjährige Pflanze mit aufrechten, verzweigten, 20 bis 60 cm hohen **Stängeln.** Die wechselständigen, zweifach gefiederten **Blätter** setzen sich aus sehr feinen fransenförmigen Fiedern zusammen. Der **Blütenstand** ist eine 6- bis 10-strahlige Dolde mit kleinen weißen oder rosafarbenen **Blüten**. Die **Früchte** (Samen) sind eiförmige, leicht konvex gekrümmte Doppelschließfrüchte (Achänen).

Verbreitung und Habitat: Diese Pflanze stammt ursprünglich aus den gemäßigten Zonen Nord- und Mitteleuropas, wird heute jedoch in zahlreichen Ländern der Welt angebaut. Der Kümmel wächst auf Bergwiesen, auf Almen und entlang von Bergpfaden in Höhen zwischen 800 und 2200 m.

Aufzucht und Pflege: Da der Wiesenkümmel nur einen Zweijahreszyklus durchläuft, wird der Samen jedes Jahr im Frühling ausgesät. Die Samen – sie müssen frisch sein, damit sie gut keimen – werden zumeist direkt im Freien in lockerer und fruchtbarer Erde an einem sonnigen Platz ausgesät. In der Folge müssen die Pflänzchen, falls die zu dicht wachsen, ausgelichtet und die Erde ständig feucht und frei von Unkraut gehalten werden.

Sammeln und Aufbewahren: Die zarten Blätter des Kümmels, die frisch verzehrt werden können, kann man während der gesamten Wachstumsphase ernten. Sobald die Fruchtstände fast reif sind und dann ihre Farbe wechseln, sollte man die Pflanze aus der Erde ziehen und an einem kühlen und luftigen Ort zum Trocknen aufhängen. Im trockenen Zustand leicht schütteln und die abgefallenen Samen auflesen.

Therapeutische Eigenschaften: Verdauungsfördernd, appetitanregend, windtreibend, antiseptisch, krampflösend.

Verwendung in der Küche: Die jungen Blätter des Kümmels verleihen Salaten, Suppen und gekochtem Gemüse einen besonderen Geschmack. Die stark aromatischen Samen werden als Gewürz für Teige, Sauerteig für Schwarzbrot, aber auch für bestimmte Käsesorten und für Sauerkraut verwendet. Kümmelsamen passen auch zu Fleischgerichten vor allem vom Schwein und stellen einen unentbehrlichen Grundstoff bei der Herstellung des bekannten und aromatischen Kümmellikörs namens »Kümmel« dar.

Visitenkarte

Deutscher Name
Wiesenkümmel, Kümmel, Kimm, Kumach, Kimmich

Familie
Doldenblütler

Blütezeit
Juni bis August

Sammelzeit
Sommer

Verwendung
Blätter, Samen

Wirkstoffe
ätherische Öle, Harz, Pflanzenschleim

Therapeutische Verwendung
Absud, Tinktur

Centaurium erythraea Rafn.

Visitenkarte

Deutscher Name
Tausendguldenkraut, Gottesgnadenkraut, Magenkraut, Rötling

Familie
Enziangewächse

Blütezeit
Mai bis Sept.

Sammelzeit
Sommer

Verwendung
blühende Spross-Spitzen

Wirkstoffe
Glykoside, ätherische Öle, Bitterstoffe

Therapeutische Verwendung
Aufguss, Tinktur

Krautige zwei-, bisweilen einjährige Pflanze mit aufrechten, einfachen oder am oberen Ende verzweigten, 10 bis 40 cm hohen **Stängeln.** Die **Blätter** sind verkehrt eiförmig, elliptisch oder lanzettlich. Die rosa bis purpurfarbenen **Blüten** sind in endständigen Doldentrauben vereint.

Verbreitung und Habitat: Das Tausendguldenkraut ist in Eurasien beheimatet und in Mitteleuropa weit verbreitet. Es bevorzugt als Standorte Wiesen, Felslandschaften und Waldlichtungen bis in Höhen von 1500 m.

Sammeln und Aufbewahren: Die Blütenstände knapp nach der Blüte abschneiden und in lockeren Lagen aufgelegt an einem kühlen und luftigen Ort trocknen lassen. Danach geschützt vor Licht und Feuchtigkeit aufbewahren.

Therapeutische Eigenschaften: Bitter-tonisch, fiebersenkend, gallentreibend, windtreibend, krampflösend. Äußerliche Verwendung als reinigendes sowie schmerzstillendes Mittel bei Haut- oder Schleimhautrötungen.

Synonyme: *Centaurium minus* Weinm.; *Erythraea centaurium* auct. non Pers.

Centranthus ruber (L.) DC.

Visitenkarte

Deutscher Name
Rote Spornblume, Roter Baldrian

Familie
Baldriangewächse

Blütezeit
Mai bis August

Sammelzeit
Herbst

Verwendung
Wurzelstock

Wirkstoffe
ätherische Öle, Alkaloide, Gerbstoffe, Harze

Therapeutische Verwendung
Absud, Tinktur

Mehrjähriger, 30 bis 70 cm hoher Halbstrauch mit aufsteigenden, stark verzweigten **Stängeln.** Die fleischigen blaugrünen eiförmig lanzettlichen **Blätter** laufen an den Enden spitz zu. Die rotvioletten oder – selten – weißen **Blüten** sind in dichten endständigen Doldentrauben vereint.

Verbreitung und Habitat: Diese Spezies ist im Mittelmeerraum weit verbreitet und wächst bevorzugt in Mauer- und Felsspalten sowie auf Schuttplätzen bis in Höhen von 1200 m.

Sammeln und Aufbewahren: Die Wurzelstöcke während der Ruhephase der Pflanze aus der Erde ziehen, waschen, in Teile schneiden und diese in der Sonne oder im Backofen bei mäßiger Hitze trocknen lassen. Danach geschützt vor Licht und Feuchtigkeit aufbewahren.

Therapeutische Eigenschaften: Beruhigend, krampflösend, antineuralgisch.

Achtung! In einigen Ländern Europas geschützte Pflanze.

Ceterach officinarum DC.

Mehrjähriger, 5 bis 15 cm hoher Farn mit **Wurzelstock** sowie lederigen, fiederteiligen **Wedeln,** die zusammen eine Rosette bilden. Sie sind oberseits dunkelgrün gefärbt und an der Unterseite mit wollig rostbraunen Schuppen bedeckt.

Verbreitung und Habitat: Der Milzfarn ist in den meisten gemäßigten Regionen Europas und Asiens anzutreffen und gedeiht in Fels- und Mauerspalten bis in Höhen von 2000 m.

Sammeln und Aufbewahren: Die Wurzelstöcke und Wedel im Sommer und Anfang Herbst sammeln bzw. ausgraben. Im frischen Zustand verwenden (vor allem bei äußerlicher Anwendung) oder trocknen lassen und sodann geschützt vor Licht und Feuchtigkeit aufbewahren.

Therapeutische Eigenschaften: Auswurffördernd, erweichend, adstringierend (zusammenziehend), abschwellend. Äußerliche Anwendung in Form von Mundspülungen zur Behandlung von Entzündungen der Mundhöhle.

Visitenkarte

Deutscher Name
Milzfarn, Schriftfarn

Familie
Streifenfarne

Sammelzeit
Ende Sommer/ Herbst

Verwendung
Wedel, Wurzelstock

Wirkstoffe
Bitterstoffe, Gerbstoffe, Pflanzenschleim, Gummiharze

Therapeutische Verwendung
Absud, Tinktur, Mundwasser

Cetraria islandica (L.) Ach.

Flechte (Sporenpflanze die sich aus Algen, welche in Symbiose mit einem Pilz leben zusammensetzt), die eine Höhe von 6 bis 12 cm erreicht. Ihr Thallus (vegetativer Körper) ist verzweigt, tief gelappt und unterschiedlich von Olivgrün über Braun bis Silbergrau gefärbt.

Verbreitung und Habitat: Diese Flechte wächst direkt auf mageren Böden, auf Baumrinden und Felsen und in den gemäßigt-kalten Teilen Eurasiens und Nordamerikas bis in Höhen von 2500 m. In Mitteleuropa findet sich das Isländische Moos vor allem in den montanen und alpinen Zonen der Alpen.

Sammeln und Aufbewahren: Den Thallus im Sommer oder zu Herbstbeginn sammeln, von Schmutz säubern und trocknen lassen, sodann geschützt vor Licht und Feuchtigkeit aufbewahren.

Therapeutische Eigenschaften: Auswurffördernd, abschwellend, entzündungshemmend, bitter-tonisch. Äußerliche Anwendung als erweichendes und reinigendes Mittel. In der Homöopathie kommt das Isländische Moos bei der Behandlung von Husten und Bronchialkatarrh zum Einsatz.

Visitenkarte

Deutscher Name
Isländisches Moos, Isländische Flechte, Lungenmoos, Heideflechte, Fiebermoos

Familie
Flechten

Sammelzeit
Sommer/Herbst

Verwendung
Thallus

Wirkstoffe
Flechtensäuren, Gerbstoffe, Pflanzenschleim, Gummiharze

Therapeutische Verwendung
Absud, Tinktur, Sirup

Chelidonium majus L.

Visitenkarte

Deutscher Name
Schöllkraut, Warzenkraut, Teufelsmilch, Trudenmilch

Familie
Mohngewächse

Blütezeit
April bis Juli

Sammelzeit
Mai bis Sept.

Verwendung
gesamte Pflanze

Wirkstoffe
Alkaloide, ätherische Öle

Therapeutische Verwendung
Aufguss, Tinktur

Mehrjährige krautige Pflanze mit aufsteigenden, verzweigten, 20 bis 60 cm hohen **Stängeln.** Die blaugrünen **Blätter** sind fiederförmig gelappt und in 3 bis 7 Segmente geteilt, die ihrerseits gelappt oder geteilt sind. Die 1 bis 2 cm großen **Blüten** tragen 4 gelb gefärbte ei- bis spatelförmige Kronblätter. Die Frucht hat die Form einer länglichen Kapsel, die einer Schote ähnelt. Die gesamte Pflanze enthält einen gelben Milchsaft, der sich bei Kontakt mit der Luft dunkelorange verfärbt und auf die Haut aufgebracht reizend wirkt.

Verbreitung und Habitat: Diese Pflanze ist im eurasischen Raum heimisch und daher in ganz Mitteleuropa. Sie gedeiht an schattigen Plätzen mit fruchtbarer lockerer Erde zwischen Felsen, Ruinen, auf brachliegenden Flächen und an Straßenrändern bis in Höhen von 1300 m.

Sammeln und Aufbewahren: Die Pflanze wenn möglich während der Blüte sammeln und an einem luftigen und schattigen Ort trocknen lassen. Den frischen Milchsaft in den Stängeln und Wurzeln kann man zur Behandlung von Warzen verwenden.

Therapeutische Eigenschaften: Beruhigend, krampflösend, tonisch gallentreibend. Äußerliche Anwendung des Milchsaftes als ätzendes und rötendes Mittel oder zur Behandlung von Warzen.

Achtung! Das Schöllkraut enthält toxische Alkaloide, weshalb eine orale Einnahme ohne ärztliche Aufsicht nicht empfehlenswert ist.

Cichorium intybus L.

Ein-, zwei- oder mehrjährige, 30 bis 120 cm hohe Pflanze mit aufrechten oder niederliegenden, stark verzweigten **Stängeln**. Die fiederteiligen **Blätter** weisen mehr oder weniger dreieckige Segmente auf. Die tiefblauen Blüten, alles **Zungenblüten**, sind in 2 bis 3 cm großen Köpfchen vereint.

Verbreitung und Habitat: Die Wegwarte ist auf allen Kontinenten verbreitet und auch in Mitteleuropa sehr häufig anzutreffen. Sie gedeiht auf Brachland, Schuttplätzen, bebauten Gebieten und bevorzugt an Weg- und Straßenrändern bis in Höhen von 1200 m.

Aufzucht und Pflege: Mit ihren zahlreichen Gartenvarietäten stellt die Wegwarte eine leicht zu kultivierende Pflanze dar, die fruchtbare und tiefe Böden bevorzugt, wo sich die Wurzeln optimal entwickeln können. Die Samen im Frühjahr in Reihen oder auch als Breitsaat aussäen und in der Folge die Pflänzchen auslichten, falls sie zu dicht stehen. Danach regelmäßig gießen und den Boden frei von Unkraut halten.

Sammeln und Aufbewahren: Die Blätter wenn möglich vor der Blüte sammeln und in frischem Zustand als Breiumschlag verwenden. Die Wurzeln während der Ruhephase der Pflanze aus dem Boden ziehen, waschen, in Stücke schneiden, und in der Sonne oder im Backrohr bei mäßiger Hitze trocknen. Danach geschützt vor Licht und Feuchtigkeit aufbewahren.

Therapeutische Eigenschaften: Reinigend, bitter-tonisch, harntreibend, verdauungsfördernd, schweißtreibend. Äußerliche Anwendung als erweichendes Mittel und bei Hautrötungen.

Verwendung in der Küche: Die Blätter der Wegwarte sind reich an Mineralsalzen und Vitaminen und bereichern im rohen Zustand Sommersalate. In gekochter Form eignen sie sich für Suppen und Gemüsebeilagen. Die gerösteten Wurzeln können als Kaffee-Ersatz verwendet werden.

Visitenkarte

Deutscher Name
Wegwarte, Zichorie, Faule Gretl, Wegtritt

Familie
Korbblütler

Blütezeit
Juli bis Oktober

Sammelzeit
Blätter Sommer, Wurzeln Herbst

Verwendung
Blätter, Wurzeln

Wirkstoffe
Pflanzenschleim, Inulin, Gerbstoffe, Bitterstoffe

Therapeutische Verwendung
Absud, Tinktur, Breiumschlag

Cicuta virosa L.

Visitenkarte

Deutscher Name
Wasserschierling, Tollkraut, Tollrübe

Familie
Doldengewächse

Blütezeit
Juli bis Sept.

Verwendung
Wurzeln

Wirkstoffe
Alkaloide, Harze, Stärke, ätherische Öle

Therapeutische Verwendung
Tinktur, Salbe, Breiumschlag

Achtung!
Äußerst giftig

Krautige mehrjährige, süßlich riechende Pflanze mit knolliger **Wurzel** und aufrechten, hohlen, 30 bis 130 cm langen **Stängeln**. Die fiederteiligen **Blätter** setzen sich aus linealischen, an den Rändern tief gezähnten Segmenten zusammen. Die **Blüten** tragen 5 weiße Kronblätter und stehen auf 15- bis 25-strahligen Dolden zusammen.

Verbreitung und Habitat: Diese Spezies ist in Eurasien beheimatet, in Mitteleuropa jedoch nur mehr selten anzutreffen, da ihre natürlichen Lebensräume – Feuchtgebiete und Auen – durch Urbarmachung stark zurückgedrängt wurden.

Therapeutische Eigenschaften: Beruhigend, schmerzstillend sowie krampflösend. Äußerliche Anwendung in Form von schmerzstillenden Salben. In der Homöopathie kommen Präparate dieser Heilpflanze bei Schwindelanfällen, Krämpfen und nervösen Störungen zum Einsatz.

Achtung! Die pharmakologische Verwendung von Präparaten des Wasserschierlings muss ausschließlich Ärzten vorbehalten bleiben, weil diese Pflanze äußerst giftige Alkaloide enthält.

Conium maculatum L.

Visitenkarte

Deutscher Name
Schierling, Gefleckter Schierling, Wüterich, Tollkerbe, Blutschierling

Familie
Doldengewächse

Blütezeit
Juni bis Sept.

Verwendung
Blätter, Früchte

Wirkstoffe
Alkaloide, Harze, Gummiharze

Therapeutische Verwendung
Tinktur, Salbe

Achtung!
Äußerst giftig

Krautige mehrjährige, unangenehm riechende, 50 bis 150 cm hohe Pflanze mit fleischiger **Wurzel** und aufrechten, stark verzweigten **Stängeln**, die zumeist im unteren Bereich rot-violett gefleckt sind. Die drei- bis vierfach fiederteiligen **Blätter** setzen sich aus lanzettlichen, tief eingeschnittenen und gezähnten Segmenten zusammen und bilden eine dichte Rosette am Fuße des Stängels. Die **Blüten** weisen 5 weiße Kronblätter auf und stehen auf 15- bis 20-strahligen Dolden zusammen.

Verbreitung und Habitat: Diese Spezies ist im eurasischen Raum heimisch, heute jedoch praktisch weltweit verbreitet. Sie bevorzugt als Standort Felder, Brachland, Schuttplätze, Straßenränder, Gräben und von Menschen bearbeitete landwirtschaftliche Flächen bis in Höhen von 1500 m.

Therapeutische Eigenschaften: Beruhigend, schmerzstillend, krampflösend. Äußerliche Anwendung in Form von schmerzstillenden Salben. In der Homöopathie kommen Präparate dieser Heilpflanze bei Schwindelanfällen und Epilepsie zum Einsatz.

Achtung! Die pharmakologische Verwendung des Gefleckten Schierlings muss ausschließlich Ärzten vorbehalten bleiben, weil diese Pflanze äußerst giftige Alkaloide enthält.

Consolida regalis S.F. Gray

Krautige einjährige Pflanze mit aufrechtem, dünnem, stark verzweigtem und 30 bis 80 cm hohem **Stängel**. Die dreifach fiederteiligen **Blätter** setzen sich zur Gänze aus linealischen fransenförmigen Segmenten zusammen. Die tiefblau-violetten **Blüten** bilden eine Doldenrispe.

Verbreitung und Habitat: Diese Spezies stammt aus dem Mittelmeerraum und wächst heute als »Unkraut« europaweit in Getreideäckern. Sie bevorzugt als Standorte kalkhaltige Böden bis in Höhen von 1200 m.

Sammeln und Aufbewahren: Die Pflanze in voller Blüte sammeln und sogleich an einem schattigen und luftigen Ort trocknen lassen. Danach geschützt vor Licht und Feuchtigkeit aufbewahren.

Therapeutische Eigenschaften: Harntreibend, eupeptisch, reinigend. Äußerliche Anwendung in Form von Packungen bei Augenentzündungen.

Achtung! Der Feldrittersporn enthält toxische Wirkstoffe und darf daher nur unter ärztlicher Kontrolle und nur in kleinen Dosen eingenommen werden.

Synonym: *Delphinium consolida* L.

Visitenkarte

Deutscher Name
Feldrittersporn, Hornkümmel, Lerchenklau, Adebarsnibben

Familie
Hahnenfußgewächse

Blütezeit
Mai bis August

Sammelzeit
Sommer

Verwendung
gesamte blühende Pflanze

Wirkstoffe
Alkaloide, Glykoside, Gerbstoffe

Therapeutische Verwendung
Tinktur

Convallaria majalis L.

Visitenkarte

Deutscher Name
Maiglöckchen, Augenkraut, Maiblume, Marienglöckchen

Familie
Liliengewächse

Blütezeit
Mai/Juni

Sammelzeit
Mai/Juni

Verwendung
gesamte blühende Pflanze

Wirkstoffe
Glykoside, Alkaloide, Pflanzenschleim

Therapeutische Verwendung
Tinktur

Achtung!
Giftig

Mehrjährige, 15 bis 30 cm hohe Pflanze mit waagrecht kriechendem **Wurzelstock**, aus dem sich je ein Paar grundständige Blätter von eiförmiger bis lanzettlicher oder elliptischer Form entwickeln. Der **Blütenstand** ist eine leicht gekrümmte einseitige Traube aus 6 bis 12 hängenden, glockenförmigen, duftenden, elfenbeinweißen bis reinweißen **Blüten.**

Verbreitung und Habitat: Das Maiglöckchen ist ursprünglich in den kalten und gemäßigt kalten Zonen Europas, Asiens und Nordamerikas beheimatet. Die Pflanze ist in Mitteleuropa weit verbreitet, bevorzugt als Standort lichte Wälder, insbesondere Laubwälder, Waldlichtungen und Waldränder bis in 1300 m Seehöhe.

Therapeutische Eigenschaften: Herzstärkend, harntreibend, beruhigend auf das Nervensystem.

Achtung! In vielen Ländern Europas geschützte Pflanzenart. Die pharmakologische Verwendung von Präparaten dieser Heilpflanze sollte ausschließlich Ärzten vorbehalten bleiben, weil sie äußerst giftige Alkaloide enthält.

Convolvulus arvensis L.

Krautige mehrjährige Pflanze mit Wurzelstock und sich windenden, 20 bis 60 cm langen sehr dünnen **Stängeln**, die sich an Rankhilfen gegen den Uhrzeigersinn emporranken. Die unteren Blätter sind eiförmig bis lanzenförmig, während die oberen **Blätter** eine lanzettliche bis linealische Form aufweisen. Die trompetenförmigen **Blüten** sind weiß oder rosafarben.

Verbreitung und Habitat: Diese Spezies war ursprünglich im gesamten eurasischen Raum beheimatet, ist heute jedoch weltweit verbreitet. Sie zählt zu den hartnäckigsten und widerstandsfähigsten Garten- und Ackerunkräutern. Die Ackerwinde wächst auf Brachland, Kulturland, an Straßenrändern und allen vom Menschen beeinflussten Böden bis in 1500 m Höhe.

Sammeln und Aufbewahren: Die Blätter im Sommer und die Wurzeln im Herbst sammeln, gleich trocknen lassen und danach geschützt vor Licht und Feuchtigkeit aufbewahren.

Therapeutische Eigenschaften: Abführend, gallentreibend.

Visitenkarte

Deutscher Name
Ackerwinde

Familie
Windengewächse

Blütezeit
April bis Oktober

Sammelzeit
Blätter Sommer, Wurzeln Herbst

Verwendung
Blätter, Wurzeln

Wirkstoffe
Glykoside, Gummiharze, Harze, Stärke, organische Salze, Pflanzenschleim

Therapeutische Verwendung
Absud, Tinktur

Coriandrum sativum L.

Visitenkarte

Deutscher Name
Koriander, Wanzendill, Schwindelkraut, Arabische Petersilie

Familie
Doldengewächse

Blütezeit
Mai bis Juli

Sammelzeit
Sommer

Verwendung
Früchte (Samen)

Wirkstoffe
ätherische Öle, Gerbstoffe, Harze

Therapeutische Verwendung
Absud, Tinktur

Krautige einjährige Pflanze mit aufrechten und verzweigten, 20 bis 50 cm hohen **Stängeln**. Die wechselständigen, ein- bis dreifach fiederteiligen **Blätter** weisen eine aus fadenförmigen Segmenten zusammengesetzte Blattspreite auf. Die **Blütenstände** sind 4- bis 6-strahlige Dolden, auf denen kleine weiße bis rosafarbene **Blüten** sitzen. Die **Früchte,** allgemein als Samen bezeichnet, sind nahezu kugelige Achänen.

Verbreitung und Habitat: Die Heimat dieser Spezies liegt im südöstlichen Mittelmeerraum, die Pflanze ist heute jedoch nur mehr selten wild wachsend anzutreffen.

Aufzucht und Pflege: Der Koriander muss als einjährige Pflanze alljährlich im Frühling mittels Aussaat nachgezüchtet werden. Die Samen werden zu diesem Zweck direkt im Freien an einem sonnigen Standort in lockerer und fruchtbarer Erde ausgesät.

Sammeln und Aufbewahren: Sobald sich die Fruchtstände des Korianders mit beginnender Reife zu verfärben beginnen, die Pflanze aus der Erde ziehen und an einem kühlen und luftigen Ort zum Trocknen aufhängen. Danach die Fruchtstände vorsichtig ausschütteln und die ausgefallenen Früchte (Samen) auflesen.

Therapeutische Eigenschaften: Krampflösend, windtreibend, antiseptisch, verdauungsfördernd, appetitanregend.

Verwendung in der Küche: Die äußerst aromatischen Früchte (Samen) eignen sich hervorragend zur Verfeinerung von Kräuteressigen, Eingemachtem, Pilzen sowie in Essig und Öl eingelegtem Gemüse.

Corydalis cava (L.) Schweigg. et Koerte

Visitenkarte

Deutscher Name
Hohler Lerchensporn

Familie
Mohngewächse

Blütezeit
Februar bis April

Sammelzeit
Frühling oder Herbst

Verwendung
Zwiebelknollen

Wirkstoffe
Alkaloide, Stärke, Fumarsäure

Therapeutische Verwendung
Absud

Mehrjährige, 10 bis 35 cm hohe Pflanze mit kugeliger, hohler und 2 bis 4 cm dicker **Knollenzwiebel.** Die blaugrünen Blätter sind zweifach dreigeteilt mit grob gezähnten oder gelappten Segmenten. Der Blütenstand ist eine aufrechte Traube aus 5 bis 20 Blüten mit einer rosa-violett gefärbten Blumenkrone, die sich nach hinten in einem aufgeblähten Sporn fortsetzt, in dem der Nektar gebildet wird.

Verbreitung und Habitat: Diese Spezies stammt aus Europa und dem Kaukasus und ist in Mitteleuropa sehr häufig anzutreffen. Sie bevorzugt als Standort feuchte Laubwälder, Waldränder, Wiesenränder und Hecken bis in 1000 m Höhe.

Sammeln und Aufbewahren: Die Zwiebelknollen im Frühling oder Herbst ausgraben, in Stücke schneiden und im Backrohr bei mäßiger Hitze trocknen.

Therapeutische Eigenschaften: Beruhigend, narkotisierend, schweißtreibend.

Synonym: *Corydalis tuberosa* DC.

Achtung! Diese Pflanze enthält toxische Alkaloide und darf deshalb ohne ärztliche Kontrolle nicht als Hausmittel verwendet werden.

Crataegus monogyna Jacq.

Dorniger Strauch oder kleiner Baum mit bis zu 6 m Höhe und unterschiedlichem Wuchs. Die **Blätter** sind glatt, die Spreite ist ei- oder rautenförmig mit tief eingeschnittenen, länglichen Lappen. Die **Blüten** tragen 5 weiße Kronblätter und sind in Doldenblütenständen vereint. Die kugeligen bis eiförmigen **Früchte** sind im reifen Zustand rot gefärbt.

Verbreitung und Habitat: Der Weißdorn ist im eurasischen Raum beheimatet, in Mitteleuropa weit verbreitet und häufig anzutreffen. Die Pflanze bevorzugt sonnige Standorte entlang von Hecken und Waldrändern, vorzugsweise auf kalkhaltigem Boden bis in 1500 m Höhe.

Sammeln und Aufbewahren: Die Blütenstände sammeln, sobald sich die Blütenknospen zu öffnen beginnen und an einem kühlen und luftigen Ort trocknen lassen. Danach geschützt vor Licht und Feuchtigkeit aufbewahren. Die reifen Früchte im Herbst sammeln und entweder frisch verwerten oder zu Marmelade verarbeiten.

Therapeutische Eigenschaften: Blüten: blutdrucksenkend, zusammenziehend, beruhigend, gefäßerweiternd. Äußerliche Anwendung als entzündungshemmendes Mittel (Mundhöhle). Früchte: zusammenziehend, gegen Durchfall, vitaminreich.

Anmerkung: Eine sehr ähnliche Art, die über dieselben therapeutischen Eigenschaften verfügt, ist der Haindorn oder *Crataegus oxyacantha* L. (siehe Bild), der sich durch die elliptische oder verkehrt eiförmige Form seiner Blätter sowie durch seine Früchte von *Crataegus monogyna* unterscheidet, weil sie zwei statt einen Samen enthalten.

Visitenkarte

Deutscher Name
Eingriffeliger Weißdorn, Hagedorn, Heckendorn, Wyßdorn

Familie
Rosengewächse

Blütezeit
April/Mai

Sammelzeit
Blüten Frühling, Früchte Herbst

Verwendung
Blätter, Blüten

Wirkstoffe
ätherische Öle, Vitamin C (in den Früchten), Flavonoide

Therapeutische Verwendung
Mundwasser, Herz-Kreislauf stärkend

Crocus sativus L.

Visitenkarte

Deutscher Name
Echter Safran, Safrankrokus

Familie
Schwertlilien-gewächse

Blütezeit
September bis November

Sammelzeit
Herbst

Verwendung
Narbe

Wirkstoffe
ätherische Öle, Glykoside, Harze

Therapeutische Verwendung
Pulver, Tinktur, Mundwasser

Krautige mehrjährige, 8 bis 30 cm hohe Pflanze. Im Herbst entwickeln sich aus den **Zwiebeln** 6 bis 10 linealische Blätter sowie 1 bis 2 Blüten, die sich aus 6 violetten Perigonblättern sowie Staubblättern und Stempel zusammensetzen. Im Zentrum der Blüte steht eine dreiteilige, intensiv rot-orange-gelb gefärbte Narbe.

Verbreitung und Habitat: Der Echte Safran stammt aus Kleinasien und wird heute in den meisten Mittelmeerländern als Gewürz großflächig angebaut.

Aufzucht und Pflege: Die Zwiebelknollen im Frühjahr in fruchtbarer, gut dränierter Erde einpflanzen. Safran ist sehr anfällig für Schimmelbefall, der vor allem bei feuchten klimatischen Bedingungen auftritt. Die Zwiebeln alle drei Jahre durch neue ersetzen.

Sammeln und Aufbewahren: Die Blüten vorsichtig abnehmen, sobald sie sich geöffnet haben, die Narben entnehmen und diese an einem kühlen und luftigen Ort trocknen lassen. Anschließend geschützt vor Licht und Feuchtigkeit aufbewahren.

Therapeutische Eigenschaften: Appetitanregend, verdauungsfördernd, anregend, die Monatsblutung fördernd und regulierend. Äußerliche Anwendung als schmerzstillendes und entzündungshemmendes Mittel für Schleimhäute.

Verwendung in der Küche: Der Safran stellt eines der bekanntesten, teuersten und am meisten geschätzten Gewürze in der Küche dar, wo die getrockneten Narben sowohl zur Aromatisierung als auch zum Färben von Speisen verwendet werden, wie z. B. bei Safranrisotto. Safran wird aber auch bei der Herstellung von Likören verwendet, wobei angemerkt werden muss, dass wegen seines hohen Preises zumeist Ersatzstoffe eingesetzt werden (siehe Falscher Safran), die zwar ein ebenso gutes Färbungsmittel sind, aber nicht denselben unverwechselbaren Safrangeschmack hervorrufen.

Cynara scolymus L.

Krautige mehrjährige Pflanze mit Wurzelstock und aufrechtem, kräftigem und 30 bis 150 cm hohem **Stängel.** Die zweifach fiederspaltigen **Blätter** weisen auf der Unterseite eine weiße Behaarung auf. Die 8 bis 15 cm breiten Köpfchen bestehen aus einer Scheibe von blau-violett gefärbten **Röhrenblüten,** die von einer ringförmigen Hülle aus fleischigen, ledrigen Schuppenblättchen umgeben ist.

Verbreitung und Habitat: Die Artischocke stammt aus dem Mittelmeerraum und wird dort in Kultur als begehrte Gemüsepflanze gezogen.

Aufzucht und Pflege: Die Artischocke gedeiht besonders gut in warmen Klimazonen und benötigt eine sehr nährstoffreiche, gut dränierte und leicht kalkhaltige Erde. Die Vermehrung erfolgt praktisch nie mittels Samen, sondern wesentlich einfacher und schneller mittels der an der Basis der Mutterpflanze sprießenden Jungtriebe. Diese werden im Herbst oder im Frühjahr in gut gedüngte Erde eingepflanzt. Die Kulturen, die sehr viel Platz benötigen, weil die Pflanzen in einem Abstand von 80 bis 90 cm gepflanzt werden müssen, sind anschließend regelmäßig zu jäten, und ab und zu zu düngen. Darüber hinaus benötigen die Pflanzen auch entsprechende Stützhilfen und reichlich Wasser. Obwohl es sich bei der Artischocke um eine mehrjährige Pflanze handelt, empfiehlt es sich, die Artischockenpflanzen alle drei bis vier Jahre durch eine Pflanzung junger Triebe zu erneuern, da die Pflanzen rasch altern und keine Blütenstände mehr ansetzen.

Sammeln und Aufbewahren: Die Blätter schon vor der Blüte sammeln und wenn möglich in frischem Zustand verwenden. Die Wurzelstöcke während der Vegetationsruhe aus der Erde ziehen, waschen, in Stücke schneiden und an der Sonne oder im Backrohr bei mäßiger Hitze trocknen. Danach geschützt vor Licht und Feuchtigkeit aufbewahren.

Therapeutische Eigenschaften: Harntreibend, verdauungsfördernd, gallentreibend und reinigend (Leber). Äußerliche Verwendung als Rheumamittel.

Verwendung in der Küche: Die Artischocke wird seit dem Altertum als Gemüsepflanze angebaut. In der Küche findet vor allem der Boden des Blütenstandes Verwendung, der abgeschnitten wird, ehe die Blüten des Köpfchens erblüht sind. Junge Köpfchen lassen sich sehr gut in Essig und Öl einlegen. Die Blätter kommen bei der Herstellung des Wermutweins und von Digestiva zum Einsatz.

Anmerkung: Die Kardone *(Cynara cardunculus* L. subsp. *cardunculus)*, eine Unterart, die in den Mittelmeerländern wild wächst, eignet sich ebenfalls als Heilmittel. Die Pflanze ist jedoch wesentlich stacheliger als die Artischocke (Bild oben).

Synonyme: *Cynara cardunculus* L. subsp. *scolymus* (L.) Hay.

Visitenkarte

Deutscher Name
Artischocke, Essdistel

Familie
Korbblütler

Blütezeit
Juni bis August

Sammelzeit
Herbst

Verwendung
Blätter, Wurzelstock

Wirkstoffe
Glykoside, Gerbstoffe, Inulin, Bitterstoffe, Mineralsalze, Vitamine

Therapeutische Verwendung
Absud, Tinktur

Cytisus scoparius (L.) Link

Visitenkarte

Deutscher Name
Besenginster

Familie
Hülsenfrüchte

Blütezeit
Mai/Juni

Sammelzeit
Sommer

Verwendung
blühende Spross-Spitzen

Wirkstoffe
Glykoside, Alkaloide, Harze, Gerbsäuren

Therapeutische Verwendung
Aufguss, Tinktur, Breiumschlag

50 bis 200 cm hoher Strauch mit aufrechten und stark verzweigten **Stängeln.** Die unteren **Blätter** sind in 3 verkehrt eiförmige oder längliche Blättchen geteilt, die oberen, 2 bis 3 cm langen Blätter sind ungeteilt und haben eine lanzettliche Spreite. Die intensiv gelb gefärbten **Blüten** stehen einzeln oder paarweise zusammen und bilden auffällige belaubte Traubenblütenstände.

Verbreitung und Habitat: Diese Spezies ist im mittel- und südeuropäischen Raum heimisch Der Besenginster bewohnt lichte Wälder, Heiden und Waldlichtungen bis zu 1400 m Höhe und bevorzugt dabei silikathaltige Böden.

Sammeln und Aufbewahren: Die blühenden Spross-Spitzen von den jungen Zweigen zu Beginn der Blüte abschneiden und im Schatten in lockeren Lagen aufgelegt trocknen lassen, damit sie sich nicht schwarz verfärben. Danach geschützt vor Licht und Feuchtigkeit aufbewahren.

Therapeutische Eigenschaften: Harntreibend, gefäßverengend, blutdrucksenkend, abführend. Äußerliche Anwendung als lösendes Heilmittel bei Drüsenabszessen.

Synonym: *Sarothamnus scoparius* Wimmer.

Daphne mezereum L.

Visitenkarte

Deutscher Name
Gemeiner Seidelbast, Kellerhals

Familie
Seidelbastgewächse

Blütezeit
März bis Mai

Sammelzeit
Frühlingsbeginn, Herbst

Verwendung
Rinde

Wirkstoffe
Glykoside, vor allem Daphnin, Harze

Therapeutische Verwendung
Pulver, Tinktur, Breiumschlag

Achtung!
Giftig

Laub abwerfender, verholzter, 30 bis 70 cm hoher Strauch mit aufrechten, verzweigten **Stängeln.** Die lanzettlichen **Blätter** entwickeln sich nach der Blüte in dichten Quirlen am Ende der Zweige. Die rosa bis purpurfarbenen **Blüten** duften sehr stark und sitzen auf den unbelaubten Zweigen. Die kugelige, im reifen Zustand leuchtend rote Frucht ist sehr giftig!

Verbreitung und Habitat: Der Seidelbast kommt vor allem in den kalten und gemäßigt-kalten Regionen Asiens und Europas vor. Er wächst in lichten Wäldern, vor allem in Buchenwäldern und in Gebüschen am Waldrand im Gebirge, insbesondere auf kalkhaltigen Böden, bis in Höhen von 2200 m.

Sammeln und Aufbewahren: Die Rinde von den Seidelbastzweigen im Herbst oder im Frühling schon vor der Blüte abschälen, in Stücke schneiden und an der Sonne oder im Backrohr bei mäßiger Hitze trocknen lassen. Danach geschützt vor Licht und Feuchtigkeit aufbewahren.

Therapeutische Eigenschaften: Abführend, reinigend, antirheumatisch, gegen Arthritis und Gicht. Äußerliche Anwendung als rötendes oder ableitendes Mittel, z. B. bei Blasenleiden.

Achtung! In vielen Ländern Europas geschützte Art. Die pharmakologische Verwendung dieser Pflanze, die extrem giftige Glykoside enthält, ist ausschließlich Ärzten vorbehalten.

Datura stramonium L.

Visitenkarte

Deutscher Name
Stechapfel, Asthmakraut, Hexenkraut, Teufelsapfel

Familie
Nachtschattengewächse

Blütezeit
Juli bis Oktober

Sammelzeit
Blätter Sommer, Samen Herbst

Verwendung
Blätter, Samen

Wirkstoffe
Alkaloide (Skopolamin, Hyoszyamin), Flavonoide

Therapeutische Verwendung
Pulver, Tinktur, Breiumschlag

Achtung!
Giftig

Krautige einjährige, buschige, übelriechende Pflanze von 50 bis 120 cm Höhe und aufrechten, stark verzweigten **Stängeln.** Die wechselständigen, gestielten **Blätter** haben eine breit eiförmige Spreite mit einer stumpfen und meist asymmetrischen Basis und mit buchtig gezähntem Rand. Die trichterförmigen, weiß oder leicht violett überlaufenen **Blüten** zeigen am Trichterrand 5 spitze, gefaltete Zipfel. Die **Frucht** ist eine holzige, bestachelte Kapsel, in der sich zahlreiche schwarze runzelige Samen befinden.

Verbreitung und Habitat: Der Stechapfel ist heute auf der ganzen Welt verbreitet. Er wächst auf Brachland und entlang von Mauern und Straßen bis in Höhen von 1000 m.

Sammeln und Aufbewahren: Die Blätter ohne den Stiel im Sommer abschneiden, wobei zuerst die unteren abgenommen werden. Diese sofort an einem luftigen Ort oder im Backrohr bei mäßiger Hitze trocknen. Die reifen Kapselfrüchte im Herbst knapp bevor sie aufspringen ernten, die Samen entnehmen und danach an der Sonne trocknen lassen. Geschützt vor Licht und Feuchtigkeit aufbewahren.

Therapeutische Eigenschaften: Krampflösend, beruhigend auf das Nervensystem, narkotisch, antineuralgisch. Äußerliche Anwendung als Breiumschlag bei Rheuma. In der Homöopathie werden Präparate dieser Pflanze bei der Behandlung von Asthma und Muskelkrämpfen eingesetzt.

Achtung! Die pharmakologische Verwendung des Stechapfels muss ausschließlich dem Arzt vorbehalten bleiben, weil die Pflanze äußerst toxische Alkaloide enthält.

Daucus carota Miller.

Zweijährige (wilde Möhre) oder einjährige (Karotte) Pflanze mit Pfahlwurzel und aufrechten, verzweigten, 40 bis 80 cm hohen **Stängeln.** Die zwei- bis dreifach fiederteiligen **Blätter** setzen sich aus lanzettlichen, gezähnten oder linealischen Fiedern zusammen. Die weißen oder seltener rosafarbenen oder auch gelblichen **Blüten** bilden eine Dolde, die zur Zeit der Fruchtbildung die typische Form eines Vogelnestes annimmt.

Verbreitung und Habitat: Die Wilde Möhre stammt ursprünglich aus dem eurasischen Raum und ist heute weltweit verbreitet. Sie gedeiht auf trockenen Feldern, Brachland, steinigen Böschungen und an Straßenrändern bis in Höhen von 1400 m. Von der in der Natur ursprünglich verbreiteten Form der Wilden Möhre wurden zahlreiche Kulturvarietäten herausgezüchtet, die sich wegen ihrer dicken, schmackhaften und fleischigen Pfahlwurzeln hervorragend als Gemüsepflanze eignen.

Aufzucht und Pflege: Die Möhre bzw. Karotte weist je nach Bedarf einen ein- oder zweijährigen Vegetationszyklus auf und muss deshalb alljährlich in Abständen vom Frühjahr bis zum Sommerbeginn ausgesät werden. Die Samen, die frisch sein müssen, um eine gute Keimung zu garantieren, werden zu diesem Zweck direkt im Freien (Breitsaat oder in Reihen) an einem sonnigen Standort in lockerer und nährstoffreicher Erde ausgesät. In der Folge müssen die Pflanzen, falls sie zu dicht wachsen, ausgelichtet und das Erdreich ständig feucht und frei von Unkraut gehalten werden.

Sammeln und Aufbewahren: Zarte junge Wurzeln der Wilden Möhre oder der Kulturmöhre während der gesamten Vegetationsphase sammeln und im frischen Zustand konsumieren. Zur Gewinnung der Samen wird die Pflanze samt Fruchtstand im Herbst aus der Erde gezogen, sobald sich dieser zur Reifezeit gelb verfärbt und dann an einem kühlen und luftigen Ort zum Trocknen aufgehängt. Danach leicht schütteln und die nun ausgefallenen getrockneten Samen auflesen.

Therapeutische Eigenschaften: Wurzeln: vitaminreich, harntreibend, die Monatsblutung fördernd und regulierend, mineralstoffreich. Samen: anregend und windtreibend, die Monatsblutung fördernd und regulierend, appetitanregend. Äußerliche Anwendung als erweichendes, tonisches Mittel für raschen Wundverschluss.

Verwendung in der Küche: Die großen, saftigen und zarten Pfahlwurzeln der Kulturvarietäten der Karotte werden in der Küche entweder roh als Salat oder gekocht als Bestandteil zahlreicher Rezepte verwendet. Mit Hilfe spezieller Geräte erhält man einen vitamin- und mineralstoffreichen Karottensaft.

Visitenkarte

Deutscher Name
Karotte, Möhre, Gelbe Rübe, Mohrrübe

Familie
Doldenblütler

Blütezeit
April bis Okt.

Sammelzeit
Sommer/Herbst

Verwendung
Wurzeln, Samen

Wirkstoffe
Karotin (Provitamin A), Vitamine, Zucker, ätherische Öle, organische Säuren, Mineralsalze

Therapeutische Verwendung
Tinktur, Aufguss, Saft, Breiumschlag

Dictamnus albus L.

Visitenkarte

Deutscher Name
Diptam, Spechtwurz, Pfefferkraut, Brennkraut

Familie
Rautengewächse

Blütezeit
Mai/Juni

Sammelzeit
Mai/Juni

Verwendung
blühende Spross-Spitzen

Wirkstoffe
ätherische Öle, Gummiharze, Wachse, Harze

Therapeutische Verwendung
Aufguss, Absud

Halbstrauch mit aufrechten, 30 bis 90 cm hohen **Stängeln.** Die unpaarig gefiederten **Blätter** setzen sich aus 7 bis 9 eiförmig lanzettlichen und an den Rändern gesägten Fiederblättchen zusammen. Die stark duftenden, weiß-rosafarbenen **Blüten** mit dunkelvioletter Äderung bilden große endständige Trauben. Die **Frucht** ist eine sternförmige Kapsel, die sich am Ende der Reife öffnet und so die Samen freisetzt.

Verbreitung und Habitat: Der Diptam ist hauptsächlich in Südeuropa verbreitet und wächst auf trockenen und steinigen Böden sowie zwischen sonnenbeschienenen Felsen – vorzugsweise auf kalkhaltigen Böden – bis in Höhen von 800 m.

Aufzucht und Pflege: Die Aussaat der Diptamsamen erfolgt im Frühling in einer Substratmischung, die zu gleichen Teilen aus Erde, Sand und Torf besteht. Die Keimung erfolgt langsam. Sobald die Pflänzchen ausreichend entwickelt sind, pflanzt man sie in Einzeltöpfe oder in den Garten an einem sonnigen Standort in steiniger und gut dränierter Erde. Erwachsene Pflanzen lassen sich auch mittels Stecklingsbewurzelung oder durch Teilung der Wurzelstöcke vegetativ vermehren.

Sammeln und Aufbewahren: Die Blütenstände des Diptams sammeln, sobald sich die Knospen öffnen und an einem kühlen und luftigen Ort trocknen lassen. Danach geschützt vor Licht und Feuchtigkeit aufbewahren.

Therapeutische Eigenschaften: Bitter-tonisch, appetitanregend, verdauungsfördernd, anregend, krampflösend.

Achtung! In vielen Ländern Europas vollkommen geschützte Pflanze.

Digitalis lutea L.

Visitenkarte

Deutscher Name
Gelber Fingerhut

Familie
Rachenblütler, Braunwurzgewächse

Blütezeit
Juni/Juli

Sammelzeit
Frühling/Sommer

Verwendung
Blätter

Wirkstoffe
Glykoside, Mineralsalze

Therapeutische Verwendung
Aufguss, Tinktur, Pulver

Achtung!
Äußerst giftig

Krautige mehrjährige Pflanze mit 30 bis 100 cm hohen, aufrechten **Stängeln** auf denen die eiförmig lanzettlichen und an den Rändern grob gezähnten Blätter sitzen. Die röhrig glockigen leuchtend gelben **Blüten** bilden lange, fast einseitswendige Traubenblütenstände.

Verbreitung und Habitat: Diese Spezies ist in Westeuropa beheimatet und wächst auf Waldlichtungen und Bergwiesen von 800 bis 1500 m Höhe.

Aufzucht und Pflege: Im Frühling die Fingerhutsamen in Töpfen mit einem leichten und sandigen Substrat aussäen. Sobald sich die Pflänzchen entsprechend entwickelt haben, im Freien an einem Ort im Halbschatten in nicht kalkhaltige Erde auspflanzen. Die gesamte Vegetationsphase hindurch – wenn notwendig – jäten und gießen. Nach dem zweiten Jahr können die Blätter gesammelt werden.

Sammeln und Aufbewahren: Die Blätter zu Beginn der Blüte vorsichtig abnehmen und sofort an einem kühlen und luftigen Ort oder im Backrohr bei sehr geringer Hitze trocknen. Danach geschützt vor Licht und Feuchtigkeit aufbewahren.

Therapeutische Eigenschaften: Herzstärkend, harntreibend. Äußerliche Anwendung im Falle von Ödemen und rheumatischen Schmerzen.

Achtung! In vielen Ländern Europas geschützte Pflanze. Die pharmakologische Verwendung dieser Heilpflanze, die äußerst giftige Alkaloide enthält, ist ausschließlich Ärzten vorbehalten.

Digitalis purpurea L.

Krautige zwei- oder mehrjährige Pflanze mit aufrechten, 30 bis 150 cm hohen **Stängeln**. Die eiförmig lanzettlichen **Blätter** sind oberseits dunkelgrün und an der Unterseite weiß behaart. Die hängenden, röhrig glockigen **Blüten** sind violett-rot gefärbt, mit weißen Punkten versehen und bilden lange einseitswendige Traubenblütenstände.

Verbreitung und Habitat: Diese Pflanze stammt ursprünglich aus West- und Südwesteuropa, wird aber zu Heilzwecken in zahlreichen Ländern kultiviert. Sie gedeiht in der Natur auf Waldlichtungen und Bergwiesen zwischen 500 und 1700 m Höhe.

Aufzucht und Pflege: Im Frühling werden Digitalissamen in Töpfen mit einem leichten und sandigen Substrat ausgesät. Sobald sich die Jungpflanzen entsprechend entwickelt haben, sollten sie im Freien an einem Ort im Halbschatten in nicht kalkhaltiger Erde ausgepflanzt werden. Die gesamte Vegetationsphase hindurch – wenn notwendig – jäten und gießen. Erst nach dem zweiten Jahr die Blätter sammeln.

Sammeln und Aufbewahren: Die Blätter zu Beginn der Blüte vorsichtig abnehmen und sogleich an einem kühlen und luftigen Ort oder im Backrohr bei sehr geringer Hitze trocknen. Danach geschützt vor Licht und Feuchtigkeit aufbewahren.

Therapeutische Eigenschaften: Herzstärkend, harntreibend. Äußerliche Anwendung im Falle von Ödemen und rheumatischen Schmerzen.

Achtung! Die pharmakologische Verwendung dieser Heilpflanze, die äußerst giftige Alkaloide enthält, ist ausschließlich Ärzten vorbehalten.

Visitenkarte

Deutscher Name
Roter Fingerhut, Handschuhkraut, Waldglocke, Waldnönnchen

Familie
Rachenblütler, Braunwurzgewächse

Blütezeit
Mai bis Juli

Sammelzeit
Frühling/Sommer

Verwendung
Blätter

Wirkstoffe
Glykoside (Digitoxin, Digitalin), organische Säuren, Mineralsalze

Therapeutische Verwendung
Aufguss, Tinktur, Pulver

Achtung!
Äußerst giftig

Diplotaxis tenuifolia (L.) DC.

Visitenkarte

Deutscher Name
Schmalblättriger Doppelsame, Stinkrauke

Familie
Kreuzblütler

Blütezeit
Mai bis Oktober

Sammelzeit
Frühling bis Herbst

Verwendung
Blätter

Wirkstoffe
ätherische Öle, Allylsulfid, Mineralsalze, Vitamine

Therapeutische Verwendung
Aufguss, Breiumschlag

Krautige mehrjährige Pflanze mit Pfahlwurzel und aufrechtem, verzweigtem und 20 bis 50 cm hohem **Stängel**. Die fiederig gelappten **Blätter** sind am Rand mehr oder weniger tief gezähnt-gekerbt. Die lebhaft gelb gefärbten **Blüten** bilden endständige Trauben.

Verbreitung und Habitat: Der Doppelsame ist in Mittel- und Südeuropa heimisch und in diesen Ländern sehr häufig anzutreffen. Er gedeiht auf Brachland, Sanddünen, entlang von Straßenrändern und auf Kiesbetten bis in 1000 m Höhe.

Aufzucht und Pflege: Diese mehrjährige Pflanze gedeiht vor allem auf heißen und sonnigen Standorten in einem sandigen und gut dränierten Boden. Sie lässt sich leicht durch ihre Samen vermehren, die im Garten häufig spontan keimen. Wenn nötig gießen und die Spitzen der Pflanzen regelmäßig zurückschneiden, damit sie keine Blüten ansetzen können. Auf diese Weise erzielt man kompakte Büsche mit zarten, saftigen und stark duftenden Blättchen.

Sammeln und Aufbewahren: Die jungen, zarten Blätter ohne Stiel sammeln und möglichst frisch verwenden.

Therapeutische Eigenschaften: Harntreibend, zusammenziehend, vitaminreich, auswurffördernd. Äußerliche Anwendung als ableitendes Mittel.

Verwendung in der Küche: Die mehrjährige Senfrauke wird wie die einjährige Echte Rauke (*Eruca sativa* Mill.) in der Küche zur Verfeinerung von Salaten, Fleischgerichten, Käseplatten, für Pizzas und Soßen usw. verwendet.

Drosera rotundifolia L.

Krautige mehrjährige, 5 bis 12 cm hohe Pflanze, deren **Blätter** mit Drüsenhaaren bedeckt sind, die eine klare klebrige Flüssigkeit absondern, um damit Insekten anzulocken und festzuhalten. Sobald diese am Sekret kleben, werden sie durch Fermente verdaut und von der Pflanze resorbiert. Die runden bis nierenförmigen Blätter stehen in einer am Boden anliegenden Rosette zusammen. Einige wenige weiße **Blüten** formen eine Traube.

Verbreitung und Habitat: Der Sonnentau wächst in den kalten und gemäßigt kalten Zonen Europas, Asiens und Nordamerikas. Die Pflanze benötigt spezielle Standorte in Mooren (Übergangs- und Hochmoore) – üblicherweise zwischen den Polstern des Torfmooses – mit saurem Milieu bis in Höhen von 2000 m.

Sammeln und Aufbewahren: Die krautigen Teile der Pflanze sammeln, säubern und in lockeren Lagen aufgelegt im Schatten trocknen, damit sich das Sammelgut nicht schwarz verfärbt. Danach geschützt vor Licht und Feuchtigkeit aufbewahren.

Therapeutische Eigenschaften: Auswurffördernd, gegen Husten, krampflösend, gegen Asthma, beruhigend.

Achtung! In allen Ländern Europas vollkommen geschützte Pflanze.

Visitenkarte

Deutscher Name
Rundblättriger Sonnentau, Himmeltau, Immertau, Widdertod

Familie
Sonnentaugewächse

Blütezeit
Juni bis August

Sammelzeit
Sommer

Verwendung
gesamte Pflanze

Wirkstoffe
Glykoside, Enzyme, Harze, Gerbstoffe

Therapeutische Verwendung
Aufguss, Tinktur

Dryopteris filix-mas (L.) Sch.

Visitenkarte

Deutscher Name
Gemeiner Wurmfarn, Wanzenkraut, Teufelsklaue, Johanniswurzel

Familie
Schildfarngewächse

Sammelzeit
Wedel im Sommer, Wurzelstöcke im Herbst

Verwendung
Wedel, Wurzelstöcke

Wirkstoffe
organische Säuren, Bitterstoffe, ätherische Öle, Stärke

Therapeutische Verwendung
Pulver, Tinktur

Mehrjähriger, 30 bis 100 cm hoher Farn mit verholztem **Wurzelstock** und doppelt fiederspaltigen **Wedeln**, die ihrerseits in längliche, randlich gezähnte Lappen unterteilt sind. Stiel und Rachis sind von Schuppen und rötlich braunen Haaren bedeckt. In den nierenförmig rundlichen Sori an der Unterseite der Wedel befinden sich zahlreiche Sporangien, welche die Sporen produzieren.

Verbreitung und Habitat: Der Wurmfarn ist in fast ganz Europa verbreitet und gedeiht speziell in feuchten Laubwäldern bis in Höhen von 2300 m.

Sammeln und Aufbewahren: Die Wurzelstöcke und Wedel im Spätsommer oder Frühherbst sammeln. Im frischen Zustand verwenden (vor allem bei äußerlicher Verwendung) oder trocknen und danach geschützt vor Licht und Feuchtigkeit aufbewahren.

Therapeutische Eigenschaften: Wurmabtreibend. Äußerliche Anwendung bei Arthritis und Rheumatismus. In der Homöopathie kommen Präparate des Wurmfarns vor allem bei Migräne zum Einsatz.

Ecballium elaterium (L.) A. Rich.

Visitenkarte

Deutscher Name
Spritzgurke, Eselsgurke

Familie
Kürbisgewächse

Blütezeit
Mai bis September

Sammelzeit
Sommer/Herbst

Verwendung
Saft der Früchte

Wirkstoffe
Elaterin, Bitterstoffe, Zucker, Stärke

Therapeutische Verwendung
Pulver, Tinktur, Breiumschlag

Krautige mehrjährige, saftige, 20 bis 40 cm hohe Pflanze mit kriechenden, dichtborstig behaarten **Stängeln**. Die ovalen, länglichen oder dreilappigen **Blätter** sind an der Basis herzförmig und an den Rändern gewellt bis gezähnt. Die eingeschlechtlichen **Blüten** weisen eine glockige bis drehrunde hellgelbe Krone auf. Die länglich elliptischen, borstig behaarten blaugrün gefärbten **Früchte** von 2 bis 5 cm Länge lösen sich im reifen Zustand vom Stiel, platzen auf und schleudern dabei ihre **Samen** zusammen mit einer sehr bitter schmeckenden Flüssigkeit über weite Entfernungen von sich.

Verbreitung und Habitat: Diese Spezies stammt aus dem Mittelmeerraum und ist dort in allen Ländern relativ häufig anzutreffen. Sie gedeiht an sonnigen Standorten auf Brachland, Schuttplätzen, sandigen Wegrändern und entlang von Straßen bis in Höhen von 800 m.

Sammeln und Aufbewahren: Die unreifen Früchte sammeln, den saftigen Inhalt herauspressen und die Frucht in der Sonne oder im Backrohr bei mäßiger Hitze trocknen.

Therapeutische Eigenschaften: Starkes Abführmittel. Äußerliche Anwendung für die Behandlung von Blasen.

Achtung! Mit Vorsicht und in kleinen Dosen anwenden.

Echinacea purpurea L.

Mehrjährige krautige Pflanze mit **Wurzelstock** und aufrechten, 50 bis 100 cm hohen **Stängeln**. Die linealisch bis lanzettlichen **Blätter** sind mit einem Flaum überzogen. Die **Blüten** bilden große endständige Köpfchen. Im Randbereich befinden sich die rosa bis purpurfarbenen Zungenblüten, welche die in der Zentralscheibe sitzenden bräunlichen Röhren kranzförmig umgeben.

Verbreitung und Habitat: Der Rote Sonnenhut stammt ursprünglich aus Nordamerika und wird mittlerweile als Heil- oder Zierpflanze in zahlreichen Gebieten mit gemäßigtem Klima kultiviert. Die Pflanze vermehrt sich nicht wie manche verwandte Arten spontan.

Sammeln und Aufbewahren: Die Wurzelstöcke im Herbst ausgraben, reinigen, in Stücke schneiden und an der Sonne oder im Backrohr bei mäßiger Hitze trocknen lassen. Danach geschützt vor Licht und Feuchtigkeit aufbewahren.

Therapeutische Eigenschaften: Dämpfend bei Entzündungen, entzündungshemmend, antiseptisch. Äußerliche Verwendung als Wundverschluss förderndes sowie schmerzstillendes Mittel und zur Behandlung von rissiger oder gereizter Haut, bei Akne, Geschwüren oder bei Wundliegen.

Visitenkarte

Deutscher Name
Roter Sonnenhut, Rote Rudbeckia

Familie
Korbblütler

Blütezeit
Juli/August

Sammelzeit
Sommer

Verwendung
Wurzelstock

Wirkstoffe
ätherische Öle, Glykoside, Harze

Therapeutische Verwendung
Absud, Tinktur

Echium vulgare L.

Visitenkarte

Deutscher Name
Gemeiner Natterkopf, Natterkraut

Familie
Borretschgewächse

Blütezeit
April bis Sept.

Sammelzeit
Sommer

Verwendung
blühende Spross-Spitzen

Wirkstoffe
Pflanzenschleim, Anthozyan, Glykoside, Gerbsäuren

Therapeutische Verwendung
Aufguss, Tinktur, Mundwasser

Krautige zwei- oder in seltenen Fällen einjährige, borstig stachelig behaarte Pflanze mit aufrechten oder aufsteigenden, 20 bis 80 cm hohen **Stängeln**. Die **Blätter** sind linealisch bis spatelförmig oder lanzettlich. Die blauvioletten, selten weißen **Blüten** bilden als Blütenstand eine zylindrische bis pyramidale Traube.

Verbreitung und Habitat: Diese Spezies ist in fast ganz Europa und Kleinasien verbreitet und wächst bevorzugt auf Mauern, Brachland, trockenen Weiden und in Kiesgruben bis in Höhen von 1700 m.

Sammeln und Aufbewahren: Die Blütenstände abschneiden, sobald sich die Knospen zu öffnen beginnen und an einem kühlen und luftigen Ort trocknen lassen. Danach geschützt vor Licht und Feuchtigkeit aufbewahren.

Therapeutische Eigenschaften: Harntreibend, reinigend, entzündungshemmend, gegen Husten. Äußerliche Anwendung als erweichendes oder schmerzstillendes Mittel für die Haut, Schleimhaut und Mundhöhle.

Epilobium angustifolium L.

Krautige mehrjährige, 50 bis 180 cm hohe Pflanze mit aufrechten **Stängeln**. Die sitzenden, lanzettlichen und wechselständigen **Blätter** laufen an den Enden spindelförmig zu. Die gestielten **Blüten** bilden zusammen dichte Traubenblütenstände. Ihre Krone trägt 4 spatelförmige, intensiv rosa gefärbte Blütenblätter.

Verbreitung und Habitat: Diese Pflanze besiedelt die kalten und gemäßigt kalten Zonen Europas, Asiens und Nordamerikas und kommt in Europa vor allem in den Alpen und im Norden häufig vor. Die Pflanze gedeiht auf feuchten und steinigen Böden sowie auf Waldlichtungen und Rodungsflächen zwischen 600 und 2500 m Höhe. Sie bevorzugt silikathaltige Böden.

Sammeln und Aufbewahren: Die Pflanze während der vegetativen Ruhephase ausgraben, waschen, in Stücke zerteilen und an der Sonne oder im Backrohr bei mäßiger Hitze trocknen lassen. Die frisch geöffneten Blüten sammeln und in lockeren Schichten an einem kühlen und luftigen Ort zum Trocknen auflegen. Geschützt vor Licht und Feuchtigkeit aufbewahren.

Therapeutische Eigenschaften: Zusammenziehend, entzündungshemmend, fiebersenkend. Äußerliche Anwendung als erweichendes und schmerzstillendes Mittel für Haut, Schleimhaut und Mundhöhle.

Synonym: *Chamaenerion angustifolium* Scop.

Visitenkarte

Deutscher Name
Schmalblättriges Weidenröschen, Feuerkraut, Waldweidenröschen

Familie
Nachtkerzengewächse

Blütezeit
Juni bis August

Sammelzeit
Wurzeln Herbst, Blüten Sommer

Verwendung
Wurzeln, Blüten

Wirkstoffe
Pflanzenschleim, Zucker, Pektine, Tanninsäure

Therapeutische Verwendung
Aufguss, Absud, Mundwasser

Euonymus europaeus L.

Visitenkarte

Deutscher Name
Pfaffenhütchen, Pfaffenkapperl, Spindelstrauch, Spillbaum

Familie
Spindelstrauchgewächse

Blütezeit
April bis Juni

Sammelzeit
Herbst

Verwendung
Rinde, Früchte

Wirkstoffe
Glykoside (vor allem Evonymin), Alkaloide, Bitterstoffe

Therapeutische Verwendung
Tinktur

Achtung!
Giftig

Strauch oder kleiner Baum bis 5 m Höhe und vierkantigen jungen Zweigen mit bisweilen rötlich grüner **Rinde**. Die eiförmig lanzettlichen **Blätter** haben fein gesägte Ränder. Die unscheinbaren kleinen Blüten tragen 4 gelbgrüne Blütenblätter und stehen in Dolden in den Blattachseln. Die **Frucht** hat die Form einer vierlappigen purpurfarbenen Kapsel, die sich während der Reife öffnet und dabei die auffällig orangefarbenen Samen freisetzt.

Verbreitung und Habitat: Diese Spezies ist in Europa und Asien heimisch und in Mitteleuropa häufig anzutreffen. Sie bevorzugt als Habitat lichte Laubwälder, Hecken und Raine bis 800 m Höhe.

Sammeln und Aufbewahren: Die jungen Zweige abschneiden, deren Rinde abschälen und in der Sonne oder im Backrohr bei mäßiger Hitze trocknen lassen und danach geschützt vor Licht und Feuchtigkeit aufbewahren.

Therapeutische Eigenschaften: Abführend, gallentreibend.

Achtung! Diese Art enthält toxische Wirkstoffe und sollte deshalb nur in geringen Dosen und nur unter ärztlicher Aufsicht eingesetzt werden.

Eupatorium cannabinum L.

Krautige mehrjährige, 50 bis 150 cm hohe Pflanze mit aufrechten, kräftigen, stark verzweigten **Stängeln**. Die unteren **Blätter** sind lanzettlich, während die oberen handförmig geteilt sind. Die Köpfchen bestehen aus rosafarbenen bis violett gefärbten oder purpurnen **Röhrenblüten** und bilden dichte **Blütenstände**.

Verbreitung und Habitat: Der Wasserdost ist im eurasischen Raum beheimatet. Die Pflanze ist in ganz Mitteleuropa weit verbreitet. Sie bevorzugt als Standorte feuchte bis sumpfige Stellen an Ufern, Wassergräben und entlang von Flussläufen bis in 1300 m Höhe.

Sammeln und Aufbewahren: Die Wurzeln während der Ruhephase der Pflanze ausgraben, waschen, in Stücke teilen und in der Sonne oder im Backrohr bei mäßiger Hitze trocknen lassen. Blätter und blühende Spross-Spitzen abschneiden und in lockeren Lagen aufgelegt an einem kühlen und luftigen Ort trocknen lassen. Danach geschützt vor Licht und Feuchtigkeit aufbewahren.

Therapeutische Eigenschaften: Abführend, gallentreibend, harntreibend, reinigend. Äußerliche Anwendung als antiseptisches Mittel sowie als lösendes Mittel bei Akne, Ekzemen und Furunkeln.

Visitenkarte

Deutscher Name
Wasserdost, Wasserhanf, Kunigundenkraut

Familie
Korbblütler

Blütezeit
Juli bis September

Sammelzeit
Wurzeln Herbst, Blätter, Spross-Spitzen Frühling

Verwendung
blühende Spross-Spitzen, Blätter, Wurzeln

Wirkstoffe
Inulin, Terpen, Flavonoide, Saponine, Harze

Therapeutische Verwendung
Aufguss, Absud, Tinktur

Euphorbia cyparissias L.

Visitenkarte

Deutscher Name
Zypressenwolfsmilch, Giftmilch, Warzenkraut

Familie
Wolfsmilchgewächse

Blütezeit
März bis Juni

Sammelzeit
Sommer, Herbst

Verwendung
ganze junge blühende Pflanze, Wurzeln

Wirkstoffe
Euphorbin, Harze, Gummiharze

Therapeutische Verwendung
Tinktur

Achtung!
Giftig

Krautige mehrjährige, 20 bis 60 cm hohe Pflanze mit Wurzelstock und Ausläufern sowie aufrechten, sehr blattreichen **Stängeln**. Die grün-gelben linealischen Blätter auf den sterilen Zweigen sind sehr schmal, fast haarartig. Die hellgelben **Blüten** sind von einem rötlichen ei- bis nierenförmigen Deckblatt umgeben und bilden Blütenstände von 12- bis 15-strahligen Dolden. Die gesamte Pflanze enthält einen weißen Milchsaft, der leicht ätzend und giftig ist.

Verbreitung und Habitat: Diese Spezies ist in Mitteleuropa beheimatet und bevorzugt als Standorte trockene Böden auf Wiesen, Brachland, Schuttplätze und felsiges Gelände bis in Höhen von 1500 m.

Sammeln und Aufbewahren: Die Wurzeln im Herbst ausgraben, waschen, in Stücke teilen und an der Sonne trocknen lassen. Die blühenden Pflanzen sammeln und noch frisch verwenden, ehe der Milchsaft gerinnt.

Therapeutische Eigenschaften: Abführend, harntreibend, Brechmittel. Äußerliche Anwendung: Der frische Milchsaft der Pflanze kann zum Verätzen von Hühneraugen und Warzen verwendet werden.

Achtung! Der Milchsaft kann Entzündungen der Haut verursachen und darf keinesfalls in Kontakt mit Augen oder Schleimhäuten gelangen.

Euphrasia officinalis L.

Visitenkarte

Deutscher Name
Augentrost, Lichtkraut, Milchdieb, Spöttlich

Familie
Rachenblütler

Blütezeit
Juli bis Sept.

Sammelzeit
Sommer

Verwendung
gesamte blühende Pflanze

Wirkstoffe
Glykoside, Gerbstoffe, Saponine, Harze

Therapeutische Verwendung
Aufguss, Tinktur, Augentropfen

Krautige einjährige, 5 bis 30 cm hohe Pflanze mit sehr variablem Habitus und aufrechten, stark verzweigten **Stängeln**. Die länglich eiförmigen **Blätter** sind an den Rändern gezähnt. Die zweilippigen **Blüten** bilden kurze endständige Trauben von unterschiedlicher, mehr oder weniger intensiver weißer bis violetter Färbung und weisen im Rachen einen typischen gelben Fleck mit violetter Zeichnung auf.

Verbreitung und Habitat: Der Augentrost ist in den gemäßigten nordischen und arktischen Zonen verbreitet, kommt in Mitteleuropa in verschiedenen Unterarten vor. Die Pflanze bevorzugt als Standort grasbewachsene Flächen bis in Höhen von 2000 m.

Sammeln und Aufbewahren: Die blühenden Pflanzen sammeln und in sehr lockeren Schichten an einem kühlen und luftigen Ort trocknen lassen. Danach geschützt vor Licht und Feuchtigkeit aufbewahren.

Therapeutische Eigenschaften: Zusammenziehend, entzündungshemmend, abschwellend, verdauungsfördernd. Äußerliche Anwendung in Form von Waschungen und Packungen für den Fall von Rötungen, Entzündungen der Augen.

Filipendula ulmaria (L.) Maxim.

Krautige mehrjährige, 50 bis 100 cm hohe Pflanze mit aufrechten, kantigen und nur wenig verzweigten **Stängeln**. Die lang gestielten Blätter weisen 5 bis 9 ovale oder lanzettliche Segmente mit scharf gesägten Rändern auf. Die milchweißen **Blüten** bilden dichte endständige Doldentrauben.

Verbreitung und Habitat: Die Spezies ist im eurosibirischen Raum beheimatet und in ganz Mitteleuropa häufig anzutreffen. Die Pflanze gedeiht bevorzugt auf feuchten Wiesen, entlang von Wassergräben, in Randsümpfen und am Rand von feuchten Wäldern bis in Höhen von 1600 m.

Sammeln und Aufbewahren: Die blühenden Pflanzen sammeln und im Schatten aufgelegt oder aufgehängt trocknen lassen. Nach Entfernung der Stiele geschützt vor Licht und Feuchtigkeit aufbewahren. Die Wurzelstöcke ausgraben, säubern, in Stücke teilen und an der Sonne trocknen lassen.

Therapeutische Eigenschaften: Antirheumatisch, reinigend, harntreibend, adstringierend (zusammenziehend). Äußerliche Anwendung in Form von Packungen für geschwollene oder schmerzende Gelenke.

Synonym: *Spiraea ulmaria* L.

Visitenkarte

Deutscher Name
Mädesüß, Spierstaude, Wiesengeißbart

Familie
Rosengewächse

Blütezeit
Mai bis Oktober

Sammelzeit
krautige Teile im Sommer, Wurzeln Herbst

Verwendung
blühende Spross-Spitzen, Wurzeln

Wirkstoffe
Glykoside, Salicylsäure

Therapeutische Verwendung
Aufguss, Breiumschlag

Filipendula vulgaris Moench

Krautige mehrjährige, 30 bis 80 cm hohe Pflanze mit Wurzelstock sowie aufrechten, gestreiften und wenig verzweigten **Stängeln**. Die fast zur Gänze grundständigen Blätter weisen 15 bis 25 längliche, fiederförmig gefranste Segmente auf. Die milchweißen, kurz gestielten **Blüten** bilden große Dolden am Ende des **Stängels**.

Verbreitung und Habitat: Die Heimat dieser Spezies ist der eurosibirische Raum. Sie ist in Mitteleuropa häufig anzutreffen und wächst bevorzugt auf Trockenwiesen und Waldlichtungen bis in Höhen von 1500 m.

Sammeln und Aufbewahren: Die blühenden Spross-Spitzen sammeln und rasch in lockeren Schichten aufgelegt trocknen lassen, damit sich die Teile nicht schwarz verfärben. Die Wurzelstöcke mit einem Spaten ausgraben, säubern, waschen, in Stücke teilen und an der Sonne trocknen lassen.

Therapeutische Eigenschaften: Zusammenziehend, harntreibend, antirheumatisch.

Synonyme: *Spiraea filipendula* L.; *Filipendula hexapetala* Gilib.

Visitenkarte

Deutscher Name
Kleines Mädesüß, Knolliges Mädesüß

Familie
Rosengewächse

Blütezeit
Mai bis Juli

Sammelzeit
blühende Spross-Spitzen im Sommer, Wurzeln im Herbst

Verwendung
blühende Spross-Spitzen, Wurzeln

Wirkstoffe
ätherische Öle, Gerbstoffe, Salicylaldehyd

Therapeutische Verwendung
Aufguss, Absud

Foeniculum vulgare Mill.

Visitenkarte

Deutscher Name
Fenchel, Fenikel, Brotanis, Finchel

Familie
Doldenblütler

Blütezeit
Juni bis August

Sammelzeit
Blätter im Frühling, Sommer, Früchte im Herbst

Verwendung
Blätter, Früchte (Samen)

Wirkstoffe
ätherische Öle (vor allem Anethol), Pflanzenschleim, Zucker

Therapeutische Verwendung
Aufguss, Absud

Krautige mehrjährige, bisweilen auch zweijährige, 50 bis 150 cm hohe Pflanze mit Wurzelstock und aufrechten, blaugrün gefärbten und verzweigten **Stängeln,** an deren Enden die Dolden stehen. Die **Blätter** sind drei- bis vierfach fiederschnittig und zur Gänze in fast haarförmige Segmente geteilt. Die kleinen gelben **Blüten** bilden dichte Blütenstände in Form von Dolden. Die Frucht ist eine grünliche, stark aromatisch duftende Schließfrucht (Achäne) ohne Flügel.

Verbreitung und Habitat: Der Fenchel stammt ursprünglich aus dem Mittelmeerraum und ist mittlerweile fast weltweit verbreitet. Die Pflanze bevorzugt in der Natur trockene und sonnige Standorte, auf Brachland, steinigen Böschungen und entlang von Straßen bis in 1000 m Höhe.

Aufzucht und Pflege: Der wilde Fenchel erreicht eine beträchtliche Höhe und eignet sich daher nicht als Topfpflanze. Vor allem ab dem zweiten Jahr benötigt die Pflanze sehr viel Platz. Die Aussaat der Fenchelsamen erfolgt im Allgemeinen direkt im Garten in einen tiefen, gut gedüngten und dränierten Boden, wobei frisches Saatgut verwendet werden sollte, um eine gute Keimung zu gewährleisten. Insbesondere in der ersten Phase der Entwicklung muss der Boden ständig feucht und frei von Unkraut gehalten werden. Reife Pflanzen lassen sich auch mittels Teilung des Wurzelstockes zu Frühlingsbeginn vermehren. Die Kulturvarietäten »Bronze« und »Black Cloud« sind mit ihren spektakulären bronzefarbenen Blättern im Hausgarten besonders dekorativ und duften ebenso aromatisch wie die Wildform. In Gemüsegärten werden fast ausschließlich verschiedene Sorten der zweijährigen Gartenvarietät herangezogen, welche aus der Kulturvarietät *azoricum* herausgezüchtet worden sind. Die großen und fleischigen Blätter dieser Sorten eignen sich nämlich hervorragend zum Verzehr.

Sammeln und Aufbewahren: Die Blätter können ab einer Pflanzenhöhe von 30 bis 40 cm gesammelt und frisch verwendet werden. Die Dolden kann man abschneiden, sobald die Früchte zu reifen beginnen und diese dann im Schatten trocknen. Zu diesem Zweck wird das Sammelgut zu Büscheln gebunden und aufhängt. Die ausgereiften Früchte (Samen) lassen sich im trockenen Zustand leicht ausschütteln.

Therapeutische Eigenschaften: Tonisch appetitanregend, reinigend, krampflösend, windtreibend, blähungshemmend.

Verwendung in der Küche: Die jungen Triebe und frischen Fenchelblätter eignen sich hervorragend zum Verfeinern von Salaten, Suppen, Fischgerichten, Soßen und Kräuteressigen. Die Früchte (Samen) dienen als Gewürz für Fleischgerichte, Wurst, Käse, Brot und für Süßspeisen.

Fragaria vesca L.

Krautige mehrjährige, 10 bis 20 cm hohe Pflanze mit Wurzelstock und langen, kriechenden Ausläufern, die Wurzeln schlagen und so neue Pflanzen bilden. Die lang gestielten **Blätter** setzen sich aus drei elliptischen Segmenten mit gesägten Rändern zusammen. Die zuerst aufrechten und dann hängenden **Blüten** weisen 5 weiße Kronblätter auf. Die kugelige oder eiförmige **Frucht** verfärbt sich während der Reife rot, duftet angenehm und ist sehr schmackhaft.

Verbreitung und Habitat: Diese Pflanze ist in Europa und Sibirien heimisch, wurde aber vom Menschen weltweit verbreitet. Die Walderdbeere bevorzugt als Habitat gerodete Waldflächen und Waldränder bis in 1800 m Höhe.

Sammeln und Aufbewahren: Die Blätter im Frühling sammeln, im Schatten trocknen lassen und sodann geschützt vor Licht und Feuchtigkeit aufbewahren. Die Wurzelstöcke Ende Sommer oder Anfang Herbst ausgraben, waschen, in Stücke schneiden und an der Sonne trocknen lassen.

Therapeutische Eigenschaften: Appetitanregend, harntreibend, reinigend, zusammenziehend, entzündungshemmend.

Verwendung in der Küche: Die Früchte der Walderdbeere sind reich an Zucker und Vitaminen und duften wesentlich intensiver als die größeren Kulturformen. Diese sind meist Zuchtvarietäten der amerikanischen Arten *Fragraria ananassa* und *Fragraria virginiana.* Walderdbeeren werden hauptsächlich zum Verfeinern und Verzieren von Eisgerichten, Obstsalaten und Obsttorten verwendet. Die Blätter ergeben einen angenehm schmeckenden Frühlingstee.

Visitenkarte

Deutscher Name
Walderdbeere, Rotbeere, Knackbeere, Erbelkraut

Familie
Rosengewächse

Blütezeit
April bis Juni

Sammelzeit
Blätter Frühling, Wurzelstöcke Herbst

Verwendung
Blätter, Wurzelstock

Wirkstoffe
Pflanzenschleim, Gerbstoffe, ätherische Öle, Glykoside

Therapeutische Verwendung
Aufguss, Absud

Fumaria officinalis L.

Visitenkarte

Deutscher Name
Gemeiner Erdrauch, Ackerkraut, Erdgalle, Feldraute

Familie
Mohngewächse

Blütezeit
April bis August

Sammelzeit
April bis Sept.

Verwendung
gesamter oberirdischer Teil der Pflanze

Wirkstoffe
Alkaloide, Fumarsäure, Flavonoide

Therapeutische Verwendung
Aufguss, Sirup

Krautige einjährige, 10 bis 30 cm hohe Pflanze mit kantigen, niederliegenden oder aufsteigenden und stark verzweigten **Stängeln**. Die blaugrünen dünnen **Blätter** sind tief in linealische Segmente unterteilt. Der **Blütenstand** besteht aus einer aufrechten, eher lockeren Traube aus 20 bis 30 rosafarbenen **Blüten** mit einem purpurfarbenen Rachen und haben eine typische spornartige Verlängerung am hinteren Ende.

Verbreitung und Habitat: Der Erdrauch ist im eurasischen Raum heimisch und heute praktisch weltweit anzutreffen. Die Pflanze gedeiht auf Geröllhalden, auf bebauten Feldern, in Gärten, Weingärten und an Straßenrändern bis in Höhen von 1600 m.

Sammeln und Aufbewahren: Nur junge, möglichst blühende Pflanzen sammeln und rasch in lockeren Schichten aufgelegt lassen, damit sie sich nicht schwarz verfärben können.

Therapeutische Eigenschaften: Krampflösend, beruhigend, harntreibend, gallentreibend, gegen Ekzeme.

Galega officinalis L.

Krautige mehrjährige, 50 bis 100 cm hohe Pflanze mit aufsteigenden, leicht verholzten und stark verzweigten **Stängeln**. Die **Blätter** setzen sich aus 11 bis 19 länglichen bis lanzettlichen und an der Spitze abgerundeten Blättchen zusammen. Die hellblauen oder weißlichen **Blüten** bilden längliche achselständige Traubenblütenstände.

Verbreitung und Habitat: Die Geißraute stammt aus dem osteuropäischen Raum, ist jedoch heute auch in Mitteleuropa verbreitet. Die Pflanze bevorzugt grasbewachsene feuchte Standorte, Brachland und Dämme bis in Höhen von 1600 m.

Sammeln und Aufbewahren: Die krautigen Teile von möglichst blühenden Pflanzen sammeln und rasch in lockeren Schichten zum Trocknen auflegen, damit sie sich nicht schwarz verfärben.

Therapeutische Eigenschaften: Milchtreibend, blutzuckersenkend, schweißtreibend.

Visitenkarte

Deutscher Name
Echte Geißraute, Ziegenkraut, Fleckenkraut, Pockenkraut

Familie
Schmetterlingsblütler

Blütezeit
Mai bis Juli

Sammelzeit
Sommer

Verwendung
gesamte Pflanze

Wirkstoffe
Alkaloide, Gerbstoffe, Harze, Flavonoide, Zucker

Therapeutische Verwendung
Aufguss, Tinktur

Galium odoratum (L.) Scop.

Visitenkarte

Deutscher Name
Waldmeister, Herzfreund, Leberkraut, Tabakskraut

Familie
Rötegewächse

Blütezeit
Mai bis Juli

Sammelzeit
Sommer

Verwendung
gesamte blühende Pflanze

Wirkstoffe
Cumarin, ätherische Öle, Bitterstoffe

Therapeutische Verwendung
Aufguss, Tinktur

Krautige mehrjährige, 10 bis 30 cm hohe Pflanze, die vor allem im getrockneten Zustand einen angenehmen Geruch entwickelt. Die aufrechten, viereckigen und glänzenden **Stängel** sind einfach oder nur wenig verzweigt. Die verkehrt eiförmigen oder linealisch spatelförmigen **Blätter** stehen zu viert bis acht in Quirlen zusammen. Die weißlichen **Blüten** stehen in Doldentrauben zusammen.

Verbreitung und Habitat: Der Waldmeister ist im eurasischen Raum heimisch und in Mitteleuropa weit verbreitet. Die Pflanze gedeiht bevorzugt in Laubwäldern (vor allem Buchenwäldern), Waldlichtungen und anderen schattigen Standorten zwischen 500 und 1600 m Höhe.

Sammeln und Aufbewahren: Möglichst blühende, junge Pflanzen sammeln und rasch in lockeren Schichten aufgelegt trocknen lassen, damit sie sich nicht schwarz verfärben können. Danach geschützt vor Licht und Feuchtigkeit aufbewahren.

Therapeutische Eigenschaften: Appetitanregend, tonisch verdauungsfördernd, beruhigend, harntreibend, gallentreibend, die Monatsblutung fördernd und regulierend. Äußerliche Anwendung des Saftes der frischen Pflanze in Form von antirheumatisch wirkenden Einreibungen.

Verwendung in der Küche: Die Blätter und Blüten des Waldmeisters kommen bei der Herstellung von Käse, Getränken, Wein und Magenbitter als Aromastoff zum Einsatz.

Synonym: *Asperula odorata* L.

Galium verum L.

Visitenkarte

Deutscher Name
Echtes Labkraut, Herrgottsstroh, Liebfrauenstroh

Familie
Rötegewächse

Blütezeit
Juni bis Sept.

Sammelzeit
Sommer

Verwendung
blühende Spross-Spitzen

Wirkstoffe
Glykoside, organische Säuren, Saponine, Enzyme

Therapeutische Verwendung
Aufguss, Tinktur, Breiumschlag

Krautige mehrjährige, 30 bis 90 cm hohe Pflanze mit aufrechten, an den Knoten verdickten **Stängeln**. Die schmal linealischen **Blätter** stehen zu acht bis zwölft in Quirlen zusammen und weisen eine glänzende, unbehaarte Oberfläche auf, während ihre Unterseite matt und behaart ist. Die gelblichen **Blüten** stehen auf langen **Kolbenblütenständen**.

Verbreitung und Habitat: Das Echte Labkraut ist im eurasischen Raum beheimatet und in Mitteleuropa weit verbreitet. Es gedeiht bevorzugt auf trockenen Böden, an Waldrändern und im felsigen Gelände bis auf 1700 m Seehöhe.

Sammeln und Aufbewahren: Die blühenden Spross-Spitzen abschneiden und rasch in lockeren Schichten aufgelegt trocknen lassen, damit sie sich nicht schwarz verfärben können. Danach geschützt vor Licht und Feuchtigkeit aufbewahren.

Therapeutische Eigenschaften: Krampflösend, beruhigend, harntreibend, zusammenziehend, gegen Rheuma. Äußerliche Anwendung des frischen Pflanzensaftes zur Behandlung von Dermatitis.

Genista tinctoria L.

Kleiner, 30 bis 60 cm hoher Halbstrauch mit aufrechten oder aufsteigenden, nicht stacheligen **Stängeln**. Die sitzenden **Blätter** weisen unterschiedliche Streifen von eiförmig länglich bis lanzettlich elliptischer Form auf. Die intensiv gelben **Blüten** bilden endständige, belaubte Traubenblütenstände. Die **Frucht** ist eine Hülsenfrucht mit dunkelgrünen Samen.

Verbreitung und Habitat: Der Färberginster ist ursprünglich im eurasischen Raum heimisch, heute jedoch praktisch weltweit anzutreffen. Die Pflanze gedeiht bevorzugt in Wäldern, auf Rodungsflächen, Heideland und auf trockenen Wiesen mit silikathaltigen Böden bis in 1700 m Höhe.

Sammeln und Aufbewahren: Die Blätter im Sommer sammeln und rasch in lockeren Schichten aufgelegt trocknen lassen, damit sie sich nicht schwarz verfärben können. Die Hülsenfrüchte im Herbst, sobald sie reif sind, sammeln, dann die Samen entnehmen und im Schatten trocknen lassen. Geschützt vor Licht und Feuchtigkeit aufbewahren.

Therapeutische Eigenschaften: Abführend, Brechmittel.

Anmerkung: Die Blätter und jungen Zweige des Färberginsters wurden früher, wie auch der lateinische Name besagt, zum Gelbfärben von Textilien herangezogen.

Visitenkarte

Deutscher Name
Färberginster, Kleinginster

Familie
Schmetterlingsblütler

Blütezeit
Mai bis Juli

Sammelzeit
Blätter im Sommer, Samen im Herbst

Verwendung
Blätter, Samen

Wirkstoffe
Gerbstoffe, ätherische Öle, Pflanzenschleim

Therapeutische Verwendung
Absud

Gentiana kochiana Perr. et Song.

Visitenkarte

Deutscher Name
Ausgeschnittener Enzian, Stängelloser Enzian, Almgloggen, Guggerschuh, Zittkraut

Familie
Enziangewächse

Blütezeit
Juni/Juli

Sammelzeit
Sommer

Verwendung
gesamte blühende Pflanze

Wirkstoffe
Glykoside, Gerbstoffe, Bitterstoffe, Zucker

Therapeutische Verwendung
Aufguss, Tinktur

Krautige mehrjährige, 5 bis 12 cm hohe stängellose Pflanze mit grundständigen, eiförmigen bis lanzettlichen **Blättern**, die in dichten, am Boden eng anliegenden Rosetten zusammenstehen. Die trichterförmigen, intensiv dunkelblauen **Blüten** weisen im grünlichen Rachen eine Punktierung auf. Sie stehen einzeln am Ende der kurzen Blütenschäfte.

Verbreitung und Habitat: Der Stängellose Enzian ist in den gebirgigen Zonen Mitteleuropas beheimatet. Die Pflanze gedeiht auf Almweiden, Almwiesen und im felsigen Gelände, vorzugsweise auf sauren Böden, zwischen 1400 und 2900 m Höhe.

Sammeln und Aufbewahren: Die blühende Pflanze an der Basis abschneiden und im Schatten an einem kühlen und luftigen Ort trocknen lassen. Danach geschützt vor Licht und Feuchtigkeit aufbewahren.

Therapeutische Eigenschaften: Appetitanregend, verdauungsfördernd, tonisch, windtreibend, gallentreibend, fiebersenkend.

Verwendung in der Küche: Der Stängellose Enzian ist ein Bestandteil zahlreicher Rezepte für Kräuterweine und Liköre.

Achtung! In vielen Ländern Europas geschützte Pflanze.

Synonym: *Gentiana acaulis* L.

Gentiana lutea L.

Visitenkarte

Deutscher Name
Gelber Enzian, Bitterwurz, Halunkenwurz, Zintalwurz

Familie
Enziangewächse

Blütezeit
Juni bis August

Sammelzeit
Herbst oder Frühling

Verwendung
Wurzeln

Wirkstoffe
Glykoside, Gerbstoffe, Bitterstoffe, Zucker, Enzyme

Therapeutische Verwendung
Absud, Tinktur

Krautige mehrjährige, 40 bis 140 cm hohe Pflanze mit einer großen fleischigen **Wurzel** und einfachen, aufrechten **Stängeln**. Die gegenständigen **Blätter** haben eine eiförmige bis lanzettliche Spreite mit 5 deutlichen parallelen Blattadern (Nerven). Die intensiv gelb gefärbten und braun punktierten **Blüten** bilden endständige und achselständige Quirle am oberen Ende der Stängel.

Verbreitung und Habitat: Der Gelbe Enzian ist in den Gebirgszonen Mitteleuropas heimisch. Die Pflanze gedeiht bevorzugt auf Almweiden, Almwiesen und im felsigen Gelände, vorzugsweise auf kalkhaltigen Böden, zwischen 1000 und 2500 m Höhe.

Sammeln und Aufbewahren: Die Wurzeln im Herbst ausgraben, sobald die Pflanze in ihrer vegetativen Ruhephase ist. Das Sammelgut waschen, in kleine Stücke teilen und an der Sonne oder im Backrohr bei mäßiger Hitze trocknen lassen. Danach geschützt vor Licht und Feuchtigkeit aufbewahren.

Therapeutische Eigenschaften: Appetitanregend, verdauungsfördernd, tonisch, windtreibend, gallentreibend, fiebersenkend.

Verwendung in der Küche: Der Gelbe Enzian ist Bestandteil von zahlreichen Kräuterweinen, bitter-tonischen Likören, Bonbons und Verdauungspillen.

Achtung! In vielen Ländern Europas geschützte Pflanze! Im nicht blühenden Zustand kann der Gelbe Enzian leicht mit dem Weißen Germer (*Veratrum album*) verwechselt werden, einer giftigen Pflanze, die bevorzugt an denselben Standorten wächst. Der Weiße Germer unterscheidet sich vom Gelben Enzian durch seine wechselständigen Blätter, die an der Unterseite leicht behaart sind.

Geranium macrorrhizum L.

Visitenkarte

Deutscher Name
Felsenstorchschnabel

Familie
Storchschnabelgewächse

Blütezeit
Mai bis Oktober

Sammelzeit
Sommer

Verwendung
Blätter

Wirkstoffe
Harze, Gerbstoffe, Bitterstoffe, ätherische Öle

Therapeutische Verwendung
Aufguss, Tinktur, Breiumschlag, Mundwasser

Krautige mehrjährige, 20 bis 50 cm hohe Pflanze mit Wurzelstock und aufrechten oder aufsteigenden **Stängeln**. Die handförmig geteilten **Blätter** setzen sich aus 5 bis 7 an den Rändern gezähnten Teilen zusammen. Die rosa- bis purpurfarbenen **Blüten** haben schnabelartige violette Narben.

Verbreitung und Habitat: Der Ursprung dieser Pflanze liegt in den gebirgigen Regionen Südosteuropas. Sie ist dort auch in ihrer wild wachsenden Form anzutreffen, wird jedoch meist als Zierpflanze kultiviert. Sie wächst bevorzugt auf Schutthalden, an Waldrändern, vorzugsweise auf kalkhaltigen Böden, zwischen 400 und 1700 m Höhe.

Sammeln und Aufbewahren: Die Blätter möglichst vor der Blüte sammeln und rasch in lockeren Schichten aufgelegt trocknen lassen, damit sie sich nicht schwarz verfärben können. Danach geschützt vor Licht und Feuchtigkeit aufbewahren.

Therapeutische Eigenschaften: Tonisch zusammenziehend, entzündungshemmend. Äußerliche Verwendung der frischen Blätter als Heilmittel bei Wunden und Verletzungen.

Verwendung in der Küche: Die Blätter des Felsenstorchschnabels dienen der aromatischen Verfeinerung von Obstsalaten, Speiseeis, Getränken und Fruchtgelees.

Geranium robertianum L.

Krautige ein- oder zweijährige, 10 bis 40 cm hohe Pflanze mit dem typischen Wanzengeruch. Die rötlich gefärbten verzweigten **Stängel** sind niederliegend oder aufsteigend. Die drei- bis fünflappige Spreite der drei- oder fünfeckigen **Blätter** ist ihrerseits eingeschnitten bis fiederspaltig. Die rosafarbenen bis violetten **Blüten** stehen paarweise in wenigblütigen Trauben.

Verbreitung und Habitat: Das Ruprechtskraut ist weltweit verbreitet und wächst bevorzugt an schattigen Orten, an Waldrändern, entlang von Mauern und auf vom Menschen kultivierten Böden bis in Höhen von 1600 m.

Sammeln und Aufbewahren: Möglichst blühende Pflanzen sammeln und rasch in lockeren Lagen aufgelegt trocknen lassen, damit sie sich nicht schwarz verfärben können. Danach geschützt vor Licht und Feuchtigkeit aufbewahren.

Therapeutische Eigenschaften: Tonisch zusammenziehend, entzündungshemmend, blutstillend. Äußerliche Anwendung der frischen Blätter als Mittel, welches bei Verletzungen der Haut und Schleimhaut zur raschen Wundheilung beiträgt.

Visitenkarte

Deutscher Name
Ruprechtskraut, Gottesgnadenkraut, Gichtkraut

Familie
Storchschnabelgewächse

Blütezeit
Mai bis Oktober

Sammelzeit
Sommer

Verwendung
gesamte blühende Pflanze

Wirkstoffe
Harze, Gerbstoffe, Bitterstoffe, ätherische Öle

Therapeutische Verwendung
Aufguss, Tinktur, Breiumschlag, Mundwasser

Geum urbanum L.

Visitenkarte

Deutscher Name
Echte Nelkenwurz, Benediktenkraut, Hasenwurz, Märzwurz

Familie
Rosengewächse

Blütezeit
Mai bis Juli

Sammelzeit
Frühling oder Herbst

Verwendung
Wurzeln

Wirkstoffe
Glykoside, ätherische Öle, Bitterstoffe, Gerbstoffe

Therapeutische Verwendung
Aufguss, Tinktur

Krautige mehrjährige Pflanze mit verholztem **Wurzelstock** und aufrechten, 30 bis 60 cm hohen **Stängeln.** Die **Blätter** sind fiederspaltig in unregelmäßige ovale oder lanzettliche Segmente unterteilt. Die hellgelben **Blüten** stehen in endständigen **Blütenständen** zusammen. Die **Früchte** sind Schließfrüchte (Achänen) mit hakenförmigen Haaren.

Verbreitung und Habitat: Diese Spezies ist in den kalten und gemäßigt kalten Zonen Eurasiens und Nordamerikas verbreitet. Sie wächst bevorzugt in Laubwäldern bis in 1600 m Höhe.

Sammeln und Aufbewahren: Den Wurzelstock während der vegetativen Ruhephase der Pflanze ausgraben, waschen, in Stücke schneiden und an der Sonne trocknen lassen. Danach geschützt vor Licht und Feuchtigkeit aufbewahren.

Therapeutische Eigenschaften: Appetitanregend, tonisch verdauungsfördernd, reinigend, zusammenziehend, die Monatsblutung fördernd und regulierend.

Glechoma hederacea L.

Visitenkarte

Deutscher Name
Gundelrebe, Erdefeu, Maßhold, Widerruf

Familie
Lippenblütler

Blütezeit
März bis Juni

Sammelzeit
Frühling/Sommer

Verwendung
gesamte blühende Pflanze

Wirkstoffe
ätherische Öle, Bitterstoffe, Gerbstoffe, Harze, organische Säuren

Therapeutische Verwendung
Aufguss

Krautige mehrjährige, 10 bis 30 cm hohe Pflanze mit niederliegenden kriechenden **Stängeln,** die sich an den Knoten bewurzeln. Die gegenständigen, nierenförmigen **Blätter** sind gegenständig und haben einen grob gekerbten Rand. Die **Blütenstände** sind in blattachselständigen Quirlen angeordnet und setzen sich aus 2 bis 5 blau-violetten Blüten zusammen, die mit kurzen, zarten Deckblättern versehen sind.

Verbreitung und Habitat: Die Gundelrebe ist in ganz Europa verbreitet und wächst in lichten Wäldern, Hecken, auf Wiesen und auf grasbewachsenen und feuchten Stellen bis in 1400 m Höhe.

Sammeln und Aufbewahren: Die jungen, möglichst blühenden Pflanzen sammeln und rasch in lockeren Schichten aufgelegt trocknen lassen, damit sie sich nicht schwarz verfärben können. Geschützt vor Licht und Feuchtigkeit aufbewahren.

Therapeutische Eigenschaften: Tonisch, adstringierend (zusammenziehend), harntreibend, auswurffördernd, fiebersenkend. Äußerliche Anwendung des frischen Pflanzensaftes als antineuralgische Einreibung.

Hedera helix L.

Kletterpflanze mit holzigen, sich hochrankenden bis zu 15 m langen **Stängeln,** die sich mit Haftwurzeln verankern. Die immergrünen lederigen **Blätter** der sterilen Zweige sind drei- bis fünflappig und verkehrt eiförmig, jene der blühenden Zweige sind eiförmig und spitz zulaufend. Die gelbgrünen, unscheinbaren **Blüten** stehen in **Doldenblütenständen.** Die **Früchte** sind schwach giftige schwarze Beeren.

Verbreitung und Habitat: Der Efeu ist in West-, Mittel- und Südeuropa häufig anzutreffen und gedeiht an schattigen Orten, vor allem in Wäldern und an Felswänden bis in Höhen von 1000 m.

Sammeln und Aufbewahren: Die Blätter ohne Stiel sammeln und rasch in lockeren Schichten aufgelegt trocknen lassen. Danach geschützt vor Licht und Feuchtigkeit aufbewahren.

Therapeutische Eigenschaften: Auswurffördernd, fiebersenkend, analgetisch, die Monatsblutung fördernd und regulierend. Äußerliche Anwendung als Einreibung gegen Rheuma und Cellulitis.

Visitenkarte

Deutscher Name
Efeu, Wintergrün, Immergrün

Familie
Efeugewächse

Blütezeit
September/Oktober

Sammelzeit
gesamtes Jahr

Verwendung
Blätter

Wirkstoffe
Glykoside, Flavonoide, Alkaloide, hormonähnliche Stoffe

Therapeutische Verwendung
Aufguss, Tinktur

Helianthus annuus L.

Visitenkarte

Deutscher Name
Sonnenblume, Sonnenrose, Indianische Sonne, Sonnstern

Familie
Korbblütler

Blütezeit
Juli/August

Sammelzeit
Sommer, Herbst

Verwendung
Blüten, Blätter, Samen

Wirkstoffe
Öle, Flavonoide, Gerbstoffe, Zucker

Therapeutische Verwendung
Aufguss, Tinktur

Krautige einjährige Pflanze mit aufrechten, kräftigen, 1 bis 3 m hohen, dicken, im unteren Teil verholzten **Stängeln.** Die wechselständigen, ei- oder herzförmigen **Blätter** laufen spitz zu und haben einen gesägten Rand. Die im Durchmesser bis zu 30 cm großen Köpfchenblütenstände bestehen in der Zentralscheibe aus Röhrenblüten, welche außen von einem Ring von goldgelben Zungenblüten umgeben ist. Die **Früchte** (Samen genannt) sind schwarz bis grau gefärbte Schließfrüchte mit Streifen.

Verbreitung und Habitat: Die Sonnenblume stammt aus Mittelamerika, wird als Kulturpflanze aber bereits seit langem in Europa kultiviert. Die Sonnenblume wird weltweit sowohl als Zier- als auch Nutzpflanze angebaut. Die Pflanze gedeiht, gelegentlich ausgewildert auf Brachland, Schuttplätzen und verwilderten Gärten bis in Höhen von 1500 m.

Aufzucht und Pflege: Die Samen der Sonnenblume werden im Frühjahr an einem sonnigen Standplatz direkt in tiefe, fruchtbare und sonnenbeschienene Erde ausgesät, wobei frische Samen verwendet werden sollten, um eine gute Keimung zu gewährleisten. Da es sich bei ihr um eine hochwachsende Pflanzenart handelt, müssen zu dicht stehende Exemplare ausgelichtet werden, sodass höchstens 4 Pflanzen pro Quadratmeter aufwachsen können. Die Sonnenblume benötigt nur wenig Wasser, da sie einen ziemlich kurzen Wachstumszyklus aufweist (100 bis 125 Tage). Es empfiehlt sich nicht, mehrere Jahre hintereinander am selben Standort Sonnenblumen zu ziehen, weil der Boden dadurch stark an Nährstoffen verarmt.

Sammeln und Aufbewahren: Die Blätter und die kleinen Randblüten des Köpfchens im Sommer sammeln und an einem luftigen und schattigen Ort trocknen lassen. Die Köpfchenblütenstände erst abschneiden, wenn diese braun werden, sich zu neigen beginnen und die Stängel die Blätter verlieren. Danach aufhängen und trocknen lassen. Schließlich die reifen Früchte (Samen) aus der Scheibe reiben und geschützt vor Feuchtigkeit aufbewahren.

Therapeutische Eigenschaften: Auswurffördernd, beruhigend, zusammenziehend, fiebersenkend, hustenlindernd, harntreibend.

Verwendung in der Küche: Aus den Früchten (Samen) der Sonnenblume gewinnt man ein hervorragendes Speiseöl, das reich an den Vitaminen E und F ist.

Helleborus niger L.

Krautige mehrjährige, 15 bis 30 cm hohe Pflanze mit Wurzelstock und lang gestielten, in 7 bis 9 elliptische Segmente aufgeteilten **Blättern,** die glänzend dunkelgrün sind und auch über den Winter grün bleiben. Die 3 bis 10 cm großen weißen **Blüten** weisen während der Hochblüte bisweilen einen leicht rosa Schimmer auf. Die **Früchte** setzen sich aus 6 bis 7, rund 2 cm langen Balgkapseln zusammen.

Verbreitung und Habitat: Diese Spezies ist ursprünglich in Mitteleuropa heimisch und wächst bevorzugt zwischen Strauchwerk und in Nadelwäldern zwischen 300 und 1000 m Höhe und speziell auf kalkhaltigen Böden.

Sammeln und Aufbewahren: Die Wurzelstöcke im Frühjahr oder im Herbst ausgraben, waschen, Feinwurzeln entfernen und dann in Stücke schneiden und in der Sonne oder im Backrohr bei mäßiger Hitze trocknen lassen.

Therapeutische Eigenschaften: Herzstärkend, starkes Abführmittel.

Achtung! Die Pflanze enthält toxische Saponine, weshalb sie ohne ärztliche Aufsicht nicht verwendet werden darf. In einigen Ländern Europas geschützt!

Visitenkarte

Deutscher Name
Schneerose, Schwarze Nieswurz, Christrose

Familie
Hahnenfußgewächse

Blütezeit
Januar bis April

Sammelzeit
Frühling, Herbst

Verwendung
Wurzelstock

Wirkstoffe
Glykoside, Saponine

Therapeutische Verwendung
Tinktur

Hepatica nobilis Miller

Visitenkarte

Deutscher Name
Leberblümchen, Vorwitzchen

Familie
Hahnenfuß-gewächse

Blütezeit
März bis Mai

Sammelzeit
Frühling bis Herbst

Verwendung
Blätter

Wirkstoffe
Saponine, Glykoside, Flavonoide, Anthozyan

Therapeutische Verwendung
Tinktur, Aufguss

Krautige mehrjährige, 5 bis 15 cm hohe Pflanze mit bräunlichem **Wurzelstock,** aus dem sich die lederigen, immergrünen grundständigen **Blätter** entwickeln. Sie sind lang gestielt, dreilappig (wie die Leber) (7 bis 9 x 3 bis 5 cm) mit herzförmiger Basis und dunkelgrüner Oberseite sowie violetter Unterseite. Die rund 1,5 bis 2,5 cm großen **Blüten** tragen 6 bis 8 elliptische, unterschiedlich gefärbte Kronblätter (blauviolett bis weiß oder rosa – siehe Bild).

Verbreitung und Habitat: Das Leberblümchen ist in den kalten und gemäßigt kalten Regionen Europas, Asiens und Nordamerikas heimisch und in Mitteleuropa vorzugsweise im Alpenraum anzutreffen. Die Pflanze wächst in Nadel- und Laubwäldern, auf steinigen Standorten und entlang von Hecken, vor allem kalkhaltigen Böden, zwischen 100 und 1000 m Seehöhe.

Sammeln und Aufbewahren: Die Blätter vom Frühling bis in den Herbst hinein sammeln und dann an einem schattigen und luftigen Ort trocknen lassen.

Therapeutische Eigenschaften: Krampflösend, choleretisch. In der Homöopathie zur Behandlung von Rachenentzündungen und Lebererkrankungen.

Achtung! Die frische Pflanze enthält toxische Saponine, weshalb sie nicht ohne ärztliche Aufsicht eingesetzt werden darf.

Synonyme: *Hepatica triloba* Chaix; *Anemone hepatica* L.

Hieracium pilosella L.

Krautige mehrjährige, 5 bis 30 cm hohe Pflanze mit **Wurzelstock** und kriechenden oder aufsteigenden **Ausläufern.** Die lanzettlich spatelförmigen **Blätter** haben eine dunkelgrüne Oberseite und eine weißlich behaarte Unterseite. Die schwefelgelb gefärbten **Blüten,** es sind ausschließlich Zungenblüten, stehen in einzeln stehenden Köpfchen zusammen.

Verbreitung und Habitat: Das Kleine Habichtskraut ist in Europa und im Kaukasus heimisch. In Mitteleuropa ist die Pflanze hauptsächlich in Gebirgsregionen zu finden. Es bevorzugt als Standorte Böschungen, trockene und unbebaute Flächen mit nährstoffarmen Böden bis in 2000 m Höhe.

Sammeln und Aufbewahren: Möglichst blühende junge Pflanzen sammeln und gleich frisch verwenden oder an einem schattigen und luftigen Ort trocknen lassen und danach geschützt vor Licht und Feuchtigkeit aufbewahren.

Therapeutische Eigenschaften: Antibiotisch, harntreibend, zusammenziehend, fiebersenkend. Äußerliche Anwendung als wundheilendes und bakterizides (keimtötendes) Mittel.

Visitenkarte

Deutscher Name
Kleines Habichtskraut, Nagelkraut, Felsenblümchen, Mausohrkraut

Familie
Korbblütler

Blütezeit
Mai bis Oktober

Sammelzeit
Sommer

Verwendung
gesamte blühende Pflanze

Wirkstoffe
Pflanzenschleim, Gerbstoffe, Bitterstoffe, Cumarin

Therapeutische Verwendung
Tinktur, Aufguss

Hippophae rhamnoides L.

Zweihäusiger Strauch von 1,5 bis 2 m Höhe, dessen junge silbrige Zweige in kräftigen Dornen enden. Die wechselständig angeordneten **Blätter** sind linealisch bis lanzettlich. Die kleinen grünen **Blüten** sind eingeschlechtig und öffnen sich schon, ehe sich die Blätter bilden. Die **Früchte** sind kugelige, im reifen Zustand orange gefärbte Scheinfrüchte.

Verbreitung und Habitat: Diese Spezies ist im eurasischen Raum heimisch und in Mitteleuropa in den Alpen und im Alpenvorland gelegentlich anzutreffen. Die Pflanze bevorzugt als Standort sandige Abbrüche sowie Fluss-Kiesbette bis in 1700 m Höhe.

Sammeln und Aufbewahren: Die Sanddornfrüchte im Herbst sammeln. Zum Schutz vor den Dornen empfiehlt sich die Verwendung von Handschuhen. Frisch konsumieren oder zu Säften oder Marmeladen verarbeiten.

Therapeutische Eigenschaften: Zusammenziehend, desinfizierend (Darmbereich), vitaminreich, entzündungshemmend. Äußerliche Anwendung als wundheilendes Mittel bei Entzündungen der Haut und Schleimhaut.

Verwendung in der Küche: Die Früchte des Sanddorns sind reich an Vitamin C und werden zur Herstellung von Säften, Marmeladen, Fruchtgelees und anderen Diätprodukten verwendet.

Visitenkarte

Deutscher Name
Sanddorn, Haffdorn, Dünendorn

Familie
Ölweidengewächse

Blütezeit
April/Mai

Sammelzeit
Herbst

Verwendung
Früchte

Wirkstoffe
Flavonoide, Vitamin C, Gerbstoffe, organische Säuren, Pflanzenschleim

Therapeutische Verwendung
Aufguss, Absud

Hordeum vulgare L.

Visitenkarte

Deutscher Name
Gerste

Familie
Gräser

Blütezeit
Mai bis Juli

Sammelzeit
Sommer

Verwendung
Früchte (Karyopse)

Wirkstoffe
Stärke, Zucker, Schwefelverbindungen, Mineralsalze

Therapeutische Verwendung
Absud

Einjährige Pflanze mit aufrechtem, hohlem und knotigem **Halm** von 50 bis 120 cm Höhe. Die linealischen bis lanzettlichen **Blätter** fühlen sich auf beiden Seiten rau an. Auf den 4 bis 10 cm langen Ähren stehen senkrecht angeordnet 2, 4 oder 6 Reihen kleiner Ährchen. Die **Früchte** (Samen) sind Karyopsen, die von Grannen tragenden Hüllspelzen umschlossen sind.

Verbreitung und Habitat: Die Gerste stammt wahrscheinlich aus Ostafrika, wird aber heute weltweit als Nahrungspflanze für Mensch und Tier angebaut. Gerste dient auch zur Herstellung von Bier.

Sammeln und Aufbewahren: Die reifen Ähren sammeln, die Karyopsen von den Hüllspelzen befreien und an einem schattigen und luftigen Ort trocknen.

Therapeutische Eigenschaften: Nahrhaft, erweichend, abführend, gegen Katarrh.

Humulus lupulus L.

Visitenkarte

Deutscher Name
Wilder Hopfen, Bierhopfen, Zaunhopfen

Familie
Hanfgewächse

Blütezeit
Mai bis August

Sammelzeit
Ende Sommer/Herbst

Verwendung
Fruchtstand (Zapfen)

Wirkstoffe
ätherische Öle, Gerbstoffe, Harze, Bitterstoffe, Lupulin

Therapeutische Verwendung
Aufguss, Tinktur

Krautige mehrjährige, zweihäusige Pflanze mit rankenden, bis zu 3 m hohen **Stängeln.** Die handförmig gelappten **Blätter** sind aus 3 eiförmigen, spitz zulaufenden Teilen zusammengesetzt. Die männlichen, braungelb gefärbten **Blüten** sind klein und unscheinbar und bilden Rispen. Die weiblichen Blüten sind in einem ovalen zapfenartigen **Blütenstand** vereint, der sich dann zu einem **Fruchtstand** mit häutigen (membranösen) Deckblättern und drüsigen, harzig duftenden Brakteen verwandelt, welche die Schließfrüchte umgeben.

Verbreitung und Habitat: Der Wilde Hopfen ist in Europa weit verbreitet und wächst in Auwäldern, in Gebüschen und an Waldrändern bis in 1200 m Höhe.

Aufzucht und Pflege: Kulturhopfen wird vor allem in den mitteleuropäischen Ländern angebaut, weil seine Fruchtstände zur Aromatisierung und Konservierung von Bier unverzichtbar sind. Aus diesem Grund werden nur weibliche Pflanzen gezogen, die mit Hilfe von Stecklingen vermehrt werden. Hopfen ist eine mehrjährige Pflanze, die problemlos an frischen, halbschattigen Orten wächst (Rankhilfe).

Sammeln und Aufbewahren: Die Fruchtstände im September sammeln, sobald sie gut entwickelt, aber noch grün oder nur leicht gelblich gefärbt sind. An einem kühlen und trocknen Ort trocknen lassen und nicht länger als ein Jahr aufbewahren.

Therapeutische Eigenschaften: Bitter-tonisch, appetitanregend, stärkt den Magen und hilft der Verdauung. In der Homöopathie Verwendung als Schlafmittel.

Verwendung in der Küche: Die jungen Frühlingssprossen sind als Gemüse verwertbar.

Hypericum perforatum L.

Krautige mehrjährige, 30 bis 80 cm hohe Pflanze mit aufrechten oder ansteigenden, an der Basis leicht verholzten sowie im oberen Bereich stark verzweigten **Stängeln.** Die gegenständigen, sitzenden oder fast sitzenden **Blätter** haben eine eiförmige bis lanzettliche Spreite, die von zahlreichen durchscheinenden Drüsen durchsetzt ist. Am Rand befinden sich dunkle Drüsen. Im Gegenlicht erscheinen die Blätter wie von winzigen Löchern durchsetzt. Die goldgelben **Blüten** sind in großen endständigen Dolden vereint.

Verbreitung und Habitat: Diese Spezies ist in Europa und Kleinasien heimisch und bevorzugt als Standorte Wiesen, Waldränder mit trockenen Böden bis in eine Höhe von 1600 m.

Sammeln und Aufbewahren: Die blühenden Spross-Spitzen abschneiden und an einem schattigen und luftigen Ort trocknen lassen. Die eben erblühten Blüten sammeln und frisch zu Johanniskrautöl verarbeiten.

Therapeutische Eigenschaften: Antidepressivum, gegen Katarrh, entzündungsdämpfend. Äußerliche Anwendung (Öl) als Mittel zur Wundheilung sowie zur Behandlung von Verbrennungen und Prellungen.

Visitenkarte

Deutscher Name
Tüpfeljohanniskraut, Sonnwendkaut, Jagateufel, Elfenblut

Familie
Hartheugewächse

Blütezeit
Mai bis August

Sammelzeit
Anfang Sommer

Verwendung
blühende Spross-Spitzen

Wirkstoffe
Hypericin, Flavonoide, Gerbstoffe, ätherische Öle

Therapeutische Verwendung
Tinktur, Ölpräparat, Aufguss, Mazerat

Hyssopus officinalis L.

Visitenkarte

Deutscher Name
Ysop, Bienenkraut, Ispenkraut, Eisenkraut

Familie
Lippenblütler

Blütezeit
Juli bis Sept.

Sammelzeit
Sommer

Verwendung
blühende Spross-Spitzen

Wirkstoffe
ätherische Öle, Flavonoide, Gerbstoffe, Pflanzenschleim

Therapeutische Verwendung
Tinktur, Aufguss, Mundwasser

Krautige mehrjährige, buschige, 30 bis 50 cm hohe Pflanze mit aufrechten oder aufsteigenden, verzweigten und an der Basis verholzten **Stängeln.** Die gegenständigen, linealischen bis lanzettlichen **Blätter** sind am Rand zurückgerollt. Die **Blütenstände** sind blattachselständige Wirtel mit 4 bis 6 blau bis purpurfarbenen oder bisweilen weißrosa gefärbten **Blüten.**

Verbreitung und Habitat: Diese Spezies ist im Mittelmeerraum und in Kleinasien heimisch und wächst bevorzugt auf trockenem, steinigem Terrain und Trockenrasen mit kalkhaltigen Böden zwischen 200 und 1300 m Höhe.

Sammeln und Aufbewahren: Die blühenden Spross-Spitzen abschneiden und an einem schattigen und luftigen Ort trocknen lassen. Danach geschützt vor Licht und Feuchtigkeit aufbewahren.

Therapeutische Eigenschaften: Auswurffördernd, gegen Katarrh, krampflösend, verdauungsfördernd, windtreibend, die Monatsblutung fördernd und regulierend. Äußerliche Anwendung als heilendes und reinigendes Mittel bei Wunden und Verletzungen sowie bei Entzündungen der Mundhöhle.

Achtung! In einigen Ländern Europas geschützte Art.

Ilex aquifolium L.

Strauch oder kleiner Baum von bis zu 10 m Höhe und immergrünen lederigen, eiförmig elliptischen, randlich gewellten **Blättern** mit stacheligem Rand. Die weißen eingeschlechtigen **Blüten** bilden blattachselständige Dolden. Die **Früchte** sind kugelige Steinfrüchte, die im reifen Zustand rot gefärbt sind.

Verbreitung und Habitat: Die Stechpalme stammt ursprünglich aus Südeuropa und Südostasien und wird heute vor allem in den wärmeren Ländern als Zierpflanze kultiviert. Sie gedeiht in freier Natur in Laubwäldern und in der mediterranen Macchie bis in 1400 m Höhe.

Sammeln und Aufbewahren: Die Rinde der Stechpalme mit Hilfe eines Messers von den jungen Zweigen schälen, in Stücke schneiden und an der Sonne oder im Backrohr bei mäßiger Hitze trocknen lassen. Die Blätter im Sommer sammeln und an einem kühlen und luftigen Ort trocknen. Danach geschützt vor Licht und Feuchtigkeit aufbewahren.

Therapeutische Eigenschaften: Fiebersenkend, harntreibend, abführend (die Früchte). In der Homöopathie Verwendung bei Gelenksschmerzen und gewissen Augenerkrankungen.

Achtung! In einigen Ländern Europas geschützte Art.

Visitenkarte

Deutscher Name
Stechpalme, Christdorn, Walddistel, Stecheiche

Familie
Stechpalmengewächse

Blütezeit
April/Mai

Sammelzeit
Blätter Sommer, Rinde ganzes Jahr

Verwendung
Blätter, Rinde

Wirkstoffe
Glykoside (Ilizin), Gerbstoffe, Gummiharze, Pflanzenschleim

Therapeutische Verwendung
Aufguss, Tinktur, Absud

Inula helenium L.

Visitenkarte

Deutscher Name
Echter Alant, Gottesauge, Helenenkraut, Schlangenwurz

Familie
Korbblütler

Blütezeit
Juli bis Oktober

Sammelzeit
Herbst

Verwendung
Wurzeln

Wirkstoffe
ätherische Öle, Inulin, Laktone, Harze, Pflanzenschleim

Therapeutische Verwendung
Tinktur, Absud

Krautige mehrjährige Pflanze mit Wurzelstock und aufrechten, kräftigen, 1 bis 2 m langen **Stängeln.** Die Spreite der sehr großen, eiförmig lanzettlichen **Blätter** weist einen gezähnten Rand sowie eine grau behaarte Unterseite auf. Die leuchtend gelben Köpfchen bilden einen **Doldenblütenstand.**

Verbreitung und Habitat: Der Echte Alant stammt aus den Gebirgsregionen Südosteuropas und kommt in Mitteleuropa sowohl in freier Natur als auch als Zierpflanze vor. Die Pflanze bevorzugt als Standorte feuchte Wälder und Gräben zwischen 500 und 1200 m Seehöhe.

Sammeln und Aufbewahren: Die Wurzelstöcke von 2 bis 3 Jahre alten Pflanzen während der vegetativen Ruhephase ausgraben, die Seitenwurzeln entfernen, reinigen, in Stücke schneiden und in der Sonne oder im Backrohr bei mäßiger Hitze trocknen lassen. Danach geschützt vor Licht und Feuchtigkeit aufbewahren.

Therapeutische Eigenschaften: Harntreibend, antiseptisch, gallentreibend, verdauungsfördernd, schweißtreibend. Äußerliche Anwendung gegen Juckreiz und bei Entzündungen der Haut oder der Schleimhäute.

Isatis tinctoria L.

Visitenkarte

Deutscher Name
Färberwaid

Familie
Kreuzblütler

Blütezeit
April bis Juli

Sammelzeit
Frühling

Verwendung
Blätter

Wirkstoffe
Kalzium- und Magnesiumphosphat, Vitamine A und C

Therapeutische Verwendung
Aufguss

Krautige zweijährige, 40 bis 120 cm hohe Pflanze mit aufrechten **Stängeln.** Die blaugrünen **Blätter** haben eine verlängert lanzettliche Spreite und sind ganzrandig oder leicht gekerbt. Der **Blütenstand** ist eine endständige Traube mit zahlreichen **Blüten,** die 5 gelbe, 3 bis 4 mm lange Kronblätter tragen. Die **Frucht** ist eine länglich elliptische Schote.

Verbreitung und Habitat: Der Färberwaid stammt wahrscheinlich aus den Steppen Südostasiens und ist in Europa vor allem in den Mittelmeerländern anzutreffen. Sie wächst bevorzugt auf trockenen und felsigen Böden, unbebauten Flächen sowie zwischen Felsen bis in 2100 m Höhe.

Sammeln und Aufbewahren: Die Blätter im Frühjahr sammeln und am besten frisch verwenden.

Therapeutische Eigenschaften: Gegen Skorbut (Vitamin-C-Mangelkrankheit). Äußerliche Anwendung als zusammenziehendes und reinigendes Mittel.

Anmerkung: Die zerkleinerten und fermentierten Blätter dieser Pflanze ergeben eine sehr bekannte indigoblaue Farbe, die schon seit langer Zeit zum Färben von Stoffen verwendet wird.

Juniperus communis L.

Immergrüner Strauch von 1 bis 3 m Höhe und gekrümmten bis aufrechten **Stämmchen** mit starker Verästelung und mit braunroter **Rinde.** Die linealischen bis nadelförmigen, stechenden **Blätter** stehen zu dritt in Quirlen zusammen. Eingeschlechtige grünliche **Blüten** sowie beerenartige **Früchte** (Wacholderbeeren) von rundlicher Form und zuerst blaugrüner Farbe, die sich während der Reife blauviolett verfärben.

Verbreitung und Habitat: Diese Spezies ist vor allem in den kalten und gemäßigt kalten Regionen Europas, Asiens und Nordamerikas verbreitet. Die Pflanze bevorzugt als Standorte trockene, steinige Heiden und lichte Trockenwälder bis in 1500 m Höhe.

Sammeln und Aufbewahren: Die reifen Früchte unter Verwendung von Handschuhen sammeln, um sich vor den stechenden Blättern zu schützen, oder die Zweige mit Hilfe einer Stange schütteln, bis die Früchte auf ein darunter aufgebreitetes Tuch fallen. Nach dem Aussieben der Nadelspreu und Aussortieren der verdorbenen Früchte Beeren an einem schattigen und luftigen Ort trocknen lassen. Junge Zweige im Frühjahr abschneiden und trocknen lassen, bis die Blätter abfallen. Danach geschützt vor Licht und Feuchtigkeit aufbewahren.

Therapeutische Eigenschaften: Harntreibend, antiseptisch, balsamisch, auswurffördernd, anregend.

Verwendung in der Küche: Wacholderbeeren werden in der Küche zur Geschmacksverfeinerung bei verschiedensten Gerichten verwendet, z. B. für Schweine- oder Kaninchenbraten, vor allem aber für Wild, Pökelfleisch, Wurst, Sauerkraut usw.). Die aromatischen Früchte werden darüber hinaus zur Herstellung von Wacholderschnaps (Gin) und für Kräuterliköre eingesetzt.

Visitenkarte

Deutscher Name
Gemeiner Wacholder, Kranewitt, Krammetbeere, Feuerbaum

Familie
Zypressengewächse

Blütezeit
Februar bis April

Sammelzeit
Blätter Frühjahr und Sommer, Früchte Herbst

Verwendung
Blätter, Früchte

Wirkstoffe
ätherische Öle, organische Säuren, Zucker, Harze

Therapeutische Verwendung
Tinktur, Aufguss, Absud

Lamium album L.

Visitenkarte

Deutscher Name
Weiße Taubnessel, Bienensaug, Blumennessel, Wurmnessel

Familie
Lippenblütler

Blütezeit
Mai bis August

Sammelzeit
Sommer

Verwendung
blühende Spross-Spitzen

Wirkstoffe
ätherische Öle, Saponine, Gerbstoffe, Pflanzenschleim

Therapeutische Verwendung
Tinktur, Aufguss

Krautige mehrjährige, 30 bis 50 cm hohe Pflanze mit Wurzelstock und aufrechten oder aufsteigenden, leicht behaarten viereckigen **Stängeln.** Die gegenständigen, eiförmig lanzettlichen **Blätter** weisen unregelmäßig gezähnte Ränder auf. Die **Blütenstände** bestehen aus blattachselständigen Quirlen, die sich aus 6 bis 15 zweilippigen gelblich weißen **Blüten** zusammensetzen.

Verbreitung und Habitat: Diese Spezies ist in Mitteleuropa und Westasien beheimatet. Die Pflanze bevorzugt als Standort Brachen, Ruinengelände und Schuttplätze bis in 1300 m Höhe.

Sammeln und Aufbewahren: Die blühenden Spross-Spitzen abschneiden und an einem schattigen und luftigen Ort trocknen lassen. Danach geschützt vor Licht und Feuchtigkeit aufbewahren.

Therapeutische Eigenschaften: Tonisch zusammenziehend, blutstillend, gefäßzusammenziehend, die Monatsblutung fördernd und regulierend. Äußerliche Anwendung wegen ihrer reinigenden Eigenschaften bei Juckreiz. In der Homöopathie kommen die Präparate der Taubnessel bei Schlaflosigkeit zum Einsatz.

Laurus nobilis L.

Zweihäusiger Strauch oder kleiner Baum von 1 bis 5 m Höhe mit lederigen, länglich lanzettlichen oder elliptischen immergrünen **Blättern.** Die kleinen eingeschlechtigen gelben **Blüten** bilden blattachselständige Dolden. Die **Frucht** ist eine Beere, die nur einen einzigen Samen enthält, sie ist im reifen Zustand schwarz gefärbt.

Verbreitung und Habitat: Der Lorbeerbaum stammt wahrscheinlich aus Kleinasien und ist nunmehr im gesamten Mittelmeerraum verbreitet. Die Pflanze gedeiht bevorzugt in der mediterranen Macchie bis in Höhen von 800 m und stellt ähnliche Habitatsansprüche wie der Olivenbaum.

Aufzucht und Pflege: Die Samen in einen Topf mit einer Mischung aus Sand, Erde und Torf zu gleichen Teilen einsetzen. Sobald die Pflänzchen ausreichend groß sind, in einen größeren Topf umpflanzen oder im Garten an einer sonnigen Stelle einsetzen (nur in Ländern mit frostfreiem Klima). Darüber hinaus ist auch eine vegetative Vermehrung mit bewurzelten Seitentrieben möglich, die sich an der Basis älterer Exemplare bilden, oder mittels Stecklingsbewurzelung, die allerdings etwas schwieriger gelingt.

Sammeln und Aufbewahren: Die Lorbeerblätter sammeln und an einem schattigen und luftigen Ort trocknen lassen. Die Früchte, welche nur weibliche Exemplare tragen, nach der Reife sammeln und in der Sonne oder im Backrohr bei mäßiger Hitze trocknen lassen. Danach geschützt vor Licht und Feuchtigkeit aufbewahren.

Therapeutische Eigenschaften: Tonisch anregend, appetitanregend, verdauungsfördernd, windtreibend, auswurffördernd, harntreibend. Äußerliche Anwendung in Form anregender und deodorierender Voll- oder Fußbäder.

Verwendung in der Küche: Lorbeerblätter sind unverzichtbare Bestandteile vieler Rezepte für Fleisch- (Spieße, Leber, Huhn) und Fischgerichte. Sie verfeinern auch den Geschmack von eingelegtem Gemüse und Pilzen sowie von Kräuterweinen und Likören. Die Früchte werden zur Erzeugung von Lorbeerlikör eingesetzt.

Visitenkarte

Deutscher Name
Lorbeerbaum, Siegerbaum, Kranzbaum

Familie
Lorbeergewächse

Blütezeit
März/April

Sammelzeit
gesamtes Jahr

Verwendung
Blätter, Früchte

Wirkstoffe
ätherische Öle, Harze, Gerbstoffe, Pflanzenschleim

Therapeutische Verwendung
Tinktur, Aufguss

Lavandula angustifolia Mill.

Visitenkarte

Deutscher Name
Echter Lavendel, Narde, Kleiner Speik, Lafengel

Familie
Lippenblütler

Blütezeit
Juli bis Sept.

Sammelzeit
Sommer

Verwendung
blühende Spross-Spitzen

Wirkstoffe
ätherische Öle, Glykoside, Gerbstoffe, Harze

Therapeutische Verwendung
Tinktur, Aufguss

Mehrjähriger Halbstrauch von 40 bis 100 cm Höhe und aufrechten oder aufsteigenden verzweigten und an der Basis verholzten **Stängeln.** Die graugrünen gegenständigen **Blätter** sind linealisch bis lanzettlich und an den Rändern eingerollt. Die violett bis purpurfarbenen **Blüten** bilden endständige Ährenblütenstände.

Verbreitung und Habitat: Der Lavendel stammt aus dem Mittelmeerraum und ist dort sowohl wild wachsend als auch in kultivierter Form anzutreffen. Er bevorzugt trockene und steinige Standorte in niedrigen Gebüschformationen (Macchie und Garrigue) und Trockenrasen bis in Höhen von 1800 m.

Aufzucht und Pflege: Die Vermehrung erfolgt beim wild wachsenden Lavendel mittels Samen. Hybriden und Gartensorten lassen sich mittels Stecklingsbewurzelung vermehren. Der Lavendel ist sehr leicht zu kultivieren. Die Pflanze benötigt einen sonnigen Standort mit gut dränierter Erde, wobei darauf zu achten ist, dass sich kein stehendes Wasser ansammeln kann. Außerdem empfiehlt sich ein regelmäßiger Rückschnitt, der unmittelbar nach der Blüte erfolgen sollte, um eine kompakte und schöne Form der Pflanze zu erhalten.

Sammeln und Aufbewahren: Die blühenden Spross-Spitzen abschneiden und an einem schattigen und luftigen Ort trocknen lassen. In der Folge geschützt vor Licht und Feuchtigkeit aufbewahren.

Therapeutische Eigenschaften: Antiseptisch, krampflösend, beruhigend, hustenstillend. Äußerliche Anwendung als anregende, deodorierende und antirheumatisch wirkende Einreibungen.

Synonyme: *Lavandula officinalis* Chaix; *Lavandula vera* DC.

Levisticum officinale Koch

Krautige mehrjährige Pflanze mit aufrechten, hohlen **Stängeln** von 1 bis 2 m Höhe. Die zwei- bis dreifach fiederteiligen **Blätter** weisen rautenförmige Segmente mit grob gezähnten Rändern auf. Die gelb-grünen **Blüten** bilden 10- bis 20-strahlige Dolden.

Verbreitung und Habitat: Die Heimat dieser Spezies liegt in Südwestasien, sie ist jedoch mittlerweile in Mitteleuropa sowohl in kultivierter als auch in verwilderter Form anzutreffen.

Aufzucht und Pflege: Die Aufzucht des Liebstöckels ist einfach und beginnt mit der Aussaat der frischen Samen in Töpfe mit leichter und sandiger Erde. Sobald die Pflänzchen ausreichend groß sind, sollten sie in größere Töpfe oder im Garten an einer halbschattigen Stelle verpflanzt werden. Die Vermehrung kann schneller und einfacher auch durch Teilung des Stockes im Herbst oder im Frühjahr erfolgen.

Sammeln und Aufbewahren: Die Wurzeln im Herbst ausgraben, reinigen, Seitenwurzeln entfernen, waschen, in Stücke schneiden und an der Sonne oder im Backrohr bei mäßiger Hitze trocknen. Die Blätter im Frühjahr und Sommer abschneiden und vorzugsweise frisch verwenden. Die reifen Dolden abschneiden und an einem schattigen und luftigen Ort trocknen lassen. Die Samen anschließend herausschütteln oder -klopfen und danach geschützt vor Licht und Feuchtigkeit aufbewahren.

Therapeutische Eigenschaften: Eupeptisch, reinigend, verdauungsfördernd, windtreibend, harntreibend, die Monatsblutung fördernd und regulierend.

Verwendung in der Küche: Die frischen Blätter und jungen Triebe des Liebstöckels dienen zur Verfeinerung des Geschmacks von Suppen, Salaten, Omeletten, Weichkäse sowie gekochten oder gegrillten Fischgerichten. Die Wurzeln dienen zur Herstellung von Kräuterlikören, die Samen verleihen Süßspeisen und Marmeladen eine besondere Geschmacksnote.

Visitenkarte

Deutscher Name
Liebstöckel, Lustock, Maggikraut, Badekraut, Labstockwurzel

Familie
Doldenblütler

Blütezeit
Juli/August

Sammelzeit
Sommer

Verwendung
Wurzeln, Blätter, Früchte

Wirkstoffe
ätherische Öle, Harze, Bitterstoffe

Therapeutische Verwendung
Tinktur, Aufguss

Ligustrum vulgare L.

Visitenkarte

Deutscher Name
Liguster, Rainweide

Familie
Ölbaumgewächse

Blütezeit
April/Mai

Sammelzeit
Blätter und Blüten im Frühling, Rinde im Herbst

Verwendung
Rinde, Blätter, Blüten

Wirkstoffe
Harze, Gerbstoffe, Zucker, Glykoside

Therapeutische Verwendung
Tinktur, Absud

Bis zu 3 m hoher Strauch. Die gegenständigen, elliptischen **Blätter** fallen bisweilen auch während des Winters nicht ab. Die elfenbeinweißen, stark duftenden **Blüten** bilden große endständige Rispen. Die **Frucht** ist eine im reifen Zustand schwarz gefärbte, glänzende kugelige Beere.

Verbreitung und Habitat: Der Liguster ist in Europa und Westasien beheimatet und dort sowohl wild wachsend als auch in kultivierter Form sehr häufig anzutreffen. Die Pflanze wächst bevorzugt an Waldrändern und in Hecken bis in Höhen von 1300 m.

Sammeln und Aufbewahren: Die Blätter und Blüten im Frühling sammeln und an einem schattigen und luftigen Ort trocknen lassen. Die Rinde junger Zweige mit Hilfe eines scharfen Messers abschälen, in Stücke teilen und an der Sonne trocknen lassen. Danach geschützt vor Licht und Feuchtigkeit aufbewahren.

Therapeutische Eigenschaften: Tonisch zusammenziehend, entzündungshemmend. Äußerliche Anwendung als wundheilendes und reinigendes Mittel bei Wunden und Verletzungen sowie bei Entzündungen der Mundhöhle.

Anmerkung: Die hier abgebildete Pflanze ist ein *Ligustrum vulgare* »Aureum«, eine Kulturvarietät, die häufig in Gärten als Zierpflanze gehalten wird.

Linum usitatissimum L.

Visitenkarte

Deutscher Name
Echter Lein, Flachs, Dreschlein, Klenglein

Familie
Leingewächse

Blütezeit
Mai bis Juli

Sammelzeit
Ende Sommer

Verwendung
Samen

Wirkstoffe
Pflanzenschleim, Fette, Enzyme

Therapeutische Verwendung
Absud, Breiumschlag

Krautige einjährige, 30 bis 100 cm hohe Pflanze mit aufrechten **Stängeln.** Die wechselständigen, linealisch lanzettlichen **Blätter** laufen spitz zu. Die kräftig blau gefärbten **Blüten** bilden einen **Doldenblütenstand.** Die **Frucht** ist eine runde Kapsel, die rund 10 glatte, rotbraun gefärbte, matt glänzende Samen enthält.

Verbreitung und Habitat: Diese Spezies, deren Herkunft unbekannt ist, wird bereits seit der Antike zur Gewinnung der Fasern (Flachs) zur Leinenerzeugung und wegen der ölreichen Samen (Leinöl) kultiviert.

Aufzucht und Pflege: Die Samen des Echten Leins werden direkt im Feien in weicher und tiefgrundiger Erde ausgesät, sobald in den Nächten keine Frostgefahr mehr besteht. Die Pflänzchen werden in der Folge ausgelichtet, falls diese zu dicht stehen, anschließend frei von Unkraut gehalten.

Sammeln und Aufbewahren: Die Pflanze an der Basis abschneiden, sobald sich die Samenkapseln gelb verfärben und bevor diese von selbst aufspringen. Die Stängel zu Büscheln zusammenbinden und an einem schattigen und luftigen Ort trocknen lassen. Danach die Samen aus den Kapseln schütteln, an die Sonne zum Trocknen legen und aussieben, um damit die Spreu auszuscheiden.

Therapeutische Eigenschaften: Erweichend, entzündungshemmend, abführend, entzündungsdämpfend, erfrischend.

Lippia citriodora Kuntze

Laub abwerfender, 100 bis 120 cm hoher Strauch mit verholzten **Stängeln** und sitzenden, stark duftenden **Blättern,** die zu dritt bis viert in Wirteln zusammenstehen und eine lanzettliche Spreite (1,5 bis 3 x 7 bis 10 cm) mit rauer Oberfläche aufweisen. Die kleinen (3 bis 4 mm) weiß-violetten **Blüten** bilden im Sommer lockere endständige Rispenblütenstände.

Verbreitung und Habitat: Der Zitronenstrauch stammt aus Südamerika (Chile, Peru).

Aufzucht und Pflege: Diese Spezies lässt sich in Gebieten mit einem gemäßigten oder warmen Klima im Freien relativ leicht kultivieren. In Ländern, wo die Temperaturen im Winter unter Null Grad fallen, ist dies etwas schwieriger. Dort sollten die Pflanzen in Töpfe eingesetzt und nur während der warmen Jahreszeit an einem sonnigen und geschützten Ort im Freien aufgestellt werden. Während der kalten Monate stellt man sie ins Haus. Vor der Winterruhe empfiehlt es sich, die Zweige kräftig zurückzuschneiden, die Blätter abzuzupfen und anschließend trocknen zu lassen. Im Frühjahr beginnen die Pflanzen relativ spät auszutreiben, sodass es anfangs den Anschein hat, als wären sie abgestorben. Die Vermehrung mittels Samen ist relativ schwierig, da diese Art nur selten Früchte mit fertilen Samen entwickelt. Deshalb vermehrt man die Pflanzen zumeist mittels Stecklingen, die Ende Frühling oder im Sommer in einem sandigen Substrat im Schatten eingesetzt werden, um sich dort zu bewurzeln.

Sammeln und Aufbewahren: Die Blätter im Sommer, wenn möglich vor der Blüte, sammeln und an einem kühlen und luftigen Ort trocknen lassen. Nachdem sie sich im trockenen Zustand wie eine Zigarre eingerollt haben, geschützt vor Licht und Feuchtigkeit aufbewahren.

Therapeutische Eigenschaften: Antineuralgisch, nervenstärkend, anregend.

Verwendung in der Küche: Die frischen oder getrockneten Blätter des Zitronenstrauches kommen entweder allein oder zusammen mit anderen Gewürzen bei der Herstellung von Kräutertees und -likören zum Einsatz. Ihr angenehmer Zitronenduft dient der Verfeinerung von Gelees, Cremen, Marmeladen, Obstsalaten und Speiseeissorten.

Synonyme: *Lippia triphylla* (L'Her.) Kuntze; *Aloysia triphylla* Royle.

Visitenkarte

Deutscher Name
Zitronenstrauch, Punschkraut, Citronelle

Familie
Eisenkrautgewächse

Blütezeit
Juli bis Sept.

Sammelzeit
Sommer

Verwendung
Blätter

Wirkstoffe
ätherische Öle

Therapeutische Verwendung
Aufguss

Lobaria pulmonaria (L.) Hoffm.

Visitenkarte

Deutscher Name
Lungenflechte, Lungenmoos, Baumflechte, Moosflechte

Familie
Lungenflechten

Sammelzeit
Sommer/Herbst

Verwendung
Thallus

Wirkstoffe
Licheninsäure, Gerbstoffe, Pflanzenschleim, Gummiharze

Therapeutische Verwendung
Absud, Tinktur, Sirup

Flechte, das ist eine aus einer Alge bestehende Sporenpflanze, die in Symbiose mit einem Pilz lebt, mit einem großflächigen, blattartigen, tief gelappten und blasig aufgeblähten **Thallus** (vegetativer Teil), der einen Durchmesser von 5 bis 30 cm erreicht. Die Oberseite weist eine unterschiedliche Färbung von glänzendem Dunkelgrün bis Braun und Dunkelgrau auf, während die Unterseite filzig grau gefärbt ist.

Verbreitung und Habitat: Die Lungenflechte ist in allen höheren Lagen Europas, Asiens und Amerikas verbreitet. Sie wächst an sehr feuchten Standorten in Wäldern (vor allem Buchen), wo sie auf Baumstämmen oder seltener auf moosbewachsenen Felsen lebt.

Sammeln und Aufbewahren: Den Thallus im Sommer oder Anfang Herbst sammeln, von der Erde säubern, trocknen lassen und danach geschützt vor Feuchtigkeit aufbewahren.

Therapeutische Eigenschaften: Auswurffördernd, abschwellend, entzündungshemmend, bitter-tonisch. Äußerliche Anwendung als aufweichendes und reinigendes Mittel.

Lotus corniculatus L.

Krautige mehrjährige, 10 bis 40 cm hohe Pflanze mit **Pfahlwurzel** und kriechenden oder aufsteigenden **Stängeln.** Die unpaarig gefiederten **Blätter** setzen sich aus 5 oval lanzettlichen oder elliptischen Segmenten zusammen. Der **Blütenstand** ist ein Köpfchen, das sich aus 2 bis 7 gelben, bisweilen rötlich-orange überlaufenen Blüten zusammensetzt.

Verbreitung und Habitat: Der Hornklee ist in ganz Europa verbreitet und bevorzugt Standorte in trockenem und felsigem Gelände sowie Trockenweiden bis 2000 m Höhe. Bisweilen wird diese Art auch als Futterpflanze angebaut.

Sammeln und Aufbewahren: Die eben aufgeblühten Knospen sammeln und in lockeren Schichten aufgelegt an einem schattigen und luftigen Ort trocknen lassen. Danach geschützt vor Licht und Feuchtigkeit aufbewahren.

Therapeutische Eigenschaften: Beruhigend, krampflösend, entzündungshemmend. Äußerliche Anwendung von Präparaten dieser Pflanze wegen ihrer wundheilenden und zusammenziehenden Wirkung bei Hautentzündungen.

Visitenkarte

Deutscher Name
Gemeiner Hornklee, Wiesenhornklee

Familie
Schmetterlingsblütler

Blütezeit
Mai bis Sept.

Sammelzeit
Sommer

Verwendung
Blüten

Wirkstoffe
Flavonoide, Gerbstoffe, Pflanzenschleim

Therapeutische Verwendung
Aufguss, Tinktur

Lycopus europaeus L.

Visitenkarte

Deutscher Name
Gemeiner Wolfstrapp, Ufer-Wolfstrapp, Wasserandorn

Familie
Lippenblütler

Blütezeit
Juni bis Sept.

Sammelzeit
Sommer

Verwendung
gesamte blühende Pflanze

Wirkstoffe
Flavonoide, Gerbstoffe, Bitterstoffe

Therapeutische Verwendung
Tinktur, Aufguss

Krautige mehrjährige Pflanze mit einem langen **Wurzelstock** und aufrechten, verzweigten 20 bis 80 cm hohen **Stängeln.** Die eiförmigen bis lanzettlichen **Blätter** sind randlich gelappt oder gezähnt. Die weißen oder rosafarbenen **Blüten** bilden in den Achseln der oberen Blätter dichte quirlähnliche Blütenstände.

Verbreitung und Habitat: Der Ufer-Wolfstrapp ist in den gemäßigten Gebieten Asiens und Europas heimisch und ist heute praktisch weltweit anzutreffen. Er gedeiht bevorzugt an feuchten Standorten, entlang von Gräben und Kanälen bis in 1000 m Seehöhe.

Sammeln und Aufbewahren: Wenn möglich nur blühende Pflanzen sammeln und an einem schattigen und luftigen Ort trocknen lassen. Danach geschützt vor Licht und Feuchtigkeit aufbewahren.

Therapeutische Eigenschaften: Hemmt die Funktion der Schilddrüse.

Lysimachia vulgaris L.

Visitenkarte

Deutscher Name
Gilbweiderich, Goldgilbweiderich

Familie
Primelgewächse

Blütezeit
Juni bis August

Sammelzeit
Sommer, Herbst

Verwendung
gesamte blühende Pflanze, Wurzeln

Wirkstoffe
ätherische Öle, Flavonoide, Gerbstoffe, Pflanzenschleim

Therapeutische Verwendung
Absud, Aufguss, Breiumschlag

Krautige mehrjährige Pflanze mit **Wurzelstock** und aufrechten, im oberen Bereich verzweigten 50 bis 120 cm hohen **Stängeln.** Die gegenständigen **Blätter** sind eiförmig bis lanzettlich und an den Rändern leicht gewellt. Die goldgelben **Blüten** bilden große endständige, pyramidenförmige Rispenblütenstände, die im untersten Teil beblättert sind.

Verbreitung und Habitat: Der Gilbweiderich ist in Asien und Europa beheimatet und in Mitteleuropa ziemlich häufig anzutreffen. Er wächst bevorzugt auf feuchten Wiesen, entlang von Gräben, in Sümpfen und an Waldrändern bis in 1200 m Höhe.

Sammeln und Aufbewahren: Wenn möglich blühende Pflanzen sammeln und rasch in lockeren Schichten aufgelegt trocknen lassen, damit sie sich nicht schwarz verfärben können. Die Wurzeln während der vegetativen Ruhephase ausgraben, waschen, in Stücke schneiden und an der Sonne oder im Backrohr bei mäßiger Hitze trocknen lassen. Danach geschützt vor Licht und Feuchtigkeit aufbewahren.

Therapeutische Eigenschaften: Zusammenziehend, entzündungsdämpfend. Äußerliche Verwendung als wundheilendes und reinigendes Mittel bei Ekzemen und Verletzungen.

Lythrum salicaria L.

Krautige mehrjährige Pflanze mit einem kräftigen Wurzelstock und aufrechten 40 bis 120 cm hohen **Stängeln.** Die sitzenden, gegenständigen oder quirlständigen **Blätter** haben eine lanzettliche und an der Basis abgerundete oder herzförmige Spreite. Die rotvioletten **Blüten** bilden lange endständige Ähren.

Verbreitung und Habitat: Der Blutweiderich ist mittlerweile weltweit verbreitet und wächst bevorzugt an feuchten Standorten, im sumpfigen Gelände sowie entlang von Gräben und Wasserläufen bis in 1200 m Höhe.

Sammeln und Aufbewahren: Die Blätter im Sommer, wenn möglich schon vor der Blüte, sammeln und rasch an einem kühlen und luftigen Ort trocknen lassen. Die trocknenden Blätter rollen sich wie eine »Zigarre« ein. Danach geschützt vor Licht und Feuchtigkeit aufbewahren.

Therapeutische Eigenschaften: Gegen Durchfall, tonisch zusammenziehend, beruhigend, blutstillend. Äußerliche Anwendung als wundheilendes Mittel sowie bei Magengeschwüren und Entzündungen der Mundhöhle.

Visitenkarte

Deutscher Name
Blutweiderich, Stolzer Heinrich, Blutkraut, Partike

Familie
Weiderichgewächse

Blütezeit
Juni bis Oktober

Sammelzeit
Sommer

Verwendung
Blätter, blühende Spross-Spitzen

Wirkstoffe
Glykoside, Gerbstoffe, Harze, Pflanzenschleim

Therapeutische Verwendung
Aufguss, Tinktur, Mundwasser

Malva alcea L.

Visitenkarte

Deutscher Name
Rosenmalve, Sigmarswurz

Familie
Malvengewächse

Blütezeit
Juni bis Sept.

Sammelzeit
Sommer

Verwendung
blühende Spross-Spitzen, Wurzeln

Wirkstoffe
Pflanzenschleim, organische Säuren, Gerbstoffe, Harze

Therapeutische Verwendung
Aufguss, Breiumschlag, Mundwasser

Krautige mehrjährige Pflanze mit aufrechten, rauen 30 bis 80 cm hohen **Stängeln.** Die **Blätter** sind mehr oder weniger tief handförmig gelappt oder bis zur Basis handförmig in 5 Blättchen geteilt. Die rosa bis purpurfarbenen **Blüten** stehen einzeln in den Blattachseln und weisen eine dunkle Äderung auf.

Verbreitung und Habitat: Die Rosenmalve ist in Mitteleuropa heimisch und wächst bevorzugt auf brachliegenden Böden, entlang von Wegrändern und in der Nähe von Deponien bis in 2000 m Höhe.

Sammeln und Aufbewahren: Die Blätter und blühenden Spross-Spitzen in den Morgenstunden nach dem Tau sammeln. In lockeren Schichten an einem schattigen und luftigen Ort trocknen lassen. Danach geschützt vor Licht und Feuchtigkeit aufbewahren.

Therapeutische Eigenschaften: Auswurffördernd, abführend, entzündungshemmend. Äußerliche Anwendung als wundheilendes und schmerzstillendes Mittel bei geröteter Haut und Schleimhaut sowie bei Entzündungen in der Mundhöhle.

Malva sylvestris L.

Visitenkarte

Deutscher Name
Wilde Malve, Käsepappel, Rosspappel, Gänsepappel, Schwellkraut

Familie
Malvengewächse

Blütezeit
Mai bis Sept.

Sammelzeit
Sommer

Verwendung
Blüten, Blätter

Wirkstoffe
Pflanzenschleim, organische Säuren, Gerbstoffe, Harze

Therapeutische Verwendung
Aufguss, Breiumschlag, Mundwasser

Krautige mehrjährige Pflanze mit niederliegenden oder aufsteigenden sowie an der Basis verholzten, 30 bis 50 cm hohen **Stängeln.** Die runden **Blätter** sind mehr oder weniger tief in 3 bis 5 Lappen geteilt und am Rand gezähnt. Die rosa **Blüten** zeigen eine dunkle Äderung und stehen paarweise in den Achseln der obersten Blätter.

Verbreitung und Habitat: Die Heimat dieser Spezies ist der eurosibirische Raum, sie ist daher in Mitteleuropa weit verbreitet. Die Pflanze gedeiht bevorzugt auf nichtkultivierten Böden, entlang von Wegrändern und auf Deponien bis in 1600 m Höhe.

Sammeln und Aufbewahren: Die Blätter ohne den Stiel sowie die Blüten vorsichtig in den Morgenstunden nach dem Tau sammeln und in lockeren Schichten aufgelegt an einem schattigen und luftigen Ort trocknen lassen. Danach geschützt vor Licht und Feuchtigkeit aufbewahren.

Therapeutische Eigenschaften: Auswurffördernd, abführend, entzündungshemmend. Äußerliche Anwendung als wundheilendes und schmerzstillendes Mittel, bei geröteter Haut und Schleimhaut sowie bei Entzündungen in der Mundhöhle.

Matricaria chamomilla L.

Visitenkarte

Deutscher Name
Echte Kamille, Apfelblümlein, Mutterkraut, Mägdeblume

Familie
Korbblütler

Blütezeit
Mai/Juni

Sammelzeit
Mai/Juni

Verwendung
Köpfchen

Wirkstoffe
ätherische Öle, Azulen, Alkohol, Pflanzenschleim, Bitterstoffe, Vitamine

Therapeutische Verwendung
Aufguss, Tinktur, Mundwasser, Breiumschlag

Krautige einjährige Pflanze mit aufrechten oder aufsteigenden, meist verzweigten 20 bis 40 cm hohen **Stängeln.** Die zwei- oder dreifach fiederschnittigen **Blätter** setzen sich aus schmalen linealischen, fransenartigen Segmenten zusammen. Die 1,5 bis 2 cm großen Köpfchen bilden lockere **Doldenblütenstände,** die aus einer zentralen Scheibe von gelben **Röhrenblüten** und einem Kranz weißer Zungenblüten bestehen.

Verbreitung und Habitat: Die Echte Kamille stammt aus Südostasien und ist mittlerweile weltweit verbreitet. Sie wächst bevorzugt auf Äckern, in Gärten und entlang von Wegrändern bis in Höhen von 1600 m.

Aufzucht und Pflege: Da die Echte Kamille eine einjährige Pflanze ist, muss die Nachzucht alljährlich durch Aussaat von Samen erfolgen, obwohl es bisweilen zu einer spontanen Vermehrung der Pflanze kommt. Die Samen im Frühjahr an einem sonnigen Standort direkt in leichte und sandige Erde säen und danach regelmäßig jäten und gießen, bis die Köpfchen geerntet werden können. Einige Köpfchen zwecks Samengewinnung für das nächste Jahr ausreifen lassen.

Sammeln und Aufbewahren: Die Blütenstände der eben aufgeblühten Pflanzen abschneiden und an einem kühlen und luftigen Ort trocknen lassen. Die Köpfchen von den Stielen trennen und danach geschützt vor Licht und Feuchtigkeit aufbewahren.

Therapeutische Eigenschaften: Schweißtreibend, verdauungsfördernd, anregend, krampflösend, die Monatsblutung fördernd und regulierend. Äußerliche Anwendung als schmerzstillendes und reinigendes Mittel bei geröteter Haut und Schleimhaut sowie als Augenbad zum Abschwellen.

Verwendung in der Küche: Die Kamille ist Bestandteil zahlreicher Kräuterliköre und Kräuterweine.

Synonym: *Chamomilla recutita* (L.) Rausch.

Melilotus officinalis (L.) Pallas

Krautige ein- oder zweijährige Pflanze mit typischem Cumarinduft und aufrechten oder aufsteigenden, verzweigten, 50 bis 120 cm hohen **Stängeln.** Die dreiteiligen **Blätter** setzen sich aus eiförmigen bis elliptischen Segmenten mit gezähnten Rändern zusammen. Die **Blütenstände** sind blattachselständige Trauben, mit 30 bis 70 hängenden hellgelben Blüten.

Verbreitung und Habitat: Diese Spezies stammt ursprünglich aus Europa und Asien, ist aber mittlerweile weltweit verbreitet. Sie wächst bevorzugt auf brachliegenden Feldern, entlang von Wegrändern und auf von Menschen bearbeiteten Flächen bis in 1500 m Höhe.

Sammeln und Aufbewahren: Die blühenden Spross-Spitzen abschneiden, sobald sich die **Blüten** öffnen und rasch in lockeren Schichten an einem schattigen und luftigen Ort trocknen lassen. Danach geschützt vor Licht und Feuchtigkeit aufbewahren.

Therapeutische Eigenschaften: Zusammenziehend, beruhigend, verdauungsfördernd, windtreibend, krampflösend. Äußerliche Anwendung als schmerzstillendes Mittel bei geröteter Haut und Schleimhaut sowie als abschwellendes Mittel bei Entzündungen des Auges und der Mundhöhle.

Synonyme: *Melilotus petitpierreana* Willd.; *Melilotus arvensis* Wallr.

Visitenkarte

Deutscher Name
Echter Steinklee, Honigklee, Melilotenkraut

Familie
Schmetterlingsblütler

Blütezeit
Mai bis August

Sammelzeit
Sommer

Verwendung
blühende Spross-Spitzen

Wirkstoffe
Cumarin, Gerbstoffe, Harze

Therapeutische Verwendung
Aufguss, Breiumschlag, Mundwasser, Augenwasser

Melissa officinalis L.

Visitenkarte

Deutscher Name
Melisse, Bienenkraut, Herztrost, Mutterkraut

Familie
Lippenblütler

Blütezeit
Mai bis August

Sammelzeit
Sommer

Verwendung
Blätter

Wirkstoffe
ätherische Öle, Pflanzenschleim, Bitterstoffe, Gerbstoffe, Harze

Therapeutische Verwendung
Aufguss, Tinktur

Krautige mehrjährige Pflanze mit aufrechten oder aufsteigenden, stark verzweigten 40 bis 80 cm hohen **Stängeln.** Die Spreite der gegenständigen **Blätter** ist eiförmig elliptisch, an der Basis abgerundet und an den Rändern gekerbt. Die **Blütenstände** stehen in Quirlen in den Blattachseln und weisen nur wenige, zuerst gelbe und dann weiß-rot gefärbte Blüten auf.

Verbreitung und Habitat: Die Melisse stammt aus Südeuropa und Kleinasien und wächst bevorzugt auf Ödland, entlang von Wegrändern und auf Trockenrasen bis in 1000 m Höhe.

Sammeln und Aufbewahren: Die Blätter mit dem typischen Zitronenduft möglichst vor der Blüte sammeln und frisch verwenden oder in lockeren Schichten aufgelegt an einem schattigen und luftigen Ort trocknen lassen. Danach geschützt vor Licht und Feuchtigkeit aufbewahren.

Therapeutische Eigenschaften: Verdauungsfördernd, gallentreibend, krampflösend, beruhigend. Äußerliche Anwendung in Form von Einreibungen bei Rheuma und Nervenleiden sowie als linderndes Mittels bei Entzündungen der Mundhöhle.

Verwendung in der Küche: Die frischen Blätter eignen sich zur Aromatisierung von Salaten, Omeletten, Fischgerichten, Marmeladen und Obstsalaten. Die Melisse kommt auch in der Spirituosenindustrie bei der Herstellung von Kräuterlikören zum Einsatz (Melissengeist, Karmelitergeist).

Melittis melissophyllum L.

Krautige mehrjährige Pflanze mit aufrechten, einfachen, 30 bis 50 cm langen **Stängeln.** Die **Blätter** sind gegenständig oval bis spitz und an den Rändern gezähnt. Die 2 bis 4, weiß-rosa oder rötlichen **Blüten** sitzen in den Achseln der oberen Blätter.

Verbreitung und Habitat: Das Immenblatt ist in ganz Mitteleuropa verbreitet und wächst bevorzugt im warmen Eichenwald und an Waldrändern bis in Höhen von 1400 m.

Sammeln und Aufbewahren: Die Blätter und blühenden Spross-Spitzen in den Morgenstunden, nachdem der Tau verdunstet ist, sammeln. In lockeren Schichten aufgelegt an einem schattigen und luftigen Ort trocknen lassen. Danach geschützt vor Licht und Feuchtigkeit aufbewahren.

Therapeutische Eigenschaften: Krampflösend, appetitanregend, antiseptisch (Harnwege), harntreibend.

Visitenkarte

Deutscher Name
Immenblatt, Bienensaug, Waldmelisse

Familie
Lippenblütler

Blütezeit
Mai bis August

Sammelzeit
Sommer

Verwendung
blühende Spross-Spitzen, Blätter

Wirkstoffe
Cumarin, ätherische Öle, Gerbstoffe, Harze

Therapeutische Verwendung
Aufguss

Mentha aquatica L.

Krautige mehrjährige, kräftige Pflanze mit aufrechten oder aufsteigenden, oben verzweigten **Stängeln,** die an der Basis Ausläufer bilden. Die Spreite der gegenständigen 50 bis 60 cm hohen **Blätter** ist eiförmig bis lanzettlich oder rundlich und randlich gesägt. Die rot-violetten **Blüten** bilden kugelige Quirle in den Blattachseln und am Ende der Stängel.

Verbreitung und Habitat: Die Bachminze ist im eurasischen Raum heimisch und heute fast überall auf der Welt anzutreffen. Sie bevorzugt als Standorte entlang von Gräben, Bächen und Flussläufen bis in Höhen von 1200 m.

Aufzucht und Pflege: Diese Spezies lässt sich mittels Stecklingen oder ihren bewurzelten Ausläufern vegetativ vermehren. Sie bevorzugt im Garten feuchtes Erdreich im Halbschatten.

Sammeln und Aufbewahren: Die Blätter und blühenden Spross-Spitzen abschneiden und frisch verwenden oder in lockeren Schichten aufgelegt an einem schattigen und luftigen Ort trocknen. Danach geschützt vor Licht und Feuchtigkeit aufbewahren.

Therapeutische Eigenschaften: Auswurffördernd, verdauungsfördernd, anregend, krampflösend. Äußerliche Anwendung als Einreibung bei Rheuma sowie als antiseptisches und deodorierendes Mittel für die Mundhöhle.

Verwendung in der Küche: Die Blätter finden zur Verfeinerung des Geschmacks von Soßen, Süßspeisen und Obstsalaten Verwendung.

Visitenkarte

Deutscher Name
Wasserminze, Bachminze

Familie
Lippenblütler

Blütezeit
Juni bis Oktober

Sammelzeit
Sommer

Verwendung
blühende Spross-Spitzen, Blätter

Wirkstoffe
ätherische Öle, Bitterstoffe, Gerbstoffe, Harze

Therapeutische Verwendung
Aufguss, Tinktur, Mundwasser

Mentha x piperita L.

Visitenkarte

Deutscher Name
Pfefferminze, Katzenkraut, Hausminze, Teeminze

Familie
Lippenblütler

Blütezeit
Juni bis Oktober

Sammelzeit
Sommer

Verwendung
blühende Spross-Spitzen, Blätter

Wirkstoffe
ätherische Öle, Bitterstoffe, Harze

Therapeutische Verwendung
Aufguss, Tinktur, Mundwasser

Krautige mehrjährige, kräftige Pflanze mit aufrechten oder aufsteigenden 40 bis 70 cm langen **Stängeln,** die an der Basis Ausläufer bilden. Die gegenständigen **Blätter** haben oval lanzettliche oder rundliche Spreiten mit gezähnten oder gesägten Rändern. Die rosa-violetten **Blüten** bilden eine dichte, spindelförmige endständige Ähre.

Verbreitung und Habitat: Diese häufig angebaute Gartenhybride ist das Resultat einer Artenkreuzung zwischen der Bachminze und der Grünen Minze.

Aufzucht und Pflege: Da es sich bei dieser Pflanze um eine Hybride handelt, kann sie gärtnerisch ausschließlich mittels ihrer Stecklinge oder mit Ausläufern, die bereits Wurzeln gebildet haben, vermehrt werden. Als Standort eignet sich am besten ein halbschattiges Beet mit frischer und feuchter Erde. Die Pfefferminze lässt sich auch in großen Töpfen ziehen, wobei sie die Tendenz zeigt, sich sehr stark auszubreiten.

Sammeln und Aufbewahren: Die Blätter und blühenden Spross-Spitzen abschneiden und frisch verwenden oder in lockeren Schichten aufgelegt an einem schattigen und luftigen Ort trocknen lassen. Danach geschützt vor Licht und Feuchtigkeit aufbewahren.

Therapeutische Eigenschaften: Auswurffördernd, verdauungsfördernd, anregend, krampflösend. Äußerliche Anwendung in Form von Einreibungen bei Rheuma sowie als antiseptisches und deodorierendes Mittel für die Mundhöhle.

Verwendung in der Küche: Die Blätter der Pfefferminze entwickeln einen so intensiven Geschmack, dass sie in der Küche nur in sehr geringen Mengen eingesetzt werden sollte, da sie ansonsten den Eigengeschmack der Speisen überdeckt. Die Pflanze wird in großen Mengen zur Herstellung von Pastillen, Bonbons und von Sirupen sowie für zahlreiche Aperitifarten verwendet.

Mentha spicata L.

Krautige mehrjährige, kräftige Pflanze mit aufrechten oder aufsteigenden 30 bis 100 cm langen **Stängeln,** die an der Basis Ausläufer bilden. Die gegenständigen **Blätter** haben ovale bis lanzettliche Spreiten mit gezähnten Rändern. Die rosaviolетten **Blüten** bilden endständige Blütenstände in Form spindelförmiger, spitz zulaufender Ähren.

Verbreitung und Habitat: Diese Spezies ist im Mittelmeerraum heimisch und dort relativ häufig anzutreffen. Sie wächst auf nicht kultiviertem Ackerland, auf Wiesen und entlang von Wegrändern bis in 1200 m Seehöhe.

Aufzucht und Pflege: Wie alle Minze-Arten lässt sich die Krausminze leicht mittels Stecklingen oder noch einfacher mit Ausläufern, die bereits Wurzeln geschlagen haben, vermehren. Diese werden an einem sonnigen oder halbschattigen Platz in frischer Erde eingesetzt. Die Krausminze kann in großen Töpfen oder direkt im Garten eingepflanzt werden, wobei die Pflanze die Tendenz hat, sich sehr stark auszubreiten.

Sammeln und Aufbewahren: Die Blätter und blühenden Spross-Spitzen abschneiden und frisch verwenden oder in lockeren Lagen aufgelegt an einem schattigen und luftigen Ort trocknen lassen. Danach geschützt vor Licht und Feuchtigkeit aufbewahren.

Therapeutische Eigenschaften: Auswurffördernd, verdauungsfördernd, tonisch anregend, krampflösend. Äußerliche Anwendung als Einreibung bei Rheuma sowie als antiseptisches und deodorierendes Mittel für die Mundhöhle.

Verwendung in der Küche: Die intensiv aromatisch duftenden Blätter werden in der Küche zur Verfeinerung von Omeletten, Salaten, Soßen, Nachspeisen, Obstsalaten und Eis eingesetzt. Darüber hinaus kommen sie bei der Herstellung von Kräutersirup und -likören zum Einsatz. Sie eignen sich aber auch zum Überdecken unangenehmer Geschmacksrichtungen und finden deshalb bei der Herstellung bestimmter Arzneimittel Anwendung.

Synonym: *Mentha viridis* Auct.

Visitenkarte

Deutscher Name
Krausminze, Grünminze, Römische Minze, Rossminze

Familie
Lippenblütler

Blütezeit
Juni bis Oktober

Sammelzeit
Sommer

Verwendung
blühende Spross-Spitzen, Blätter

Wirkstoffe
ätherische Öle, Bitterstoffe, Gerbstoffe, Harze

Therapeutische Verwendung
Aufguss, Tinktur, Mundwasser

Menyanthes trifoliata L.

Visitenkarte

Deutscher Name
Fieberklee, Bitterklee, Gallkraut, Magenklee

Familie
Fieberkleegewächse

Blütezeit
Mai/Juni

Sammelzeit
Sommer

Verwendung
Blätter

Wirkstoffe
Glykoside, organische Säuren, Gerbstoffe, Harze

Therapeutische Verwendung
Aufguss, Tinktur

Krautige mehrjährige, 30 bis 50 cm hohe Pflanze mit einem kräftigen kriechenden **Wurzelstock** und aufrechten oder aufsteigenden **Stängeln.** Die grundständigen **Blätter** sind in 3 eiförmige bis lanzettliche Blättchen unterteilt. Die weißen, rosa überlaufenen gefransten **Blüten** bilden dichte endständige Trauben.

Verbreitung und Habitat: Der Fieberklee ist in den kalten und gemäßigt kalten Regionen Europas, Asiens und Nordamerikas beheimatet. Die Pflanze bevorzugt nasse bis feuchte Standorte in Sümpfen und Mooren sowie an überstauten Bachläufen und Gräben bis in 2000 m Höhe.

Sammeln und Aufbewahren: Die Blätter möglichst während der Blütezeit sammeln und in lockeren Schichten aufgelegt an einem schattigen und luftigen Ort trocknen lassen. Danach geschützt vor Licht und Feuchtigkeit aufbewahren.

Therapeutische Eigenschaften: Appetitanregend und verdauungsfördernd, krampflösend, windtreibend, fiebersenkend, entzündungshemmend.

Mercurialis annua L.

Visitenkarte

Deutscher Name
Einjähriges Bingelkraut

Familie
Wolfsmilchgewächse

Blütezeit
fast während der gesamten Vegetationsperiode

Sammelzeit
Sommer

Verwendung
gesamte Pflanze

Wirkstoffe
Saponine, ätherische Öle, Gummiharze, Amine

Therapeutische Verwendung
Absud, Tinktur

Krautige einjährige, zweihäusige Pflanze mit aufrechten oder aufsteigenden, stark verzweigten 10 bis 40 cm langen **Stängeln.** Die gegenständigen **Blätter** sind eiförmig bis lanzettlich und an den Rändern gesägt. Die männlichen grünlichen **Blüten** bilden aufrechte Ähren, während die weiblichen zu Büscheln vereint an den Blattachseln sitzen.

Verbreitung und Habitat: Diese Spezies ist im eurasischen Raum heimisch und in Mitteleuropa relativ häufig anzutreffen. Sie wächst nicht selten als Unkraut in Gärten und auf Feldern sowie auf brachliegenden Böden zwischen Ruinen und an Waldrändern bis in 1300 m Höhe.

Sammeln und Aufbewahren: Entweder die Blätter oder die gesamte Pflanze sammeln und an einem schattigen und luftigen Ort trocknen lassen. Danach geschützt vor Licht und Feuchtigkeit aufbewahren.

Therapeutische Eigenschaften: Harntreibend, abführend. In der Homöopathie wird die Pflanze zur Behandlung von Rheuma eingesetzt.

Monarda citriodora Cerv.

Krautige mehrjährige Pflanze mit aufrechten, verzweigten **Stängeln** von 60 bis 100 cm Länge. Die gegenständigen, eiförmigen bis lanzettlichen **Blätter** haben gesägte Ränder. Die mehr oder weniger intensiv rosa-violett gefärbten **Blüten** sind zu endständigen Quirlen vereint.

Verbreitung und Habitat: Diese Spezies stammt aus dem Nordwesten der USA und aus Mexiko und wird in Europa als Zierpflanze in Gärten und Parkanlagen gehalten.

Sammeln und Aufbewahren: Die Blätter, vorzugsweise vor der Blüte, sammeln und entweder in frischem Zustand verwenden oder in lockeren Schichten aufgelegt an einem schattigen und luftigen Ort trocknen lassen. Danach geschützt vor Licht und Feuchtigkeit aufbewahren.

Therapeutische Eigenschaften: Diese Pflanze wird vor allem wegen ihrer antiseptischen, verdauungsfördernden, krampflösenden und schweißtreibenden Wirkung geschätzt.

Visitenkarte

Deutscher Name
Goldmelisse, Pferdeminze

Familie
Lippenblütler

Blütezeit
Juli bis Sept.

Sammelzeit
Sommer

Verwendung
Blätter

Wirkstoffe
ätherische Öle, Bitterstoffe, Gerbstoffe, Harze

Therapeutische Verwendung
Aufguss

Myrrhis odorata (L.) Scop.

Visitenkarte

Deutscher Name
Süßdolde, Aniskerbel, Spanischer Kerbel, Myrrhenkerbel

Familie
Doldenblütler

Blütezeit
Juli/August

Sammelzeit
Blätter im Sommer, Wurzeln und Samen im Herbst

Verwendung
Wurzeln, Blätter, Samen

Wirkstoffe
ätherische Öle, Gerbstoffe, Harze

Therapeutische Verwendung
Aufguss, Absud

Krautige mehrjährige Pflanze mit aufrechten, hohlen und stark verzweigten 50 bis 120 cm langen **Stängeln.** Die im Umriss dreieckigen, vierfach fiederschnittigen und fiederteiligen **Blätter** ähneln im Aussehen einem Farnwedel. Die kleinen weißen **Blüten** stehen auf 5- bis 8-strahligen Dolden zusammen. Die **Früchte,** Achänen (Samen), sind nach der Reife schwarz und glänzend.

Verbreitung und Habitat: Die Süßdolde stammt aus den Gebirgen Südosteuropas. Sie wächst dort und in den Alpen bevorzugt auf frischen Wiesen und Weiden sowie an Waldrändern zwischen 1000 und 2000 m Höhe.

Sammeln und Aufbewahren: Die Blätter sammeln und sogleich frisch verwenden oder in lockeren Schichten aufgelegt an einem schattigen und luftigen Ort trocknen lassen. Sobald sich die Samen an den Dolden fast schwarz verfärbt haben, die Dolden abschneiden, zu Bündeln binden und trocknen lassen, damit die Samen ausreifen können. Die Wurzeln im Herbst ausgraben, danach Seitenwurzeln entfernen, waschen, in Stücke schneiden und an der Sonne oder im Backrohr bei mäßiger Hitze trocknen lassen. Geschützt vor Licht und Feuchtigkeit aufbewahren.

Therapeutische Eigenschaften: Tonisch, antiseptisch, verdauungsfördernd, harntreibend, die Monatsblutung fördernd und regulierend.

Verwendung in der Küche: Die nach Anis riechenden Blätter verleihen Frischkäsen, Füllungen, Süßspeisen und gewissen Fruchteissorten eine besondere Note. Die Wurzeln und Samen dienen als Aromastoffe für Schnäpse und Kräuterliköre.

Myrtus communis L.

Visitenkarte

Deutscher Name
Myrte, Brautmyrte, Echte Myrte

Familie
Myrtengewächse

Blütezeit
Juni/Juli

Sammelzeit
Blätter im Sommer, Früchte im Herbst

Verwendung
Blätter, Früchte

Wirkstoffe
ätherische Öle, Bitterstoffe, Gerbstoffe, Harze

Therapeutische Verwendung
Aufguss, Absud

Immergrüner Strauch von 50 bis 250 cm Höhe mit gegenständigen, lederigen **Blättern,** deren Spreite eiförmig bis lanzettlich ist. Die cremeweißen **Blüten** stehen einzeln oder paarig in den Achseln der obersten Blätter. Die **Frucht** ist eine kugelige, im reifen Zustand blauviolette Beere.

Verbreitung und Habitat: Die Myrte ist im Mittelmeerraum heimisch und dort sowohl wild wachsend als auch als Kulturpflanze anzutreffen. Sie bevorzugt trockene, heiße Standorte in der mediterranen Macchie bis in Höhen von 500 m.

Sammeln und Aufbewahren: Die Blätter im Sommer sammeln und in lockeren Schichten aufgelegt an einem schattigen und luftigen Ort trocknen lassen. Die reifen Früchte ernten und entweder frisch verwenden oder im Backrohr bei mäßiger Hitze trocknen lassen. Danach geschützt vor Licht und Feuchtigkeit aufbewahren.

Therapeutische Eigenschaften: Antiseptisch, tonisch, anregend, hustenlindernd, zusammenziehend. Äußerliche Anwendung als reinigendes und linderndes Mittel bei Rötung von Haut und Schleimhaut.

Verwendung in der Küche: Die Blätter und Früchte werden in der Küche dazu verwendet, um Braten-, Grillfleisch und vor allem Wildgerichte zu verfeinern. Darüber hinaus dient die Myrte zur Aromatisierung von Schnäpsen und Kräuterlikören.

Nasturtium officinale L.

Visitenkarte

Deutscher Name
Brunnenkresse, Bornkress, Wasserkresse, Bittersalat

Familie
Kreuzblütler

Blütezeit
Mai bis Juli

Sammelzeit
Sommer

Verwendung
gesamte Pflanze ohne Wurzeln

Wirkstoffe
Glykoside, Kalisalze, Vitamine (v. a. Vitamin C)

Therapeutische Verwendung
Aufguss, Tinktur, Saft

Krautige mehrjährige Pflanze mit niederliegenden oder aufsteigenden, im oberen Teil verzweigten bis zu 60 cm langen **Stängeln.** Die fiederschnittigen **Blätter** bestehen aus 2 bis 3 Paaren von ovalen, seitlich angeordneten Segmenten sowie aus einem größeren nierenförmigen Segment an der Spitze. Die weißen 6 bis 7 mm langen **Blüten** bilden eine kurze Traube. Die **Früchte** sind längliche bis linealische Schoten, die zahlreiche **Samen** enthalten.

Verbreitung und Habitat: Die Brunnenkresse ist praktisch weltweit verbreitet und bevorzugt nasse Standorte in der Nähe von Quellen sowie entlang von Quellbächen und durchfluteten Gräben bis in 1500 m Höhe.

Aufzucht und Pflege: Die Brunnenkresse kann in Töpfen oder Schüsseln gezogen werden, in welchen sich eine Schicht nährstoffreicher Erde befindet, die von einer dünnen Lage Kies oder Blähton bedeckt ist. Die Aussaat der Kressesamen erfolgt im Frühjahr auf einem lockeren Substrat aus Erde, Sand und Torf zu gleichen Teilen. Sobald die Pflänzchen rund 5 bis 6 cm groß sind, werden sie sorgfältig in den Schüsseln eingesetzt und diese dann langsam mit Wasser gefüllt, bis nur mehr die Spitzen der Pflanzen herausragen. Die Schüsseln anschließend an einen halbschattigen Platz stellen. Im Winter in Gebieten mit kaltem Klima vor Kälte schützen.

Sammeln und Aufbewahren: Die Blätter und zarten Zweige der Brunnenkresse im Sommer sammeln und ausschließlich frisch verwenden. Keine Pflanzen ernten, die im sumpfigen Wasser wachsen, da diese häufig Träger von Larven des Leberegels, eines Parasiten, sind, durch dessen Befall es beim Menschen zu ernsten Lebererkrankungen kommen kann. Blätter, die roh konsumiert werden sollen, müssen daher sehr sorgfältig gesäubert werden.

Therapeutische Eigenschaften: Harntreibend, anregend, auswurffördernd, gegen Skorbut, vitaminreich. Äußerliche Anwendung gegen Ekzeme und als ableitendes Mittel für die Kopfhaut bei Haarausfall.

Verwendung in der Küche: Die würzig und angenehm schmeckenden Blätter der Brunnenkresse sind für Salate geeignet oder werden zur Verfeinerung von Soßen, Frischkäse und Quiches verwendet.

Synonyme: *Rorippa nasturtium-aquaticum* (L.); *Nasturtium aquaticum* Weinm.

Nicotiana tabacum L.

Ein- oder mehrjährige krautige Pflanze mit aufrechten, klebrigen und bis zu 3 m hohen **Stängeln.** Die bis zu 50 cm langen **Blätter** sind eiförmig zugespitzt oder elliptisch. Die rosa-purpurfarbenen bis weiß-gelben **Blüten** bilden endständige Rispen.

Verbreitung und Habitat: Die Tabakpflanze stammt aus Südamerika, wird aber auch in Europa als Kulturpflanze angebaut, um daraus Rauchtabak zu erzeugen.

Sammeln und Aufbewahren: Sobald sich die dunkelgrüne Farbe der Blätter hellgrün bis gelb zu verfärben beginnt, erfolgt die Ernte. Je nach Verwendung und Verarbeitungsart werden die Blätter in der Sonne, im Schatten oder in geheizten Räumen getrocknet. Abschließend folgt ein Fermentationsprozess, der ebenfalls je nach Tabaksorte, die man erzeugen will, unterschiedlich ausfällt.

Therapeutische Eigenschaften: Anregend, narkotisierend, abführend. In der Homöopathie Verwendung bei Schwindelanfällen, Reisekrankheit sowie bei Kreislaufschwäche und Nikotinmissbrauch.

Achtung! Das Nikotin gilt als eines der stärksten Pflanzengifte: 20 bis 40 mg (1 bis 2 Zigarren), stellen bereits eine tödliche Dosis für den Menschen dar, falls diese in den Körper gelangt. Es empfiehlt sich folglich, diese gefährliche Droge nicht ohne ärztliche Kontrolle als Hausmittel zu verwenden. Trotz seiner Giftigkeit ist Nikotin jenes Genussmittel, welches heute vom Menschen weltweit am häufigsten konsumiert wird. Dies trotz der toxischen Wirkung vor allem auf die Atemwege und Blutgefäße.

Visitenkarte

Deutscher Name
Virginischer Tabak

Familie
Nachtschattengewächse

Blütezeit
Juni bis Sept.

Sammelzeit
Sommer

Verwendung
Blätter

Wirkstoffe
Alkaloide, vor allem Nikotin, Gerbstoffe, organische Säuren

Therapeutische Verwendung
Tinktur

Achtung!
Giftig

Nymphaea alba L.

Visitenkarte

Deutscher Name
Weiße Seerose, Wasserrose

Familie
Seerosengewächse

Blütezeit
Juni bis Sept.

Sammelzeit
Herbst

Verwendung
Blüten Sommer, Wurzelstöcke im Herbst

Wirkstoffe
Glykoside, Alkaloide, organische Säuren, Gerbstoffe

Therapeutische Verwendung
Aufguss, Absud, Tinktur

Krautige untergetauchte Wasserpflanze mit Schwimmblättern und dickem fleischigem Wurzelstock, der im Bodenschlamm kriechend wächst. Die lang gestielten lederigen **Blätter,** die auf der Oberfläche des Wassers schwimmen, sind rundlich bis elliptisch. Die großen **Blüten** stehen einzeln auf langen Stielen und tragen rund 20 weiße oder leicht rosafarbene Kronblätter.

Verbreitung und Habitat: Die Seerose ist im euroasiatischen Raum heimisch und in fast ganz Europa verbreitet. Sie wächst bevorzugt im Uferbereich stehender Gewässer sowie in langsam strömenden Fließgewässern bis in 1500 m Seehöhe.

Sammeln und Aufbewahren: Die Blüten ohne Stiel in den frühen Morgenstunden abschneiden und an einem schattigen und luftigen Ort trocknen lassen. Danach geschützt vor Licht und Feuchtigkeit aufbewahren. Die Wurzelstöcke im Herbst ausgraben, die Seitenwurzeln entfernen, waschen, in Stücke schneiden und an der Sonne oder im Backrohr bei geringer Hitze trocknen lassen.

Therapeutische Eigenschaften: Zusammenziehend, erweichend, beruhigend, entzündungshemmend. Äußerliche Anwendung als wundheilendes und schmerzstillendes Mittel bei Rötung von Haut und Schleimhaut sowie bei Entzündungen der Mundhöhle.

Achtung! In vielen Ländern Europas geschützte Art.

Ocimum basilicum L.

Krautige einjährige Pflanze mit aufrechten, verzweigten 20 bis 50 cm langen **Stängeln.** Die gegenständigen, bisweilen blasig gewellten **Blätter** haben eine eiförmige bis lanzettliche Spreite. Die **Blütenstände** sind übereinander liegende Quirle, die sich aus je 4 bis 6 weißen oder rosafarbenen Blüten zusammensetzen.

Verbreitung und Habitat: Diese Spezies stammt aus den Tropen Asiens und wird in Europa häufig in verschiedenen Zuchtvarietäten als besonders geschätzte Gewürzpflanze kultiviert.

Aufzucht und Pflege: Die Aufzucht beginnt – wie bei allen einjährigen Arten – mit der Aussaat der Samen im März/April in Töpfen, die an einem geschützten Ort stehen und mit einer leichten Saaterde gefüllt sind. Sobald die Pflänzchen gut entwickelt sind, können sie dann ins Freie oder in größere Töpfe ausgepflanzt werden. Die Pflanzen benötigen nährstoffreiche Erde und einen sonnigen Standort sowie viel Feuchtigkeit. Häufig gießen und die Pflanzen regelmäßig zurückschneiden, um einerseits die Bildung der Seitentriebe zu fördern und zudem zu verhindern, dass die Blüte zu früh einsetzt.

Sammeln und Aufbewahren: Die Blätter, möglichst vor der Blüte, sammeln und frisch verwenden oder in Öl bzw. in Salz einlegen. Man kann sie aber auch im Ganzen oder in zerkleinerter Form in geeigneten Behältern verpackt tiefkühlen.

Therapeutische Eigenschaften: Tonisch verdauungsfördernd, krampflösend, verdauungsfördernd, entzündungshemmend, antiseptisch.

Verwendung in der Küche: Das Basilikum zählt zu jenen Gewürzen, die in der Küche am häufigsten zum Einsatz kommen, um Suppen, Salate, Soßen, Füllungen, Gemüse, Käse usw. geschmacklich zu verfeinern. Darüber hinaus ist die Pflanze ein wichtiger Bestandteil des berühmten »Pesto Genovese«.

Visitenkarte

Deutscher Name
Basilikum, Basilienkraut, Hirnkraut

Familie
Lippenblütler

Blütezeit
Juni bis Sept.

Sammelzeit
Sommer

Verwendung
Blätter

Wirkstoffe
ätherische Öle, Gerbstoffe, Terpene

Therapeutische Verwendung
Aufguss

Oenothera biennis L.

Visitenkarte

Deutscher Name
Gemeine Nachtkerze, Rapontikawurzel, Schinkenkraut

Familie
Nachtkerzengewächse

Blütezeit
Juni bis Sept.

Sammelzeit
Sommer

Verwendung
blühende Spross-Spitzen

Wirkstoffe
Pflanzenschleim, organische Salze, Gerbstoffe, Harze

Therapeutische Verwendung
Aufguss, Breiumschlag

Krautige zweijährige Pflanze mit aufrechten, einfachen oder wenig verzweigten 50 bis 150 cm langen **Stängeln.** Die gegenständigen, schmal lanzettlichen **Blätter** laufen spitz zu und weisen unregelmäßig gezähnte Ränder auf. Die zitronengelben **Blüten** sitzen dicht in endständigen, belaubten Trauben beisammen.

Verbreitung und Habitat: Die Nachtkerze stammt ursprünglich aus Nordamerika, ist heute aber praktisch weltweit verbreitet. Sie wächst bevorzugt auf brachliegenden Böden, auf trockenen und sandigen Standorten, z. B. auf Bahndämmen und Böschungen bis in 1200 m Höhe.

Sammeln und Aufbewahren: Die blühenden Spross-Spitzen sorgfältig in den frühen Morgenstunden abschneiden, nachdem sich der Tau verflüchtigt hat. In lockeren Schichten aufgelegt an einem schattigen und luftigen Ort trocknen lassen. Danach geschützt vor Licht und Feuchtigkeit aufbewahren.

Therapeutische Eigenschaften: Krampflösend, hustenlindernd, beruhigend, entzündungshemmend. Äußerliche Anwendung der Nachtkerze wegen ihrer erweichenden und schmerzstillenden Wirkung bei Rötung von Haut und Schleimhaut.

Origanum dictamnus L.

Visitenkarte

Deutscher Name
Kretischer Diptam, Diptamsdost

Familie
Lippenblütler

Blütezeit
Juli bis Sept.

Sammelzeit
Sommer

Verwendung
blühende Spross-Spitzen, Blätter

Wirkstoffe
ätherische Öle, Bitterstoffe, Gerbstoffe, Harze

Therapeutische Verwendung
Aufguss

Kleiner Halbstrauch mit niederliegenden, weiß behaarten, 10 bis 30 cm langen **Stängeln.** Die gegenständigen, eiförmigen bis rundlichen **Blätter** sind mit einem weißen Flaum überzogen. Die rosavioletten **Blüten** tragen sehr lange Staubfäden und sind zu dichten hängenden **Blütenständen** mit großen grünen oder purpurfarbenen Deckblättern vereint.

Verbreitung und Habitat: Diese aus Kreta stammende Pflanze wird vor allem im Mittelmeerraum als Zierpflanze kultiviert.

Sammeln und Aufbewahren: Die Blätter und blühenden Spross-Spitzen sammeln, indem die Spitze der Stängel abgeschnitten wird, sobald sich die Blüten geöffnet haben. Zu Sträußen binden und an einem schattigen und luftigen Ort trocknen lassen. Danach geschützt vor Licht und Feuchtigkeit aufbewahren.

Therapeutische Eigenschaften: Appetitanregend, verdauungsfördernd, windtreibend, krampflösend, tonisch anregend.

Verwendung in der Küche: Die duftenden Blütenstände des Kretischen Diptams werden ebenso wie jene der anderen Dostarten in der Küche dazu verwendet, um Gemüse-, Fleisch- oder Pilzgerichte sowie Omeletten, Salate usw. geschmacklich zu verfeinern.

Origanum majorana L.

Ursprünglich mehrjährige Pflanze, die jedoch in kultivierter Form nur ein- oder zweijährig gehalten wird. Die stark verzweigten **Stängel** sind aufrecht oder aufsteigend und 20 bis 60 cm lang. Die **Blätter** sind gegenständig und haben eine ovale bis elliptische und von einem weißen Flaum überzogene Spreite. Die violetten oder rosafarbenen **Blüten** bilden dichte Ähren, die ihrerseits in endständigen Rispen zusammenstehen.

Verbreitung und Habitat: Der Majoran stammt aus den Wüstengebieten Nordafrikas und wird in Europa sehr häufig als Gewürzpflanze kultiviert. Die Pflanze bevorzugt trockenes und sonniges Brach- und Ödland.

Sammeln und Aufbewahren: Die Blätter und blühenden Spross-Spitzen abschneiden, sobald sich die Blüten geöffnet haben, dann zu Sträußen binden und an einem schattigen und luftigen Ort trocknen lassen. Danach geschützt vor Licht und Feuchtigkeit aufbewahren.

Therapeutische Eigenschaften: Eupeptisch, beruhigend, krampflösend, tonisch anregend, schweißtreibend. Äußerliche Anwendung als antirheumatische und antineuralgische Einreibung.

Verwendung in der Küche: Der Majoran ist bei zahlreichen Küchenrezepten ein wichtiges Gewürz, z. B. für Soßen, Gemüse, Schmorfleisch, Pilzgerichte, Tomatensalat usw. Darüber hinaus ist die Pflanze Bestandteil von Kräuterlikören und Wermutwein.

Visitenkarte

Deutscher Name
Majoran, Gartendost, Wurstkraut

Familie
Lippenblütler

Blütezeit
Juni bis Sept.

Sammelzeit
Sommer

Verwendung
blühende Spross-Spitzen, Blätter

Wirkstoffe
ätherische Öle, Bitterstoffe, Gerbstoffe, Terpene

Therapeutische Verwendung
Tinktur, Aufguss

Origanum vulgare L.

Visitenkarte

Deutscher Name
Dost, Oregano, Dorant, Mutterkraut

Familie
Lippenblütler

Blütezeit
Juni bis Sept.

Sammelzeit
Sommer

Verwendung
blühende Spross-Spitzen, Blätter

Wirkstoffe
ätherische Öle, Bitterstoffe, Gerbstoffe, Harze

Therapeutische Verwendung
Aufguss, Absud, Mundwasser

Krautige mehrjährige Pflanze mit aufrechten oder aufsteigenden, stark verzweigten 20 bis 50 cm langen **Stängeln.** Die gegenständigen, ovalen bis lanzettlichen **Blätter** weisen gezähnte Ränder auf. Die violetten oder rosafarbenen **Blüten** bilden dichte Knäuel, die ihrerseits zu endständigen **Rispenblütenständen** vereint sind.

Verbreitung und Habitat: Der Dost ist von Europa bis Zentralasien heimisch und in Mitteleuropa weit verbreitet. Er bevorzugt trockene und sonnige Standorte zwischen Felsen und lichtem Gehölz bis in Höhen von 1300 m.

Sammeln und Aufbewahren: Die Blätter und blühenden Spross-Spitzen abschneiden, sobald sich die Blüten geöffnet haben, dann zu Sträußen binden und an einem schattigen und luftigen Ort trocknen lassen. Danach geschützt vor Licht und Feuchtigkeit aufbewahren.

Therapeutische Eigenschaften: Appetitanregend, verdauungsfördernd, windtreibend, krampflösend, tonisch anregend. Äußerliche Anwendung als antiseptisches und deodorierendes Mundwasser bei Entzündungen der Mundhöhle.

Verwendung in der Küche: Der Dost wird bei zahlreichen Küchenrezepten als Gewürz eingesetzt, z. B. bei Gemüse-, Fleisch- und Pilzgerichten, Omeletten, Tomatensalat usw. Besonders aromatisch ist der Griechische Oregano (*Origanum heracleoticum* L.), der vor allem in den Mittelmeerländern beheimatet ist und ein wesentliches Gewürz für die Zubereitung von Pizzas und für zahlreiche andere mediterrane Gerichte darstellt.

Oxalis acetosella L.

Krautige mehrjährige, stängellose Pflanze mit **Wurzelstock** und 8 bis 15 cm Höhe. Die gestielten **Blätter** ähneln Kleeblättern, sie setzen sich aus 3 verkehrt herzförmigen Blättchen zusammen. Die lang gestielten weißen **Blüten** zeigen eine violette Längsäderung.

Verbreitung und Habitat: Der Sauerklee ist in den kalten und gemäßigt kalten Regionen Europas, Asiens und Nordamerikas beheimatet. Die Pflanze wächst bevorzugt in Wäldern und an schattigen Standorten, vorzugsweise auf humusreichen Böden, bis in 200 m Höhe.

Sammeln und Aufbewahren: Die Blätter sammeln und rach in lockeren Schichten trocknen lassen, damit sie nicht verkleben und dann schwarz verfärben. Danach geschützt vor Licht und Feuchtigkeit aufbewahren.

Therapeutische Eigenschaften: Reinigend, hustenstillend, harntreibend, zusammenziehend. Äußerliche Anwendung als linderndes Mittel bei Haut- und Schleimhautentzündungen.

Visitenkarte

Deutscher Name
Sauerklee, Waldklee, Hasenklee, Himmelsbrot

Familie
Sauerkleegewächse

Blütezeit
April bis Juni

Sammelzeit
Frühling/Sommer

Verwendung
Blätter

Wirkstoffe
Kaliumoxalat, Pflanzenschleim, Anthrachinone

Therapeutische Verwendung
Absud

Papaver rhoeas L.

Visitenkarte

Deutscher Name
Klatschmohn, Feuermohn, Klatschrose, Blutblume

Familie
Mohngewächse

Blütezeit
April bis Juli

Sammelzeit
Mai bis Juli

Verwendung
Kronblätter

Wirkstoffe
Alkaloide, vor allem Rhoeadin, Pflanzenschleim, Anthozyan

Therapeutische Verwendung
Aufguss, Sirup

Krautige einjährige, 20 bis 60 cm hohe Pflanze mit aufrechten borstigen **Stängeln,** die einen weißlichen Milchsaft enthalten. Die **Blätter** haben eine fiederig gelappte Spreite mit spatelförmigen Segmenten. Die 5 bis 7 cm großen **Blüten** tragen 4 scharlachrote Kronblätter, die am Grund des öfteren mit einem schwarzen Fleck versehen sind. Die **Frucht** ist eine Kapsel.

Verbreitung und Habitat: Die Heimat des Klatschmohns liegt im östlichen Mittelmeerraum, die Pflanze ist aber schon seit langer Zeit in ganz Europa eingebürgert und wächst zwischen Schutt und Trümmern, auf Getreidefeldern und an Wegrändern bis in Höhen von 1800 m.

Sammeln und Aufbewahren: Die Kronblätter während der Blüte sammeln und rasch in lockeren Schichten aufgelegt trocknen lassen, damit sie nicht aneinander kleben und sich dann schwarz verfärben. Danach geschützt vor Licht und Feuchtigkeit aufbewahren.

Therapeutische Eigenschaften: Beruhigend, erweichend, hustenlindernd.

Verwendung in der Küche: Die zarten Blattrosetten sind im Frühling essbar und werden zur Zubereitung von Suppen und Füllungen verwendet.

Papaver somniferum L.

Krautige einjährige, 30 bis 120 cm hohe Pflanze mit aufrechten, kräftigen **Stängeln,** die einen weißen Milchsaft enthalten. Die blaugrünen **Blätter** sind oval bis lanzettlich, an der Basis herzförmig oder Stängel umfassend und an den Rändern wellig. Die weiß-rosa bis violett gefärbten **Blüten** tragen 4 gewellte Kronblätter mit je einem dunklen Fleck am Grund. Die **Frucht** ist eine große Kapsel.

Verbreitung und Habitat: Der Schlafmohn stammt aus dem Mittelmeerraum und wird schon seit langer Zeit wegen seiner aromatischen Samen sowie als Zierpflanze in Gärten und auf Feldern kultiviert.

Sammeln und Aufbewahren: Die reifen Kapseln abschneiden, trocknen lassen, dann aufbrechen, um die vielen kleinen Samen auszuleeren. Das Rohopium wird gewonnen, indem die noch unreifen Kapseln knapp nach dem Abfallen der Kronblätter seitlich eingeschnitten werden, damit der Milchsaft austritt. Dieser Saft gerinnt rasch zu einer bräunlichen knetbaren Masse, dem Rohopium.

Therapeutische Eigenschaften: Narkotisierend, beruhigend.

Verwendung in der Küche: Die winzigen Mohnsamen werden vor allem in ganz Europa zur Herstellung bestimmter Süßspeisen und Backwaren verwendet. Sie enthalten keine Alkaloide.

Achtung! Das Rohopium stellt die Ausgangsbasis für die stärksten heute bekannten analgetischen Pharmaka dar, die sowohl therapeutisch wichtig als auch als Schmerzmittel für schwere Fälle unverzichtbar sind. Die pharmakologische Verwendung von Präparaten dieser Pflanze, die extrem giftige Alkaloide enthält, ist ausschließlich Ärzten vorbehalten.

Visitenkarte

Deutscher Name
Schlafmohn, Gartenmohn, Ölmohn

Familie
Mohngewächse

Blütezeit
Mai bis August

Sammelzeit
Sommer

Verwendung
Milchsaft, Samen

Wirkstoffe
Alkaloide, vor allem Morphin und Codein, Pflanzenschleim, Gummiharze, Säuren

Therapeutische Verwendung
Aufguss, Tinktur

Achtung!
Giftig

Parietaria officinalis L.

Visitenkarte

Deutscher Name
Aufrechtes Glaskraut, Wandkraut, Gnadenkraut, Mauerkraut

Familie
Nesselgewächse

Blütezeit
Mai bis Oktober

Sammelzeit
Frühling

Verwendung
Blätter

Wirkstoffe
Tanninsäure, Flavonoide, Pflanzenschleim, Kaliumnitrat

Therapeutische Verwendung
Aufguss, Tinktur

Krautige mehrjährige, 20 bis 100 cm hohe Pflanze mit aufrechten, rötlich gefärbten, behaarten und klebrigen **Stängeln.** Die wechselständigen, eiförmig lanzettlichen **Blätter** werden von durchscheinenden Adern durchzogen. Die gelbgrünen kleinen und recht unscheinbaren **Blüten** bilden in den Achseln der Blätter dichte Knäuel.

Verbreitung und Habitat: Die Heimat des Glaskrautes liegt in Mitteleuropa und Westasien. Die Pflanze bevorzugt Brachland im Schatten von Mauern sowie entlang von Wegrändern bis in Höhen von 800 m.

Sammeln und Aufbewahren: Die Blätter wenn möglich vor der Blüte sammeln und rasch in einem luftigen Raum oder im Dörrapparat trocknen lassen. Das Sammelgut in lockeren Schichten auflegen, damit es sich nicht schwarz verfärben kann. Danach geschützt vor Licht und Feuchtigkeit aufbewahren.

Therapeutische Eigenschaften:
Harntreibend, antirheumatisch, gegen Arthritis, reinigend, auswurffördernd, erweichend.

Synonym: *Parietaria erecta* M. et K.

Passiflora coerulea L.

Mehrjährige, 2 bis 8 m hohe Kletterpflanze mit sich windenden **Stängeln** und wechselständigen, glänzenden und in 5 bis 7 fingerförmige Segmente geteilten **Blättern.** Die weißblau gefärbten **Blüten** weisen eine charakteristische zentrale Krone auf, die aus purpurfarbenen Staubfäden besteht. Die **Frucht** ist eine eiförmige, im reifen Zustand orangegelbe Beere.

Verbreitung und Habitat: Die Passionsblume stammt aus Südamerika und wird in Europa nicht selten als Zierpflanze in Töpfen angepflanzt. In mediterranen Ländern kann man die Pflanze auch wild wachsend entlang von Mauern und Hecken antreffen.

Sammeln und Aufbewahren: Die krautigen Teile der Pflanze mit Blättern, Blüten und eventuell auch samt Früchten abschneiden und in einem schattigen und luftigen Raum trocknen lassen. Verunreinigungen entfernen und danach geschützt vor Licht und Feuchtigkeit aufbewahren.

Therapeutische Eigenschaften: Beruhigend, krampflösend, sedativ. Äußerliche Anwendung als linderndes Mittel bei Verbrennungen und Hautentzündungen.

Visitenkarte

Deutscher Name
Passionsblume

Familie
Passionsblumengewächse

Blütezeit
Juli bis Oktober

Sammelzeit
Sommer

Verwendung
gesamte blühende Pflanze

Wirkstoffe
Alkaloide, Glykoside, Enzyme

Therapeutische Verwendung
Aufguss, Tinktur, Breiumschlag

Petroselinum sativum Hoffm.

Visitenkarte

Deutscher Name
Petersilie, Peterling, Felswurzel, Suppenwurzel

Familie
Doldenblütler

Blütezeit
Mai/Juni

Sammelzeit
April bis Okt.

Verwendung
Blätter

Wirkstoffe
ätherische Öle, Vitamine, Pflanzenschleim

Therapeutische Verwendung
Aufguss, Saft

Zweijährige, 20 bis 60 cm hohe, krautige Pflanze mit **Pfahlwurzel** und aufrechten, röhrigen **Stängeln.** Die blaugrünen glänzenden **Blätter** sind zwei- bis dreifach fiederspaltig. Die gelb-grünen **Blüten** sitzen auf 8- bis 20-strahligen Dolden.

Verbreitung und Habitat: Die Heimat der Petersilie liegt im Mittelmeerraum, die Pflanze ist aber in ganz Europa als Kulturvarietät eingebürgert.

Aufzucht und Pflege: Die Aussaat der frischen Samen erfolgt im Frühling direkt in lockeres fruchtbares Erdreich an einer halbschattigen Stelle. Die Pflanzen regelmäßig gießen und frei von Unkraut halten. Die Petersilie hat von Natur aus einen zweijährigen Lebenszyklus, falls das Blühen der Pflanze jedoch verhindert wird, indem die Blütenschäfte ständig abgeschnitten werden, sobald sie sich zeigen, kann die Lebensdauer der Pflanze auf mehrere Jahre verlängert werden. Eine der bekanntesten und häufig kultivierte Sorte ist »Gigante d'Italia« mit besonders großen glänzenden Blättern. Eine spezielle dekorative Wirkung entwickelt hingegen »Paramounth«, eine Sorte, die mit gekräuselten Blättern Polster bildet und als Dekoration für Speisen dient.

Sammeln und Aufbewahren: Die Blätter, vorzugsweise vor der Blüte, abschneiden und frisch verwenden oder eventuell geschnitten oder ganz im Tiefkühlschrank aufbewahren. Getrocknete Blätter verlieren den typischen, unverwechselbaren Geschmack fast zur Gänze.

Therapeutische Eigenschaften: Harntreibend, eupeptisch und reinigend.

Verwendung in der Küche: Die Petersilie wird in der Küche sehr häufig zur Verfeinerung von Fisch-, Gemüse-, Käsegerichten usw. verwendet. Dabei ist zu beachten, dass die zerkleinerte Petersilie immer erst den fertigen Speisen hinzugefügt werden darf, da sie durch den Kochvorgang einen Großteil ihres Aromas verliert.

Synonyme: *Petroselinum hortense* Auct., *P. crispum* A. W. Hill.

Phaseolus vulgaris L.

Einjährige, bis zu 3 m hohe Kletterpflanze mit sich emporwindenden **Stängeln.** Die wechselständigen **Blätter** weisen 3 oval zugespitzte Segmente auf. Die gelb bis weißlich violett gefärbten **Blüten** bilden kurze Trauben. Die **Frucht** ist eine flache Hülse, die vor dem Reifezustand eine Reihe von fleischigen Samen enthält.

Verbreitung und Habitat: Die Stangenbohne stammt aus Südamerika und wird wegen ihrer proteinreichen Samen weltweit in verschiedenen Varietäten als Gartenpflanze angepflanzt.

Aufzucht und Pflege: Die Bohnen einzeln von März bis Juni direkt in lockeres, gut dräniertes Erdreich an einer sonnigen Stelle stecken. Die Reihen mindestens 50 cm voneinander entfernt anlegen und alle 20 cm etwa 3 bis 4 Samen einsetzen. Falls es sich um kletternde Sorten handelt, für entsprechende Stützen oder Gerüste sorgen, an denen sich die Pflanzen hochwinden können. Ab einer Pflanzenhöhe von rund 20 cm die Stützen einsetzen und zugleich zwischen den Reihen ausjäten. Während der gesamten Vegetationsperiode reichlich gießen, dabei jedoch darauf achten, dass sich kein stehendes Wasser ansammelt.

Sammeln und Aufbewahren: Die Hülsen sammeln, sobald sich die Samen deutlich abzeichnen und schon am Trocknen sind, danach öffnen, die Samen herausnehmen und an einem schattigen und luftigen Ort oder in einem Dörrapparat ganz trocknen lassen. Das Sammelgut dabei in lockeren Schichten auflegen, damit es sich nicht schwarz verfärben kann.

Therapeutische Eigenschaften: Harntreibend, gegen Diabetes, blutzuckersenkend, gegen Arteriosklerose, blutdrucksenkend.

Visitenkarte

Deutscher Name
Bohne, Fisole, Gartenbohne, Stangenbohne

Familie
Schmetterlingsblütler

Blütezeit
Mai bis Sept.

Sammelzeit
Sommer/Herbst

Verwendung
Hülsen

Wirkstoffe
Proteine, Aminosäuren, Vitamine, Zucker

Therapeutische Verwendung
Aufguss, Tinktur

Physalis alkekengi L.

Visitenkarte

Deutscher Name
Judenkirsche, Blasenkirsche, Laternenblume

Familie
Nachtschattengewächse

Blütezeit
Mai bis August

Sammelzeit
Sommer/Herbst

Verwendung
Früchte

Wirkstoffe
Zitronensäure, Pflanzenschleim, Vitamine, Gerbstoffe

Therapeutische Verwendung
Aufguss, Absud, Tinktur

Krautige mehrjährige, 30 bis 70 cm hohe Pflanze mit niederliegenden oder aufrechten **Stängeln.** Die eiförmigen bis lanzettlichen **Blätter** laufen spitz zu. Die weiß-gelben **Blüten** stehen einzeln in den Achseln der Blätter. Die **Frucht** ist eine orangerote Beere, die von einem grünen aufgeblähten und laternenartigen Kelch umgeben ist, der sich im reifen Zustand orangerot verfärbt.

Verbreitung und Habitat: Die Heimat der Judenkirsche liegt in Mittel- und Südeuropa sowie in Westasien. Sie gedeiht in Wäldern, an feuchten, schattigen Standorten und entlang von Hecken bis in Höhen von 1000 m.

Sammeln und Aufbewahren: Die völlig reifen Früchte sammeln, den Kelch entfernen und – wenn möglich – frisch verwenden oder rasch in einem Dörrapparat oder bei mäßiger Hitze im Backrohr trocknen lassen.

Therapeutische Eigenschaften: Harntreibend, antirheumatisch, reinigend, entzündungshemmend.

Verwendung in der Küche: Sowohl die orangeroten Früchte der wilden, säuerlich schmeckenden Judenkirsche als auch die gelben, etwas süßer schmeckenden Beeren der Kultursorte *Physalis peruviana* L. werden bisweilen zur Herstellung von Marmeladen, Torten und Bonbons verwendet.

Phytolacca americana L.

Visitenkarte

Deutscher Name
Kermesbeere, Amerikanischer Nachtschatten, Kermas

Familie
Kermesbeerengewächse

Blütezeit
Juli bis Oktober

Sammelzeit
Ende Sommer/Herbst

Verwendung
Wurzeln

Wirkstoffe
Saponine, Phytolaccasäure, Gerbstoffe, Pflanzenschleim

Therapeutische Verwendung
Absud, Saft

Krautige mehrjährige, 1 bis 3 m hohe strauchförmige Pflanze mit kräftigem **Wurzelstock** sowie aufrechten, verzweigten, violett gefärbten, unbehaarten und an der Basis verholzten **Stängeln.** Die wechselständigen, eiförmigen bis lanzettlichen **Blätter** erreichen Längen von 10 bis 30 cm. Die weißen, rund 5 mm großen **Blüten** bilden aufrechte oder abstehende, ca. 10 bis 15 cm lange Trauben. Die **Frucht** ist eine kugelige, purpurn bis schwarz gefärbte Beere.

Verbreitung und Habitat: Die Kermesbeere stammt aus Nordamerika und ist mittlerweile in Europa häufig wild wachsend anzutreffen. Sie wächst auf Brachland, zwischen Trümmern und an Wegrändern bis in 400 m Höhe.

Sammeln und Aufbewahren: Wurzeln im Spätsommer oder im Herbst ausgraben, waschen, in Stücke schneiden und für äußerliche Anwendung frisch verwenden oder an der Sonne oder im Backrohr bei mäßiger Hitze trocknen lassen.

Therapeutische Eigenschaften: Brechmittel, abführend, reinigend. Äußerliche Anwendung gegen Schuppenflechte und Dermatitis.

Verwendung in der Küche: Die Frühlingstriebe der Pflanze können wie Spargel zubereitet werden. Aus dem roten saftigen Fruchtfleisch der reifen Beeren lässt sich ein Färbemittel für Weine oder andere Getränke herstellen.

Synonym: *Phytolacca decandra* L.

Achtung! Die Pflanze kann giftig wirken.

Plantago media L.

Krautige mehrjährige, 20 bis 40 cm hohe, fast stängellose Pflanze, deren **Blätter** eine dichte, dem Boden aufliegende Rosette bilden. Die Spreite ist eiförmig bis elliptisch und leicht zugespitzt. Aus der Mitte der Rosette entwickelt sich ein aufrechter Blütenschaft, der eine zylindrische Ähre mit sehr kleinen silbrig weißen **Blüten** trägt, aus denen die Staubfäden weit herausragen.

Verbreitung und Habitat: Das Verbreitungsgebiet dieser Spezies ist ganz Eurasien, sie ist daher in Mitteleuropa häufig anzutreffen. Die Pflanze gedeiht bevorzugt auf mageren Wiesen, Weiden und auf Böschungen bis in Höhen von 2000 m.

Sammeln und Aufbewahren: Die Blätter des Mittleren Wegerichs, wie auch jene des Breitwegerichs, *Plantago major,* und des Spitzwegerichs, *Plantago lanceolata,* sammeln und bei Hautentzündungen frisch verwenden oder rasch an einem schattigen und luftigen Ort trocknen lassen und danach geschützt vor Licht und Feuchtigkeit aufbewahren.

Therapeutische Eigenschaften: Harntreibend, zusammenziehend, reinigend, entzündungshemmend. Äußerliche Anwendung der frischen Blätter, die bei Insektenstichen auf der Haut verrieben werden, oder als lindernde Breiumschläge bei Verbrennungen sowie Haut- und Schleimhautentzündungen.

Synonym: *Plantago bertolonii* Godr.

Visitenkarte

Deutscher Name
Mittlerer Wegerich

Familie
Wegerichgewächse

Blütezeit
Mai bis August

Sammelzeit
Sommer

Verwendung
Blätter

Wirkstoffe
Pflanzenschleim, Saponine, Gerbstoffe, Bitterstoffe

Therapeutische Verwendung
Aufguss, Absud, Tinktur

Polygala vulgare L.

Krautige mehrjährige, 10 bis 40 cm hohe Pflanze mit **Wurzelstock** und aufsteigenden holzigen **Stängeln.** Die wechselständigen **Blätter** sind länglich oder linealisch und laufen spitz zu. Die **Blütenstände** setzen sich aus 10 bis 40, mehr oder weniger intensiv blau-violett gefärbten **Blüten** zusammen, die gemeinsam eine endständige Traube bilden.

Verbreitung und Habitat: Diese Spezies ist im eurasischen Raum heimisch und bei uns relativ häufig anzutreffen. Die Pflanze bevorzugt trockene Wiesen, Weiden und lockere Gehölzformationen, vor allem auf sauren Böden, bis in 2000 m Höhe.

Sammeln und Aufbewahren: Die Wurzeln im Herbst ausgraben, die Seitenwurzeln entfernen, waschen, in Stücke schneiden und rasch in einem Dörrapparat oder in einem Backrohr bei mäßiger Hitze trocknen lassen. Danach geschützt vor Licht und Feuchtigkeit aufbewahren.

Therapeutische Eigenschaften: Auswurffördernd, hustenlindernd, gegen Rheuma.

Visitenkarte

Deutscher Name
Gemeine Kreuzblume, Bitttagsblume, Tintenblume, Johanniszinkelen

Familie
Kreuzblumengewächse

Blütezeit
Mai bis Juli

Sammelzeit
Herbst

Verwendung
Wurzeln

Wirkstoffe
Pflanzenschleim, Pektine, Gerbstoffe

Therapeutische Verwendung
Aufguss, Absud, Tinktur

Polygonatum odoratum (Miller) Druce

Visitenkarte

Deutscher Name
Wohlriechende Weißwurz, Salomonssiegel

Familie
Liliengewächse

Blütezeit
April bis Juni

Sammelzeit
Herbst

Verwendung
Wurzelstöcke

Wirkstoffe
Saponine, Glykoside, Pflanzenschleim, Gerbstoffe

Therapeutische Verwendung
Absud, Tinktur

Mehrjährige Pflanze mit einem kräftigen, waagrecht wachsenden und weißlich gefärbten Wurzelstock mit der typischen Form eines Siegels. Der aufrechte, leicht nach unten gebogene eckige **Stängel** wird 20 bis 50 cm hoch. Die länglich eiförmigen oder elliptischen **Blätter** sind an der Oberseite glatt und an der Unterseite blaugrün gefärbt. Die weiß-grünen **Blüten** hängen einzeln oder paarweise an den Achseln der Blätter. Die **Frucht** ist eine kugelige, zur Reife blauschwarz gefärbte Beere.

Verbreitung und Habitat: Die Weißwurz ist in den kalten und gemäßigt kalten Regionen Europas, Asiens und Nordamerikas beheimatet. Sie wächst an feuchten und halbschattigen Standorten entlang von Wäldern und Hecken zwischen 200 und 1500 m Seehöhe.

Sammeln und Aufbewahren: Die Wurzelstöcke der Wohlriechenden und auch jene der Vielblütigen Weißwurz ausgraben, sobald die Pflanzen in die Ruhephase übergehen. Die Seitenwurzeln entfernen, waschen, in Stücke schneiden und rasch an der Sonne, in einem Dörrapparat oder im Backrohr bei sehr niedriger Hitze trocknen lassen. Danach geschützt vor Licht und Feuchtigkeit aufbewahren.

Therapeutische Eigenschaften: Zusammenziehend, reinigend, entzündungshemmend, gegen Gicht. Äußerliche Anwendung des frischen zerstoßenen Wurzelstocks wegen seiner lindernden Wirkung bei Prellungen, Blutergüssen, Verstauchungen, Furunkeln, Hämorrhoiden und Verbrennungen.

Synonyme: *Convallaria polygonatum* L.; *Polygonatum officinale* All.

Polygonum bistorta L.

Visitenkarte

Deutscher Name
Schlangenknöterich, Wiesenknöterich, Schafzunge, Schlangenwurz

Familie
Knöterichgewächse

Blütezeit
Juli bis Sept.

Sammelzeit
Sommer/Herbst

Verwendung
Wurzelstock, Blätter

Wirkstoffe
Stärke, Gallussäure, Gerbstoffe, Proteine, Pflanzenschleim

Therapeutische Verwendung
Absud, Aufguss, Tinktur

Krautige mehrjährige Pflanze mit einem großen eingedrehten **Wurzelstock** und mit aufrechten 20 bis 80 cm langen **Stängeln.** Die dreieckig lanzettlichen **Blätter** weisen eine dunkelgrüne Oberseite sowie eine blaugrüne Unterseite auf. Die **Blüten** bilden dichte, endständige, zylindrische Ährenblütenstände von 3 bis 6 cm Länge.

Verbreitung und Habitat: Der Schlangenknöterich ist in den kalten und gemäßigt kalten Regionen Europas, Asiens und Nordamerikas beheimatet. Die Pflanze gedeiht bevorzugt auf feuchten Wiesen und Weiden zwischen 700 und 2200 m Seehöhe.

Sammeln und Aufbewahren: Die Blätter im Sommer sammeln und wenn möglich frisch verwenden. Die Wurzelstöcke im Herbst ausgraben, waschen, die Seitenwurzeln entfernen, dann in Stücke schneiden und an der Sonne oder im Backrohr bei mäßiger Hitze trocknen lassen.

Therapeutische Eigenschaften: Zusammenziehend, blutstillend. Äußerliche Anwendung als Gurgelwasser bei Geschwüren im Mundbereich und bei Entzündungen der Mundhöhle.

Verwendung in der Küche: Die Blätter des Schlangenknöterichs sind essbar und werden bisweilen zum Verfeinern von Suppen und Füllungen verwendet.

Polypodium vulgare L.

Visitenkarte

Deutscher Name
Tüpfelfarn, Engelwurz, Rossfarn, Kropfwurzel

Familie
Tüpfelfarngewächse

Sammelzeit
Ende Sommer/Herbst

Verwendung
Wurzelstöcke

Wirkstoffe
Glycyrrhetinsäure, Gerbstoffe, Pflanzenschleim, Harze

Therapeutische Verwendung
Absud, Tinktur, Mundwasser

Mehrjähriger, 15 bis 30 cm hoher Farn mit kriechendem **Wurzelstock** und in lanzettlich fiederig linealische Segmente unterteilten **Wedeln**. An der Unterseite der Wedel befinden sich die braunen Sporangien, in denen sich die Sporen bilden.

Verbreitung und Habitat: Der Tüpfelfarn kommt in fast ganz Europa vor, vor allem aber in den kalten und gemäßigt kalten Zonen. Die Pflanze gedeiht bevorzugt auf feuchten Mauern sowie am Fuße von Bäumen bis in 2400 m Höhe.

Sammeln und Aufbewahren: Die Wurzelstöcke im Spätsommer oder zu Herbstbeginn ausgraben, säubern, waschen und in Stücke schneiden. Für äußerliche Anwendung im frischen Zustand verwenden oder an der Sonne trocknen und danach geschützt vor Licht und Feuchtigkeit aufbewahren.

Therapeutische Eigenschaften: Gallentreibend, abführend, abschwellend, erweichend. Äußerliche Anwendung als auswurfförderndes Gurgelwasser sowie als linderndes Mittel bei Entzündungen der Mundhöhle.

Portulaca oleracea L.

Visitenkarte

Deutscher Name
Portulak, Burzelkraut, Gemüse-Portulak

Familie
Portulakgewächse

Blütezeit
Juni bis August

Sammelzeit
Sommer

Verwendung
Blätter

Wirkstoffe
Saponine, Steroide, Proteine, Pflanzenschleim, Vitamine

Therapeutische Verwendung
Aufguss, Saft

Krautige einjährige, unbehaarte, fleischige 10 bis 30 cm hohe Pflanze mit zylindrischen, niederliegenden, auf dem Boden kriechenden **Stängeln.** Die fleischigen, sitzenden **Blätter** sind 1,5 bis 3 cm lang, länglich bis spatelförmig und an der Spitze abgestumpft. Die gelben kleinen **Blüten** stehen einzeln oder in kleinen Gruppen in den Achseln der oberen Blätter.

Verbreitung und Habitat: Der Portulak ist heute praktisch weltweit anzutreffen und wird vielfach als lästiges Unkraut angesehen. Die Pflanze wächst auf Äckern, in Gärten und auf Brachland.

Sammeln und Aufbewahren: Die Blätter im Sommer sammeln und wenn möglich frisch verwenden.

Therapeutische Eigenschaften: Gegen Skorbut, choleretisch, reinigend und harntreibend. Äußerliche Anwendung bei Dermatitis und Nesselsucht.

Verwendung in der Küche: Die Blätter des Portulaks schmecken etwas salzig und dienen zur Verfeinerung von Suppen, Salaten oder in Essig eingelegtem Gemüse.

Primula veris L.

Krautige mehrjährige, 15 bis 30 cm hohe Pflanze mit Wurzelstock. Die **Blätter** bilden eine grundständige Rosette und sind eiförmig spatelförmig oder länglich, an der Oberseite behaart und an den Rändern gekerbt bis gezähnt. Aus der Mitte der Rosette entwickelt sich ein Blütenschaft, der auf seiner **Spitze** 5 bis 15 gelbe trichterförmige **Blüten** trägt, die zusammen eine ziemlich dichte Dolde bilden.

Verbreitung und Habitat: Die Schlüsselblume kommt in ganz Europa vor und wächst bevorzugt in trockenen, lichten Wäldern, auf mageren Wiesen und im Niederholz bis auf 2300 m Höhe.

Sammeln und Aufbewahren: Die Blätter und Blüten nach dem Tauen in den frühen Morgenstunden mit Bedacht sammeln und rasch in lockeren Schichten aufgelegt an einem schattigen und luftigen Ort trocknen lassen. Die Wurzelstöcke zu Herbstbeginn ausgraben, in Stücke schneiden und an der Sonne oder im Backrohr bei niederer Hitze trocknen. Danach geschützt vor Licht und Feuchtigkeit aufbewahren.

Therapeutische Eigenschaften: Auswurffördernd, abschwellend, erweichend, krampflösend. Äußerliche Anwendung als lindernder Breiumschlag bei Prellungen und bei rheumatischen Schmerzen.

Synonym: *Primula officinalis* (L.) Hill.

Visitenkarte

Deutscher Name
Echte Schlüsselblume, Himmelschlüssel, Waldprimel

Familie
Primelgewächse

Blütezeit
April bis Juni

Sammelzeit
Blüten und Blätter im Frühling, Wurzelstöcke im Herbst

Verwendung
Blätter, Blüten, Wurzelstock

Wirkstoffe
Glykoside, Saponine, Pflanzenschleim, ätherische Öle

Therapeutische Verwendung
Absud, Tinktur

Pulicaria dysenterica (L.) Bernh.

Visitenkarte

Deutscher Name
Großes Flohkraut, Ruhrwurz

Familie
Korbblütler

Blütezeit
Juli bis Oktober

Sammelzeit
Frühling oder Herbst

Verwendung
Wurzelstock

Wirkstoffe
Inulin, Gerbstoffe, Pflanzenschleim

Therapeutische Verwendung
Absud, Tinktur, Breiumschlag, Mundwasser

Krautige mehrjährige, weißfilzige Pflanze mit einem eher unangenehmen Geruch und mit kriechendem **Wurzelstock** sowie aufrechten oder aufsteigenden, 30 bis 70 cm langen **Stängeln.** Die **Blätter** sind lanzettlich, an der Basis herzförmig und stängelumfassend und haben gewellte Ränder. Die goldgelben Köpfchen bilden gemeinsam **Doldenblütenstände,** die an der Spitze der Stängel stehen.

Verbreitung und Habitat: Das Flohkraut ist in Südeuropa beheimatet und bevorzugt feuchte Standorte, wie sumpfige Wiesen und Gräben sowie Flussufer bis in 1500 m Höhe.

Sammeln und Aufbewahren: Die Wurzelstöcke ausgraben, die Seitenwurzeln entfernen, waschen, in Stücke schneiden und an der Sonne oder im Backrohr bei mäßiger Hitze trocknen lassen. Danach geschützt vor Licht und Feuchtigkeit aufbewahren.

Therapeutische Eigenschaften: Zusammenziehend, gegen Durchfall, entzündungshemmend. Äußerliche Anwendung in Form von Breiumschlägen bei Juckreiz an Haut und Schleimhaut sowie als linderndes Gurgelwasser bei Entzündungen der Mundhöhle.

Pulsatilla montana (Hoppe) Rchb.

Krautige mehrjährige Pflanze mit kriechendem **Wurzelstock** und aufrechten, 20 bis 20 cm langen behaarten **Stängeln.** Die ebenfalls behaarten und dreifach fiederschnittigen **Blätter** sind tief in lange und schmale Segmente eingeschnitten. Die glockenförmigen dunkelvioletten **Blüten** sind außen wollig behaart.

Verbreitung und Habitat: Diese Spezies ist in den meisten Bergregionen Europas und in den Steppengebieten Südosteuropas anzutreffen und wächst bevorzugt an trockenen Standorten bis in 2100 m Höhe.

Sammeln und Aufbewahren: Die blühenden Pflanzen sammeln und frisch verwenden (vor allem bei äußerlicher Anwendung) oder im Schatten trocknen lassen und danach geschützt vor Licht und Feuchtigkeit aufbewahren.

Therapeutische Eigenschaften: Auswurffördernd, schweißtreibend, sedativ, blutdrucksenkend, erweichend. Äußerliche Anwendung als rötendes Mittel und gegen Rheuma. In der Homöopathie zur Behandlung von Migräne und depressiven Zuständen.

Achtung! Geschützte Art! Die pharmakologische Verwendung dieser Pflanze, die giftige Substanzen enthält, muss ausschließlich Ärzten vorbehalten bleiben.

Visitenkarte

Deutscher Name
Bergküchenschelle, Bergkuhschelle

Familie
Hahnenfußgewächse

Blütezeit
April/Mai

Sammelzeit
Frühling

Verwendung
gesamte Pflanze

Wirkstoffe
Protoanaemonin, Saponine, Bitterstoffe, Gerbstoffe

Therapeutische Verwendung
Tinktur

Achtung!
Giftig

Ranunculus acris L.

Visitenkarte

Deutscher Name
Scharfer Hahnenfuß, Butterblume

Familie
Hahnenfußgewächse

Blütezeit
Mai bis August

Sammelzeit
Frühling

Verwendung
gesamte Pflanze

Wirkstoffe
Protoanaemonin, Saponine, Gerbstoffe

Therapeutische Verwendung
Breiumschlag

Krautige mehrjährige, 30 bis 80 cm hohe Pflanze mit kurzem **Wurzelstock** und aufrechten, zylindrischen, hohlen und im oberen Bereich leicht behaarten **Stängeln.** Die grundständigen, lang gestielten und handförmig gelappten **Blätter** werden bis zu 15 cm lang und sind tief in 2 bis 7 linealisch lanzettliche Segmente eingeschnitten. Die rund 2 cm großen **Blüten** besitzen 5 glänzende goldgelbe Kronblätter und stehen einzeln oder bilden gemeinsam lockere Dolden.

Verbreitung und Habitat: Der Scharfe Hahnenfuß kommt in Mitteleuropa sehr häufig vor und wächst bevorzugt auf wechselfeuchten Wiesen und Weiden sowie entlang von Wegrändern bis in 1700 m Höhe.

Sammeln und Aufbewahren: Die Pflanzen während der Blüte sammeln und frisch verwenden.

Therapeutische Eigenschaften: Rötend, ableitend. Äußerliche Verwendung in Form von Breiumschlägen.

Synonym: *Ranunculus acer* L.

Achtung! Die Pflanze enthält toxische Saponine und ist daher als Hausmittel nicht geeignet.

Ranunculus ficaria L.

Visitenkarte

Deutscher Name
Scharbockskraut, Feigwurz

Familie
Hahnenfußgewächse

Blütezeit
Januar bis Mai

Sammelzeit
Anfang Frühling

Verwendung
gesamte Pflanze

Wirkstoffe
Glykoside, Saponine

Therapeutische Verwendung
Tinktur, Breiumschlag

Krautige mehrjährige, 6 bis 18 cm hohe Pflanze mit unterirdischen kleinen weißen **Speicherknollen** und niederliegenden oder aufsteigenden, unbehaarten **Stängeln.** Die 3 bis 5 cm langen **Blätter** sind lang gestielt, herzförmig und an den Rändern gekerbt. Die rund 2 cm großen **Blüten** tragen 8 bis 11 eiförmige, goldgelb gefärbte Kronblätter und stehen einzeln an langen Stielen.

Verbreitung und Habitat: Diese Spezies ist im eurasischen Raum heimisch und auch in Mitteleuropa häufig anzutreffen. Sie wächst bevorzugt in Laubwäldern sowie unter Obstbäumen bis in 1300 m Höhe.

Sammeln und Aufbewahren: Die Pflanzen während der Blüte sammeln und frisch verwenden.

Therapeutische Eigenschaften: Tonisch zusammenziehend, wundverschlussfördernd, gegen Hämorrhoiden, gegen rissige Haut (äußerliche Anwendung).

Synonym: *Ficaria verna* Hudson; *Ficaria ranunculoides* Roth.

Achtung! Die Pflanze enthält toxische Saponine und darf deshalb nicht als Hausmittel eingesetzt werden.

Rhamnus catharticus L.

Laubabwerfender Strauch oder kleiner Baum von 5 bis 6 m Höhe und mit Zweigen, die an den Enden mit Dornen versehen sind. Die eiförmigen bis elliptischen **Blätter** weisen gezähnte Ränder auf. Die eingeschlechtigen, gelb-weißen oder grünlichen **Blüten** sind zu doldenartigen Blütenständen vereint. Die **Früchte** sind kugelige, im reifen Zustand schwarze Steinfrüchte.

Verbreitung und Habitat: Diese Pflanze ist in Mittel- und Südosteuropa heimisch und wächst bevorzugt in der Strauchschicht von lichten Wäldern und im Niederholz bis in 800 m Höhe.

Sammeln und Aufbewahren: Die Früchte im Spätsommer oder Herbst sammeln und frisch verwenden oder an der Sonne oder im Backrohr bei mäßiger Hitze trocknen lassen.

Therapeutische Eigenschaften: Abführend, wurmtreibend.

Achtung! Die Beeren können giftig wirken.

Visitenkarte

Deutscher Name
Kreuzdorn, Amselbeere, Wegdorn, Hirschdorn

Familie
Kreuzdorngewächse

Blütezeit
April bis Juni

Sammelzeit
Ende Sommer/Herbst

Verwendung
Früchte

Wirkstoffe
Anthrachinone, Gerbstoffe, Flavonoide

Therapeutische Verwendung
Tinktur, Saft, Sirup

Rhamnus frangula L.

Visitenkarte

Deutscher Name
Faulbaum,
Pulverholz,
Amselbaum,
Zapfenholz

Familie
Kreuzdorn-gewächse

Blütezeit
Mai/Juni

Sammelzeit
Frühling

Verwendung
Rinde

Wirkstoffe
Antrachinone,
Gerbstoffe,
Enzyme

Therapeutische Verwendung
Tinktur, Absud

Laubabwerfender Strauch oder kleiner Baum von 5 bis 6 m Höhe mit starker Verästelung. Die ganzrandigen, glänzenden **Blätter** sind elliptisch. Die weiß-grünlichen **Blüten** bilden in den Blattachseln doldenartige Blütenstände. Die **Früchte** sind kugelige, im reifen Zustand schwarze Steinfrüchte.

Verbreitung und Habitat: Diese Spezies ist in Mitteleuropa und im Kaukasus heimisch und wächst bevorzugt auf Feuchtwiesen und im Unterholz bis in 1300 m Höhe.

Sammeln und Aufbewahren: Die Rinde mit Hilfe eines scharfen Messers vom Stamm und von den mindestens zweijährigen Ästen abschälen in Stücke schneiden, an der Sonne oder im Backrohr bei mäßiger Hitze trocknen lassen. Erst nach ungefähr einem Jahr Lagerung verwenden.

Therapeutische Eigenschaften: Abführend, gallentreibend.

Synonym: *Frangula alnus* Mill.

Rheum palmatum L.

Mehrjährige Pflanze mit kräftigem Wurzelstock und aufrechten, bis zu 2 m hohen knotigen **Stängeln.** Die großen lang gestielten und eiförmigen bis rundlichen **Blätter** sind an den Rändern mehr oder weniger tief in Lappen eingeschnitten. Die **Blütenstände** haben die Form großer endständiger Rispen, auf denen zahlreiche weiß-gelbe oder purpurfarbene Blüten sitzen.

Verbreitung und Habitat: Der Rhabarber stammt aus Zentralasien und wird bei uns als Zier-, Kompott- oder Arzneipflanze kultiviert.

Aufzucht und Pflege: Da es sich beim Rhabarber um eine Pflanze mit beträchtlicher Größe handelt, benötigt er ausreichend Platz sowie fruchtbares und tiefes Erdreich an einer halbschattigen Stelle. Die Aussaat erfolgt im Frühling in Töpfen mit einem leichten Substrat aus gleichen Teilen Erde, Torf und Sand. Sobald die Pflänzchen groß genug sind, können sie ins Freie ausgepflanzt werden. Sie benötigen regelmäßige Wassergaben und sollten im Winter mit einer Mulchschicht aus trockenen Blättern oder Stroh zugedeckt werden. Die Vermehrung von reifen Pflanzen kann auch durch Teilung der großen Stöcke im Frühjahr oder Herbst erfolgen.

Visitenkarte

Deutscher Name
Rhabarber

Familie
Knöterichgewächse

Blütezeit
Juni/Juli

Sammelzeit
Herbst

Verwendung
Wurzelstock, Blattstiele

Wirkstoffe
Anthrachinon, Gerbstoffe, organische Säuren

Therapeutische Verwendung
Tinktur, Absud

Sammeln und Aufbewahren: Die Wurzelstöcke von mindestens dreijährigen Pflanzen ausgraben, die Seitenwurzeln entfernen, waschen und in Stücke schneiden. An der Sonne oder im Backrohr bei mäßiger Hitze trocknen lassen und dann geschützt vor Licht und Feuchtigkeit aufbewahren.

Therapeutische Eigenschaften: Verdauungsfördernd, zusammenziehend, abführend, reinigend, gallentreibend.

Verwendung in der Küche: Die Wurzelstöcke von *Rheum palmatum* werden wie jene des Medizinalrhabarbers (*Rheum officinale* – Bild oben) bei der Herstellung von Bittern verwendet, während die fleischigen Blattstiele für die Zubereitung von Kompott, Marmeladen und für Süßspeisen eingesetzt werden.

Anmerkung: Eine andere Rhabarbersorte, die ebenfalls als Heilpflanze gilt, ist *Rheum rhabarbarum* (oder *R. ondulatum*), auch österreichischer Rhabarber genannt. Diese Spezies wird vor allem in Mitteleuropa angebaut.

Ribes rubrum L.

Visitenkarte

Deutscher Name
Rote Johannisbeere, Ribisel, Zeitbeere

Familie
Stachelbeergewächse

Blütezeit
Mai

Sammelzeit
Juli

Verwendung
Früchte

Wirkstoffe
organische Säuren, Vitamine, Pflanzenschleim

Therapeutische Verwendung
Saft, Sirup

Bis zu 1,5 m hoher Strauch mit aufrechten und verzweigten **Stängeln.** Die herzförmigen oder handförmig gelappten **Blätter** sind an den Rändern unregelmäßig gezähnt. Die gelbweißen **Blüten** bilden hängende nickende Trauben. Die **Früchte** sind sauer schmeckende, saftige, im reifen Zustand rote Beeren.

Verbreitung und Habitat: Diese Pflanze ist in Mitteleuropa heimisch und wächst hier sowohl in freier Natur als auch in kultivierter Form. Sie bevorzugt als natürlichen Standort feuchte Wälder und Niederholz bis in 2200 m Höhe.

Sammeln und Aufbewahren: Die Früchte im Juli sammeln und frisch verzehren oder eventuell zu Marmeladen, Fruchtgelees oder Sirup verarbeiten.

Therapeutische Eigenschaften: Abführend, reinigend, harntreibend, vitaminreich.

Synonym: *Ribes vulgare* Lam.

Ricinus communis L.

Visitenkarte

Deutscher Name
Wunderbaum, Römischer Hanf, Kreuzbaum

Familie
Wolfsmilchgewächse

Blütezeit
Juli bis Oktober

Sammelzeit
Herbst

Verwendung
Samen

Wirkstoffe
Öle, Enzyme, Rizinus

Therapeutische Verwendung
Öl

Achtung!
Giftig

Mehrjährige, in kultivierter Form meist einjährige Pflanze mit aufrechten, rund 2 bis 3 m langen **Stängeln.** Die schildförmigen **Blätter** sind tief gelappt und an den Rändern gezähnt. Die eingeschlechtigen **Blüten** bilden endständige Rispen. Die weiblichen Blüten haben rote Narben, während die Staubblätter der männlichen gelb gefärbt sind. Die **Früchte** sind dornige Kapseln, welche große, eiförmige Samen enthalten.

Verbreitung und Habitat: Diese Spezies stammt aus den Tropen und wird in Europa gelegentlich als Zierpflanze in Gärten angepflanzt.

Sammeln und Aufbewahren: Die stark giftigen Samen im Herbst sammeln und daraus mittels Pressen das Rizinusöl gewinnen.

Therapeutische Eigenschaften: Abführend, erweichend. Äußerliche Anwendung in Form von Sonnenölen, Badeölen und Produkten für die Kopfhaut.

Achtung! Die Samen des Wunderbaumes sind äußerst giftig, nur 5 oder 6 Stück können einen Menschen töten. Sie enthalten Ricin, ein äußerst toxisches Protein, und dürfen deshalb keinesfalls verzehrt werden. Während des Pressvorganges zur Gewinnung des Öls sondert sich das Ricin als Pressrückstand ab.

Rosa canina L.

Holziger, 30 bis 180 cm hoher Strauch mit aufrechten oder leicht gebogenen, mit Stacheln rankenden **Ästen.** Die wechselständigen **Blätter** sind in 5 bis 7 eiförmige bis elliptische Segmente mit gezähnten Rändern unterteilt. Die 4 bis 7 cm großen **Blüten** tragen weiße oder rosafarbene Blütenblätter. Die birnenförmigen **Früchte** sind die im reifen Zustand typisch rot gefärbten Hagebutten, attraktive Farbtupfer in der herbstlichen Landschaft.

Verbreitung und Habitat: Diese Spezies ist mit ihren verschiedenen Varietäten in ganz Europa weit verbreitet und wächst bevorzugt in Wäldern, auf Weiden, entlang von Hecken und im Niederholz bis in 1600 m Höhe.

Aufzucht und Pflege: Die Pflanzen lassen sich mittels Samen oder noch einfacher mittels Stecklingen vermehren, die im Sommer abgeschnitten werden und in sandige Erde gesteckt Wurzeln ausbilden. Die Aufzucht ist einfach, die Pflanzen bedürfen keiner besonderen Pflege.

Sammeln und Aufbewahren: Die Blütenblätter der eben geöffneten Blüten sammeln und frisch verwenden oder sorgfältig in lockeren Schichten aufgelegt trocknen lassen, damit sie sich nicht schwarz verfärben können. Die Blätter zu Sommerbeginn sammeln und an einem schattigen und luftigen Ort trocknen lassen. Die Früchte öffnen, die Samen samt silbrigem Haarflaum entfernen und das Fruchtfleisch dann an der Sonne oder im Backrohr bei mäßiger Hitze trocknen.

Therapeutische Eigenschaften: Zusammenziehend, harntreibend, vitaminreich. Äußerliche Anwendung zum Abschwellen der Augen, als reinigende Waschung sowie linderndes Mundwasser bei Entzündungen der Mundhöhle.

Visitenkarte

Deutscher Name
Heckenrose, Wildrose, Hundsrose, Hagrose

Familie
Rosengewächse

Blütezeit
Mai bis Juli

Sammelzeit
Blätter, Blüten im Sommer, Früchte im Herbst

Verwendung
Blätter, Blüten, Früchte

Wirkstoffe
organ. Säuren (Zitronen- und Malinsäure), Vitamin C, Gerbstoffe

Therapeutische Verwendung
Aufguss, Absud

Rosmarinus officinalis L.

Visitenkarte

Deutscher Name
Rosmarin, Anthoskraut, Meertau, Brautkraut

Familie
Lippenblütler

Blütezeit
März bis Sept.

Sammelzeit
gesamtes Jahr

Verwendung
blühende Spross-Spitzen, Blätter

Wirkstoffe
ätherische Öle, Bitterstoffe, Gerbstoffe, Harze

Therapeutische Verwendung
Aufguss, Tinktur

Immergrüner kleiner Strauch von 50 bis 200 cm Höhe und niederliegenden oder ansteigenden **Stängeln.** Die gegenständigen **Blätter** sind linealisch und an den Rändern aufgerollt. Die blauvioletten **Blüten** bilden in den Blattachseln kurze Trauben.

Verbreitung und Habitat: Diese Spezies stammt aus dem Mittelmeerraum und ist in Mittel- und Südeuropa sowohl in wilder als auch kultivierter Form anzutreffen. Die Pflanze wächst bevorzugt an trockenen und sonnigen Standorten sowie in der Macchie bis in 800 m Höhe.

Sammeln und Aufbewahren: Die Blätter und blühenden Spross-Spitzen von den Zweigenden abschneiden, zu Büscheln binden und an einem schattigen und luftigen Ort zum Trocknen aufhängen. Geschützt vor Licht und Feuchtigkeit aufbewahren.

Therapeutische Eigenschaften: Appetitanregend, verdauungsfördernd, windtreibend, krampflösend, tonisch anregend. Äußerliche Anwendung in Form von Einreibungen für die Kopfhaut sowie als antiseptisches Gurgelwasser bei Entzündungen der Mundhöhle.

Verwendung in der Küche: Rosmarin wird bei zahlreichen Küchenrezepten eingesetzt und dient zur Verfeinerung von Fleisch- und Fischgerichten sowie zur Herstellung von Kräuteressig.

Rubus idaeus L.

Strauch von 60 bis 150 cm Höhe und zylindrischen, aufrechten oder gebogenen **Stängeln** mit kleinen geraden, dünnen Stacheln. Die oberseits hellgrünen **Blätter** weisen eine weißfilzige Unterseite auf und sind in 3 bis 5 oval lanzettliche, an den Rändern unregelmäßig gesägte Segmente unterteilt. Die **Blütenstände** sind kurze, endständige Trauben mit je 2 bis 5 weißen Blüten. Die im reifen Zustand roten **Früchte** setzen sich aus 10 bis 30 Steinfrüchten zusammen.

Verbreitung und Habitat: Der Himbeerstrauch ist heute praktisch weltweit anzutreffen und bevorzugt wild wachsend Standorte auf Rodungsflächen und Waldlichtungen bis in 2000 m Höhe. Die Pflanze wird häufig wegen ihrer wohlschmeckenden Früchte kultiviert.

Sammeln und Aufbewahren: Die Blätter – wenn möglich vor der Blüte – sammeln und an einem luftigen Ort trocknen lassen. Die reifen Früchte vorsichtig sammeln und möglichst frisch verzehren oder zu Marmelade, Fruchtgelee oder Saft verarbeiten.

Therapeutische Eigenschaften: Zusammenziehend, harntreibend, entzündungshemmend. Äußerliche Anwendung der Blätter als linderndes Mittel bei Hämorrhoiden oder bei Entzündungen im Mund- und Rachenbereich.

Verwendung in der Küche: Die saftigen und vitaminreichen Himbeeren eignen sich hervorragend zur Herstellung von Süßspeisen, Eiscremes, Sirup, Säften, Marmeladen, Bonbons, Likören usw.

Visitenkarte

Deutscher Name
Himbeerstrauch, Hohlbeerstrauch, Waldbeere

Familie
Rosengewächse

Blütezeit
Mai/Juni

Sammelzeit
Blätter im Frühling, Früchte im Sommer

Verwendung
Blätter, Früchte

Wirkstoffe
Zucker, ätherische Öle, organische Säuren, Gerbstoffe

Therapeutische Verwendung
Aufguss, Absud

Rubus ulmifolius Sch.

Visitenkarte

Deutscher Name
Brombeer-strauch, Moren, Bramel

Familie
Rosengewächse

Blütezeit
Mai bis Juli

Sammelzeit
Blätter Frühling, Früchte Ende Sommer/Herbst

Verwendung
Blätter, Früchte

Wirkstoffe
organische Säuren, Gerbstoffe, Zucker, Vitamine

Therapeutische Verwendung
Absud, Sirup

Strauch von 50 bis 150 cm Höhe mit niederliegenden oder aufsteigenden, leicht gebogenen **Stängeln** mit kräftigen Stacheln. Die **Blätter** setzen sich aus 5 oval lanzettlichen, an den Rändern unregelmäßig gesägten Segmenten zusammen. Die **Blütenstände** sind kurze, endständige Rispen aus weißen oder rosafarbenen Blüten. Die im reifen Zustand schwarzen **Früchte** werden aus zahlreichen Steinfrüchten gebildet.

Verbreitung und Habitat: Der Brombeerstrauch ist heute praktisch weltweit anzutreffen. Die Pflanze bevorzugt als Standort Waldränder, Waldlichtungen und Ödland bis in 1000 m Höhe.

Sammeln und Aufbewahren: Die Blätter – wenn möglich vor der Blüte – sammeln und an einem luftigen Ort trocknen lassen. Die reifen Beeren ernten und möglichst frisch verzehren oder zu Marmelade bzw. Fruchtgelee verarbeiten.

Therapeutische Eigenschaften: Zusammenziehend, harntreibend, entzündungshemmend. Äußerliche Anwendung der Blätter als linderndes Mittel bei Hämorrhoiden oder bei Entzündungen im Mund- und Rachenbereich.

Verwendung in der Küche: Die wohlschmeckenden und vitaminreichen Früchte der verschiedenen Arten und Varietäten des Brombeerstrauches eignen sich hervorragend zur Herstellung von Süßspeisen, Eiscremes, Sirup, Säften, Marmeladen usw.

Ruscus aculeatus L.

Mehrjähriger immergrüner Halbstrauch von 30 bis 60 cm Höhe mit kriechendem Wurzelstock und aufrechten, stark verzweigten **Stängeln.** Die blattähnlichen dunkelgrünen Phyllokladien sind oval bis länglich, lederig und mit einem Dorn an der Spitze versehen. Die eigentlichen, zu winzigen Schuppen reduzierten **Blätter** sitzen in der Mitte der Phyllokladien. Die grünlichen eingeschlechtigen **Blüten** entwickeln sich ebenfalls im Zentrum der Phyllokladien. Die im reifen Zustand leuchtend roten **Früchte** sind kugelige Beeren.

Verbreitung und Habitat: Der Mäusedorn ist in Mittel- und Südeuropa heimisch und wächst an schattigen Standorten, in Wäldern sowie entlang von Hecken bis in 1000 m Höhe.

Sammeln und Aufbewahren: Die Wurzelstöcke im Herbst ausgraben, die Seitenwurzeln entfernen, waschen, in Stücke schneiden und an der Sonne oder im Backrohr bei mäßiger Hitze trocknen lassen. Danach geschützt vor Licht und Feuchtigkeit aufbewahren.

Therapeutische Eigenschaften: Zusammenziehend, harntreibend, entzündungshemmend.

Visitenkarte

Deutscher Name
Stechender Mäusedorn, Stechmyrte, Brustwurz

Familie
Liliengewächse

Blütezeit
Februar bis April

Sammelzeit
Herbst

Verwendung
Wurzelstock

Wirkstoffe
Gerbstoffe, ätherische Öle, Saponine, Bitterstoffe

Therapeutische Verwendung
Absud, Tinktur

Ruta graveolens L.

Visitenkarte

Deutscher Name
Weinraute, Raute, Weinkraut, Totenkraut, Mauerraute

Familie
Rautengewächse

Blütezeit
Mai bis Juli

Sammelzeit
Sommer

Verwendung
Blätter, blühende Spross-Spitzen

Wirkstoffe
ätherische Öle, Glykoside, Gerbstoffe, Harze

Therapeutische Verwendung
Aufguss, Tinktur

Mehrjährige, 40 bis 60 cm hohe Pflanze mit aufrechten oder aufsteigenden, stark verzweigten **Stängeln.** Die wechselständigen, fiederteiligen **Blätter** sind in spatelförmige oder linealische Segmente unterteilt. Die gelb-grünen **Blüten** bilden endständige Doldentrauben.

Verbreitung und Habitat: Die Heimat der Weinraute liegt in Südeuropa, die Pflanze ist heute aber praktisch in ganz Europa anzutreffen. Sie wächst bevorzugt auf trockenen Standorten mit kalkhaltigen Böden bis in 1000 m Höhe.

Aufzucht und Pflege: Die Aussaat der Samen erfolgt im Frühling, am besten in einem sandigen Erdreich. Sobald die Pflänzchen ausreichend groß sind, können sie in Einzeltöpfe oder an einen sonnigen Standort im Garten ausgepflanzt werden. Die Weinraute ist eine robuste Pflanze, die einen lockeren, leicht kalkhaltigen Boden benötigt. Reife Pflanzen lassen sich durch Teilung der Stöcke oder mittels Stecklingen (halbverholzten Zweigen) vermehren. Eine dekorative Gartensorte ist »Jackmann Blue« mit einem kompakten Wuchs und fast blau gefärbten Blättern.

Sammeln und Aufbewahren: Die Blätter und blühenden Spross-Spitzen abschneiden und frisch verwenden oder an einem luftigen und schattigen Ort trocknen lassen. Danach geschützt vor Licht und Feuchtigkeit aufbewahren.

Therapeutische Eigenschaften: Verdauungsfördernd, windtreibend, die Monatsblutung fördernd und regulierend, beruhigend, wurmtreibend.

Verwendung in der Küche: Die frischen Blätter der Weinraute können in geringen Mengen zur Verfeinerung von Salaten, Fleisch- und Fischgerichten oder für Kräuteressig verwendet werden. Die Weinraute wird bisweilen in Grappa (Traubentreberschnaps) angesetzt.

Salvia officinalis L.

Mehrjähriger, 30 bis 50 cm hoher Halbstrauch mit im oberen Bereich verzweigten und verholzten **Stängeln.** Die Spreite der grau behaarten **Blätter** sind länglich lanzettlich, sie werden im Herbst nicht abgeworfen. Die blau-violetten **Blüten** bilden endständige Quirle.

Verbreitung und Habitat: Die Heimat des Echten Salbeis liegt im Mittelmeerraum. Die Pflanze wird heute weltweit für verschiedene Zwecke kultiviert. Die wild wachsende Form bevorzugt trockene, felsige Böden bis in Höhen von 300 m.

Aufzucht und Pflege: Die Aufzucht des Salbeis kann mittels Aussaat der Samen erfolgen, zumeist wird jedoch die Vermehrung mittels Stecklingen, die im sandigen Boden leicht zu bewurzeln sind, vorgezogen. Sobald die Jungpflänzchen ausreichend entwickelt sind, setzt man sie in Einzeltöpfe oder gleich an einen sonnigen Standort ins Freie. Sie benötigen ein leicht kalkhaltiges, gut dräniertes Substrat. Die Wurzeln dieser Pflanze reagieren sehr empfindlich auf Feuchtigkeit, weshalb in Töpfen unbedingt eine Bodenschicht aus Kies oder Blähton angelegt werden sollte, um stauende Nässe zu vermeiden. Besonders dekorativ wirken Sorten mit farbigen oder bunt gefleckten Blättern wie etwa »Purpurascens« (tief violett) oder »Icterina« (Bild unten) mit gezackt gelb geränderten Blättern.

Sammeln und Aufbewahren: Die Salbeiblätter können praktisch das ganze Jahr über gesammelt werden. Junge Zweige sollten gegen Frühlingsende oder zu Sommerbeginn abgeschnitten und rasch an einem schattigen und luftigen Ort getrocknet werden. Danach geschützt vor Licht und Feuchtigkeit aufbewahren.

Therapeutische Eigenschaften: Verdauungsfördernd, gallentreibend, hustenlindernd, auswurffördernd, tonisch anregend, antiseptisch. Äußerliche Anwendung als entzündungshemmendes, linderndes Mittel bei Entzündungen der Mundhöhle.

Verwendung in der Küche: Salbeiblätter eignen sich hervorragend dazu, zahlreiche Speisen zu würzen und leichter verdaulich zu machen. Sie werden deshalb für die Zubereitung von Nudelgerichten, Soßen, Eierspeisen, Fleischgerichten (vor allem Schweinefleisch), Fischgerichten usw. verwendet. Junge, frische Salbeiblätter kann man im Teig herausbacken.

Visitenkarte

Deutscher Name
Echter Salbei, Edelsalbei, Königssalbei

Familie
Lippenblütler

Blütezeit
April/Mai

Sammelzeit
Frühling und Sommer

Verwendung
Blätter

Wirkstoffe
ätherische Öle, Saponine, Gerbstoffe, Vitamine

Therapeutische Verwendung
Aufguss, Tinktur

Salvia sclarea L.

Visitenkarte

Deutscher Name
Muskatellersalbei, Scharlachsalbei

Familie
Lippenblütler

Blütezeit
Juni/Juli

Sammelzeit
Sommer

Verwendung
Blätter, blühende Spross-Spitzen

Wirkstoffe
ätherische Öle, Bitterstoffe, Gerbstoffe, Harze

Therapeutische Verwendung
Aufguss, Tinktur

Krautige zweijährige Pflanze mit aufrechten, kräftigen 30 bis 120 cm langen **Stängeln.** Die großen grau behaarten, runzeligen **Blätter** sind eiförmig oder länglich, an der Basis abgerundet und an den Rändern gewellt. Die quirlförmigen **Blütenstände** setzen sich aus 2 bis 4 violetten oder weiß-rosa **Blüten** zusammen, welche von häutigen, meist violett gefärbten Tragblättern begleitet sind.

Verbreitung und Habitat: Der Muskatellersalbei stammt ursprünglich aus dem Mittelmeerraum, wo er wild wachsend anzutreffen ist. Die Pflanze wird heute fast weltweit kultiviert. In freier Natur wächst der Muskatellersalbei an trockenen und sonnigen Standorten sowie auf kultivierten Böden bis in 900 m Höhe.

Sammeln und Aufbewahren: Die Blätter und blühenden Spross-Spitzen zur Zeit der Hochblüte abschneiden und frisch verwenden oder an einem schattigen und luftigen Ort trocknen lassen. Danach geschützt aufbewahren.

Therapeutische Eigenschaften: Verdauungsfördernd, appetitanregend, krampflösend, anregend. Äußerlich als antiseptisches Mittel bei Entzündungen der Mundhöhle.

Verwendung in der Küche: Die jungen, frischen Salbeiblätter kann man im Teig herausbacken oder sie dienen zur geschmacklichen Verfeinerung von Obstsalaten und Eiscremes. Der Muskatellersalbei wird häufig in der Spirituosenindustrie zur Herstellung von Kräuterweinen und Likören eingesetzt.

Sambucus ebulus L.

Visitenkarte

Deutscher Name
Zwergholunder, Attich, Feldholder, Eppich

Familie
Geißblattgewächse

Blütezeit
Mai bis Juli

Sammelzeit
Blüten Frühling, Wurzeln und Früchte Herbst

Verwendung
Blüten, Früchte, Wurzeln

Wirkstoffe
Bitterstoffe, organ. Säuren, Gerbstoffe, Harze

Therapeutische Verwendung
Aufguss, Absud

Krautige mehrjährige Pflanze mit kräftigem **Wurzelstock** und aufrechten 100 bis 150 cm langen **Stängeln.** Die gegenständigen, unpaarig gefiederten **Blätter** setzen sich aus 5 bis 9 eiförmigen bis lanzettlichen, an den Rändern gesägten Blättchen zusammen. Die cremeweißen oder rosafarbenen **Blüten** bilden endständige Doldentrauben. Die **Früchte** sind kugelige, im reifen Zustand rot-schwarz gefärbte glänzende Steinfrüchte.

Verbreitung und Habitat: Der Zwergholunder ist in Mittel- und Südeuropa beheimatet. Die Pflanze gedeiht am Rande von Wäldern, Waldlichtungen und auf Ödland bis in Höhen von 1300 m.

Sammeln und Aufbewahren: Frische Blüten sammeln, indem die Blütenstände an der Basis abgeschnitten werden. In frischem Zustand verwenden oder in lockeren Schichten aufgelegt an einem luftigen und schattigen Ort trocknen lassen. Danach geschützt vor Licht und Feuchtigkeit aufbewahren. Die Wurzeln im Spätsommer ausgraben, waschen und von den Seitenwurzeln befreien, dann in Stücke schneiden. In der Sonne oder im Backrohr bei mäßiger Hitze trocknen lassen. Die reifen Früchte frisch verwenden oder tiefkühlen.

Therapeutische Eigenschaften: Reinigend, schweißtreibend, hustenlindernd, antirheumatisch, auswurffördernd, harntreibend, abführend.

Sambucus nigra L.

Visitenkarte

Deutscher Name
Schwarzer Holunder, Holler, Elderbaum

Familie
Geißblattgewächse

Blütezeit
April bis Juni

Sammelzeit
Blüten Frühjahr, Früchte Herbst

Verwendung
Blüten, Früchte

Wirkstoffe
ätherische Öle, Pflanzenschleim, Vitamine, Gerbstoffe, Harze

Therapeutische Verwendung
Aufguss, Absud

Strauch oder niedriger Baum von 5 bis 6 m Höhe mit aufrechten, stark verzweigten **Ästen** und **Zweigen.** Die gegenständigen, unpaarig gefiederten **Blätter** setzen sich aus 5 bis 7 oval elliptischen und an den Rändern gesägten Segmenten zusammen. Die cremeweißen, duftenden **Blüten** bilden Doldentrauben. Die **Früchte** sind kugelige, saftige, im reifen Zustand violett-schwarze Steinfrüchte.

Verbreitung und Habitat: Der Schwarze Holunder ist in Europa und dem Kaukasus heimisch und wächst an Waldrändern, auf Waldlichtungen und in der Nähe von Gebäuden bis in 1400 m Höhe.

Sammeln und Aufbewahren: Frische Blüten sammeln, indem die Blütenstände an der Basis abgeschnitten werden. Sofort verwenden und oder in lockeren Schichten an einem luftigen und schattigen Ort trocknen lassen. Danach geschützt vor Licht und Feuchtigkeit aufbewahren. Die Wurzeln im Spätsommer ausgraben, waschen und von den Seitenwurzeln befreien, dann in Stücke schneiden und in der Sonne oder im Backrohr bei mäßiger Hitze trocknen lassen. Die reifen Früchte ernten und frisch verwenden oder tief gekühlt aufbewahren.

Therapeutische Eigenschaften: Blüten: harntreibend, schweißtreibend, hustenlindernd, antirheumatisch, erweichend. Früchte und Wurzeln: reinigend, abführend, fiebersenkend.

Verwendung in der Küche: Die Blüten des Schwarzen Holunders können zur Herstellung von Getränken oder bei der Zubereitung von Pfannkuchen und Süßspeisen sowie als aromatisierender Bestandteil von Weißweinen verwendet werden. Die frischen Früchte werden als Färbemittel für Weine und Sirup sowie zur Herstellung von leicht abführenden Säften und Marmeladen verwendet.

Sanguisorba officinalis L.

Visitenkarte

Deutscher Name
Großer Wiesenkopf, Falsche Bibernelle, Wiesenbibernelle

Familie
Rosengewächse

Blütezeit
Mai bis August

Sammelzeit
Sommer

Verwendung
gesamte Pflanze

Wirkstoffe
Bitterstoffe, Saponine, Gerbstoffe, Harze

Therapeutische Verwendung
Absud

Krautige mehrjährige Pflanze mit **Wurzelstock** und aufrechten 30 bis 100 cm langen **Stängeln.** Die unpaarig gefiederten **Blätter** setzen sich aus 5 bis 9 ovalen oder lanzettlichen Segmenten mit scharf gesägten Rändern und stumpfen Enden zusammen. Die kleinen **Blüten** entwickeln keine Kronblätter und bilden dichte eiförmige, rot-schwarze oder purpurfarbene Köpfchen an der Spitze der Stängel aus.

Verbreitung und Habitat: Die Heimat des Großen Wiesenkopfes liegt in den kalten und gemäßigt kalten Regionen Europas, Asiens und Nordamerikas. Die Pflanze wächst auf feuchten Wiesen und Weiden sowie entlang von Gräben und am Rand von Moorgebieten bis in 2000 m Höhe.

Sammeln und Aufbewahren: Die blühenden Pflanzen sammeln und frisch verwenden oder an einem schattigen und luftigen Ort trocknen lassen. Geschützt vor Licht und Feuchtigkeit aufbewahren.

Therapeutische Eigenschaften: Verdauungsfördernd, appetitanregend, zusammenziehend, tonisch. Äußerliche Anwendung als reinigendes und linderndes Mittel bei Haut- und Schleimhautentzündungen.

Verwendung in der Küche: Die frischen Blätter des Großen Wiesenkopfes können gleich wie die des Kleinen Wiesenkopfes (*Sanguisorba minor*) wegen ihres süßsaueren Geschmacks zur Verfeinerung von Salaten, Suppen, Käsegerichten und gekochtem Gemüse eingesetzt werden.

Synonym: *Poterium officinale* A. Gray.

Sanicula europaea L.

Visitenkarte

Deutscher Name
Sanikel, Heildolde, Scharnigel

Familie
Doldenblütler

Blütezeit
Mai bis Juli

Sammelzeit
Frühling

Verwendung
Blätter

Wirkstoffe
Saponine, Bitterstoffe, Gerbstoffe, Harze

Therapeutische Verwendung
Aufguss, Tinktur

Krautige mehrjährige, 30 bis 50 cm hohe Pflanze mit **Wurzelstock** und unverzweigtem **Stängel.** Die größtenteils zu einer grundständigen Rosette vereinten **Blätter** sind drei- bis fünfteilig handförmig gelappt und an den Rändern grob gezähnt. Die weißen oder rosafarbenen **Blüten** bilden zusammengesetzte Dolden.

Verbreitung und Habitat: Sanikel ist vor allem in den gebirgigen Gebieten Europas und Asiens verbreitet und wächst in Laubwäldern, vor allem in Buchenwäldern zwischen 500 und 1500 m Höhe.

Sammeln und Aufbewahren: Die Blätter, wenn möglich vor der Blüte, sammeln und an einem trockenen und luftigen Ort trocknen lassen. Danach geschützt vor Licht und Feuchtigkeit aufbewahren.

Therapeutische Eigenschaften: Hustenlindernd, zusammenziehend, auswurffördernd. Äußerliche Anwendung als entzündungshemmendes und linderndes Mittel bei Haut- und Schleimhautentzündungen.

Saponaria officinalis L.

Krautige mehrjährige, 30 bis 80 cm hohe Pflanze mit aufrechten oder aufsteigenden **Stängeln** sowie gegenständigen, lanzettlichen oder elliptischen **Blättern** von 5 bis 10 cm Länge. Die mehr oder weniger intensiv rosafarbenen, rund 3 mm großen **Blüten** bilden kompakte endständige Dolden.

Verbreitung und Habitat: Das Seifenkraut ist im eurosibirischen Raum beheimatet und in Europa weit verbreitet. Die Pflanze gedeiht bevorzugt auf Ödland, zwischen Ruinen, an Flussdämmen sowie an Wegrändern bis in Höhen von 1000 m.

Sammeln und Aufbewahren: Die Wurzeln im Spätherbst ausgraben, waschen und die Seitenwurzeln entfernen. Dann in Stücke schneiden und an der Sonne oder im Backrohr bei mäßiger Hitze trocknen. Die Blätter rasch an einem kühlen und schattigen Ort trocknen lassen.

Therapeutische Eigenschaften: Auswurffördernd, harntreibend und schweißtreibend.

Achtung! In größeren Mengen genossen kann diese Pflanze giftig wirken.

Visitenkarte

Deutscher Name
Echtes Seifenkraut, Gemeines Seifenkraut

Familie
Nelkengewächse

Blütezeit
Juni bis August

Sammelzeit
Blätter im Sommer, Wurzeln im Herbst

Verwendung
Blätter, Wurzeln

Wirkstoffe
Saponine, Pflanzenschleim

Therapeutische Verwendung
Absud, Aufguss, Tinktur

Satureja hortensis L.

Krautige einjährige Pflanze mit aufrechten und stark verzweigten **Stängeln.** Die gegenständigen, stark aromatisch duftenden **Blätter** sind linealisch bis lanzettlich. Die rosa-violetten oder weißen **Blüten** weisen pfriemliche Tragblätter auf und bilden Quirle in den Blattachseln.

Verbreitung und Habitat: Das Bohnenkraut stammt ursprünglich aus Kleinasien, ist aber in Mitteleuropa nun recht häufig anzutreffen, und zwar sowohl in wilder als auch kultivierter Form. Die Pflanze gedeiht an trockenen Standorten und Ödland bis in 1300 m Höhe, wobei sie kalkhaltige Böden bevorzugt.

Aufzucht und Pflege: Die Aufzucht beginnt mit der Aussaat der Samen im Herbst oder im Frühling, direkt im Garten, am besten in lockerer, gut dränierter Erde. In der Folge müssen die Jungpflanzen ausgelichtet werden. Der vegetative Zyklus des Bohnenkrautes ist relativ kurz, durch natürliche Aussaat der Samen kommt es daher häufig zu einer spontanen Vermehrung im Garten.

Sammeln und Aufbewahren: Die jungen Zweige während der Hochblüte abschneiden und an einem schattigen und luftigen Ort trocknen lassen. Danach geschützt vor Licht und Feuchtigkeit aufbewahren.

Therapeutische Eigenschaften: Verdauungsfördernd, windtreibend, eupeptisch, tonisch anregend. Äußerliche Anwendung bei Entzündungen der Mundhöhle.

Verwendung in der Küche: Fein geschnittene Triebe des Bohnenkrautes verfeinern den Geschmack zahlreicher Speisen.

Visitenkarte

Deutscher Name
Bohnenkraut, Pfefferkraut, Weinkraut

Familie
Lippenblütler

Blütezeit
Juni bis Sept.

Sammelzeit
Ende Sommer

Verwendung
Blätter, blühende Spross-Spitzen

Wirkstoffe
ätherische Öle, Gerbstoffe, Mineralsalze

Therapeutische Verwendung
Aufguss, Tinktur

Satureja montana L.

Visitenkarte

Deutscher Name
Bergbohnenkraut, Winterbohnenkraut

Familie
Lippenblütler

Blütezeit
Juli bis Sept.

Sammelzeit
Sommer

Verwendung
Blätter, blühende Spross-Spitzen

Wirkstoffe
ätherische Öle, Gerbstoffe, Mineralsalze

Therapeutische Verwendung
Aufguss, Tinktur

Mehrjähriger, 20 bis 50 cm hoher Halbstrauch mit aufrechten oder aufsteigenden, einfachen oder verzweigten **Stängeln.** Die gegenständigen **Blätter** sind linealisch bis lanzettlich und an den Rändern bewimpert. Die fast einseitigen **Blütenstände** sind einseitswendige Wirbel und setzen sich aus weißen oder rosafarbenen Blüten zusammen.

Verbreitung und Habitat: Die Heimat dieser Spezies sind die Berge Mittel- und Südeuropas. Die Pflanze wächst auf trockenen und sonnigen Standorten, vorzugsweise auf felsigen, kalkhaltigen Böden, bis in Höhen von 1300 m.

Aufzucht und Pflege: Die Aufzucht erfolgt entweder mittels Samen oder mit Kopfstecklingen, das sind vorzugsweise junge Triebe ohne Blüten, die, in sandige Erde gesteckt, Wurzeln bilden. Sobald die Pflanzen ausreichend entwickelt sind, setzt man sie in Einzeltöpfe oder direkt in den Garten an einen sonnigen Standort mit leicht kalkhaltigem, gut dräniertem Substrat. Besonders geeignet als Bodendecker erweist sich die kriechende Gartensorte »Repandens«, die sich jedoch nur mittels Stecklingen oder durch Teilung des Stockes vermehren lässt.

Sammeln und Aufbewahren: Die blühenden Triebe zu Sommerbeginn abschneiden und an einem schattigen und luftigen Ort trocknen lassen. Danach geschützt vor Licht und Feuchtigkeit aufbewahren.

Therapeutische Eigenschaften: Verdauungsfördernd, windtreibend, eupeptisch, tonisch anregend. Äußerliche Anwendung als antiseptisches und linderndes Mittel bei Entzündungen der Mundhöhle.

Verwendung in der Küche: Die jungen Zweige des Bergbohnenkrautes verfeinern den Geschmack zahlreicher Speisen und machen diese auch leichter verdaulich, z. B. Fleischgerichte, Suppen, Füllungen, Gemüse, Käse, Kräuteröl und -essig.

Sedum acre L.

Visitenkarte

Deutscher Name
Scharfe Fetthenne, Mauerpfeffer

Familie
Dickblattgewächse

Blütezeit
Mai bis Juli

Sammelzeit
Frühling/Sommer

Verwendung
gesamte Pflanze

Wirkstoffe
Alkaloide, Harze, Pflanzenschleim

Therapeutische Verwendung
Breiumschlag, Tinktur

Krautige mehrjährige, fleischige Pflanze mit niederliegenden oder aufsteigenden, stark verzweigten, 5 bis 15 cm langen **Stängeln,** die häufig ausgedehnte Polster bilden. Die fleischigen, spiralig angeordneten, 3 bis 4 mm langen **Blätter** sind drehrund oval oder an der Basis abgerundet mit stumpfer Spitze. Die **Doldenblütenstände** tragen 1 bis 3 fast sitzende goldgelbe Blüten.

Verbreitung und Habitat: Diese Spezies ist im eurasischen Raum heimisch und in Mitteleuropa relativ häufig anzutreffen. Sie wächst bevorzugt auf Mauern, Felsen, Kieswegen sowie an anderen trockenen und felsigen Standorten bis in 1600 m Höhe.

Sammeln und Aufbewahren: Die krautigen Teile der Pflanze an der Basis abschneiden und frisch verwenden oder an der Sonne oder im Backrohr bei mäßiger Hitze trocknen lassen. Danach geschützt vor Licht und Feuchtigkeit aufbewahren.

Therapeutische Eigenschaften: Harntreibend, blutdrucksenkend. Äußerliche Anwendung als rötendes Mittel sowie gegen Juckreiz.

Achtung! Die Scharfe Fetthenne nur mit Vorsicht verwenden, da die Pflanze giftige und reizauslösende Wirkstoffe enthält.

Silybum marianum (L.) Gaert.

Visitenkarte

Deutscher Name
Mariendistel, Frauendistel, Krone Christi, Heilanddistel

Familie
Korbblütler

Blütezeit
Juli/August

Sammelzeit
Sommer

Verwendung
Früchte (Samen)

Wirkstoffe
Gerbstoffe, Flavonoide, Bitterstoffe, Histamin

Therapeutische Verwendung
Absud, Tinktur

Zweijährige Pflanze mit aufrechten, fein behaarten **Stängeln** von 30 bis 150 cm Länge. Die leuchtend grün gefärbten, weiß gestreiften **Blätter** sind lanzettlich bis gelappt, gewellt und an den Spitzen mit Dornen versehen. Die purpurn bis rot gefärbten **Blüten** bilden endständige Köpfchen. Die **Früchte** (Samen) sind Schließfrüchte mit einem Pappus aus weißlichen Borsten.

Verbreitung und Habitat: Die Mariendistel stammt aus dem Mittelmeerraum und wächst auf Ödland und an Wegrändern bis in 1000 m Seehöhe.

Sammeln und Aufbewahren: Die Köpfchen abschneiden, sobald die Samen knapp vor der Reife stehen und an einem schattigen und luftigen Ort trocknen. Die trockenen Samen aussieben, um sie von Fremdkörpern zu trennen und sie dann geschützt vor Licht und Feuchtigkeit aufbewahren.

Therapeutische Eigenschaften: Gallentreibend, harntreibend, fiebersenkend, tonisch anregend, windtreibend.

Smilax aspera L.

Immergrüne zweihäusige Kletterpflanze mit Wurzelstock und sich windenden, bis zu 3 m langen **Stängeln.** Die wechselständigen, lederigen **Blätter** sind herz- oder pfeilförmig und tragen an den Rändern und Blattadern Dornen. Die eingeschlechtigen, weiß grün gefärbten **Blüten** bilden **Doldenblütenstände.** Die **Frucht** ist eine kugelige, im reifen Zustand rote Beere.

Verbreitung und Habitat: Die Stechwinde ist im Mittelmeerraum heimisch und dort relativ häufig anzutreffen. Sie wächst bevorzugt in Steineichenwäldern und in der mediterranen Macchie bis in 600 m Seehöhe.

Sammeln und Aufbewahren: Die Wurzeln ausgraben, wobei man am besten mit Handschuhen ans Werk geht, weil diese extrem dornig sind. Sodann die Seitenwurzeln entfernen, anschließend Wurzelstock waschen, in Stücke schneiden und an der Sonne trocknen lassen. Danach geschützt vor Licht und Feuchtigkeit aufbewahren

Therapeutische Eigenschaften: Harntreibend, entgiftend, schweißtreibend. Äußerliche Anwendung als entzündungshemmendes und linderndes Mittel bei Hautentzündungen wie Dermatose, Ekzeme usw. sowie gegen Rheuma.

Visitenkarte

Deutscher Name
Stechwinde, Italienische Sarsaparille

Familie
Liliengewächse

Blütezeit
September bis November

Sammelzeit
Herbst

Verwendung
Wurzeln

Wirkstoffe
Zucker, Kaliumnitrat, Mineralsalze

Therapeutische Verwendung
Absud

Solanum nigrum L.

Visitenkarte

Deutscher Name
Schwarzer Nachtschatten, Teufelskirsche

Familie
Nachtschattengewächse

Blütezeit
März bis Oktober

Sammelzeit
Frühling

Verwendung
gesamte Pflanze

Wirkstoffe
Glykoside, Saponine, Gerbstoffe

Therapeutische Verwendung
Tinktur

Krautige mehrjährige, 20 bis 70 cm hohe Pflanze mit aufrechten oder aufsteigenden, stark verzweigten **Stängeln.** Die gegenständigen **Blätter** sind ei- oder rautenförmig und an den Rändern gebuchtet und gezähnt. Die cremeweißen **Blüten** bilden Doldenblütenstände. Die **Früchte** sind kugelige Beeren, die sich im reifen Zustand leuchtend schwarz verfärben. Sie sind giftig!

Verbreitung und Habitat: Der Schwarze Nachtschatten ist mittlerweile weltweit verbreitet und gedeiht bevorzugt auf Brachland, auf Schutt, auf Feldern, auf Garten- und Ackerland bis in 1000 m Höhe.

Sammeln und Aufbewahren: Möglichst blühende Pflanzen abschneiden und an einem kühlen und luftigen Ort trocknen lassen.

Therapeutische Eigenschaften: Krampflösend, analgetisch, beruhigend. In der Homöopathie eingesetzt gegen Schwindel, Krämpfe und Migräne.

Achtung! Die pharmakologische Anwendung von Präparaten dieser Pflanze, welche sehr giftige Alkaloide enthält, muss ausschließlich Ärzten vorbehalten bleiben.

Solidago virgaurea L.

Krautige mehrjährige, 10 bis 80 cm hohe Pflanze mit Wurzelstock und aufrechten oder aufsteigenden **Stängeln.** Die lanzettlichen **Blätter** weisen gezähnte Ränder und spitze Enden auf. Die Köpfchen setzen sich aus goldgelben **Zungen** und **Röhrenblüten** zusammen und stehen an einer endständigen Rispe.

Verbreitung und Habitat: Die Goldrute ist in den kalten und gemäßigt kalten Regionen Europas, Asiens und Nordamerikas beheimatet und wächst bevorzugt am Rand von Laub- und Nadelwäldern, auf alpinen Matten und auf Trockenrasen bis in 2000 m Höhe.

Sammeln und Aufbewahren: Die Wurzelstöcke im Herbst ausgraben, waschen, die Seitenwurzeln entfernen, den Stock in Stücke schneiden und an der Sonne oder im Backrohr bei mäßiger Hitze trocknen. Die blühenden Sprosse im Spätsommer abschneiden und an einem schattigen und luftigen Ort trocknen lassen. Danach geschützt vor Licht und Feuchtigkeit aufbewahren.

Therapeutische Eigenschaften: Verdauungsfördernd, appetitanregend, windtreibend, zusammenziehend, harntreibend. Äußerliche Anwendung von Präparaten der Spross-Spitzen als entzündungshemmendes und linderndes Mittel bei Entzündungen der Mundhöhle.

Visitenkarte

Deutscher Name
Goldrute, Goldraute, Güldenwundkraut

Familie
Korbblütler

Blütezeit
Juli bis Oktober

Sammelzeit
Sommer/Herbst

Verwendung
blühende Spross-Spitzen, Wurzeln

Wirkstoffe
ätherische Öle, Saponine, Gerbstoffe, Pflanzenschleim

Therapeutische Verwendung
Aufguss, Tinktur

Stachys officinalis (L.) Trev.

Visitenkarte

Deutscher Name
Echter Ziest, Gemeiner Ziest, Betonie, Pfaffenblume

Familie
Lippenblütler

Blütezeit
Juni bis Sept.

Sammelzeit
Sommer

Verwendung
blühende Spross-Spitzen

Wirkstoffe
Glykoside, Bitterstoffe, Gerbstoffe, Saponine

Therapeutische Verwendung
Aufguss, Tinktur, Breiumschlag

Krautige mehrjährige, 20 bis 60 cm hohe Pflanze mit aufrechten oder aufsteigenden **Stängeln.** Die gegenständigen, gestielten **Blätter** sind eiförmig bis lanzettlich und an den Rändern gekerbt bis gezähnt. Die rotvioletten **Blüten** bilden endständige Quirle.

Verbreitung und Habitat: Der Echte Ziest ist in ganz Europa und im Kaukasus verbreitet und gedeiht bevorzugt auf mageren Böden von Wiesen, Weiden, an Waldrändern und Waldlichtungen bis in 1800 m Höhe.

Sammeln und Aufbewahren: Die Blätter, wenn möglich vor der Blüte, sammeln und entweder frisch in Form eines Breiumschlages verwenden oder an einem schattigen und luftigen Ort trocknen lassen. Gerade erblühte Spross-Spitzen abschneiden und in lockeren Schichten aufgelegt trocknen lassen, damit sie sich nicht schwarz verfärben können. Danach geschützt vor Licht und Feuchtigkeit aufbewahren.

Therapeutische Eigenschaften: Auswurffördernd, fiebersenkend, erweichend. Äußerliche Anwendung als reinigendes und den Wundverschluss förderndes Mittel.

Synonyme: *Betonica officinalis* L.; *Stachys betonica* Benth.

Symphytum officinale L.

Krautige mehrjährige, haarig borstige Pflanze mit Wurzelstock und aufrechten oder aufsteigenden, 20 bis 60 cm langen **Stängeln.** Die **Blätter** sind eiförmig bis lanzettlich und weisen gekerbte Ränder und scharf zulaufende Spitzen auf. Die meist violetten oder selten gelblich weiß gefärbten **Blüten** bilden dichte endständige Dolden.

Verbreitung und Habitat: Der Gemeine Beinwell ist in ganz Mitteleuropa verbreitet und bevorzugt feuchte und schattige Standorte an Waldrändern, Gräben, Flussufern und Hecken bis in 1300 m Höhe.

Sammeln und Aufbewahren: Die Wurzelstöcke im Spätsommer ausgraben, waschen, die Seitenwurzeln entfernen, Stöcke in Stücke schneiden und an der Sonne oder im Backrohr bei mäßiger Hitze trocknen. Die Blätter und blühenden Spross-Spitzen zu Sommerbeginn abschneiden und an einem schattigen und luftigen Ort trocknen lassen. Danach geschützt vor Licht und Feuchtigkeit aufbewahren.

Therapeutische Eigenschaften: Zusammenziehend, tonisch anregend, auswurffördernd, erweichend. Äußerliche Anwendung als linderndes und den Wundverschluss beschleunigendes Mittel bei Entzündungen und Verletzungen der Haut.

Visitenkarte

Deutscher Name
Gemeiner Beinwell, Wallwurz, Beinwurz, Soldatenwurz

Familie
Borretschgewächse

Blütezeit
Mai bis Juli

Sammelzeit
Sommer, Herbst

Verwendung
Wurzeln, Blätter, blühende Spross-Spitzen

Wirkstoffe
Glykoside, Pflanzenschleim, Gerbstoffe, Harze

Therapeutische Verwendung
Aufguss, Tinktur

Tamus communis L.

Visitenkarte

Deutscher Name
Schmerwurz, Späggbeer, Jungfernwurzel

Familie
Schmerwurzgewächse

Blütezeit
April/Mai

Sammelzeit
Herbst

Verwendung
Wurzeln

Wirkstoffe
Saponine, Gerbstoffe, Oxalate

Therapeutische Verwendung
Absud, Tinktur

Mehrjährige Schlingpflanze mit kräftiger **Knollenwurzel** und kriechenden oder kletternden, 3 bis 4 m langen **Stängeln.** Die **Blätter** haben einen herzförmigen Umriss mit tief eingeschnittenem Blattgrund und schmal zulaufender Spitze. Die grünen eingeschlechtigen **Blüten** bilden blattachselständige Trauben. Die **Frucht** ist eine kugelige, im reifen Zustand leuchtend rote Beere.

Verbreitung und Habitat: Diese Pflanze ist in den Mittelmeerländern heimisch und wächst bevorzugt in lichten Wäldern, in Gebüsch, auf Waldlichtungen sowie in Hecken bis in 900 m Höhe.

Sammeln und Aufbewahren: Die Knollenwurzeln im Herbst ausgraben, waschen, Seitenwurzeln entfernen, dann in Stücke teilen und an der Sonne oder im Backrohr bei mäßiger Hitze trocknen.

Therapeutische Eigenschaften: Brechmittel, abführend, blutstillend, tonisch anregend, harntreibend. Äußerlicher Gebrauch als rötendes und ableitendes Mittel bei Prellungen, Verstauchungen und rheumatischen Schmerzen.

Verwendung in der Küche: Die jungen Frühjahrstriebe der Schmerwurz lassen sich so wie Spargel oder Hopfen als Kochgemüse zubereiten.

Tanacetum parthenium (L.) Sch.-Bip.

Krautige mehrjährige, stark duftende Pflanze mit aufrechten, verzweigten 30 bis 60 cm langen **Stängeln.** Die **Blätter** haben einen ovalen Umriss und sind zur Gänze in längliche, tief fiederspaltige Segmente unterteilt. Die gelben Röhrenblüten in der Zentralscheibe der Köpfchen sind außen von einem Kranz weißer Zungenblüten umgeben. Die Köpfchen selbst sind zu **Doldenblütenständen** vereint.

Verbreitung und Habitat: Diese Spezies stammt aus Kleinasien und dem Balkan und ist in Süd- und Mitteleuropa sowohl in wilder als auch kultivierter Form verbreitet. Die Pflanze bevorzugt brachliegende Böden, zwischen Ruinen und auf bewirtschafteten Flächen bis in 1000 m Höhe.

Sammeln und Aufbewahren: Die blühenden Spross-Spitzen im Sommer abschneiden und an einem schattigen und luftigen Ort trocknen lassen. Geschützt vor Licht und Feuchtigkeit aufbewahren.

Therapeutische Eigenschaften: Verdauungsfördernd, die Monatsblutung fördernd und regulierend, krampflösend, wurmabtreibend. Äußerliche Anwendung als linderndes Mittel bei Prellungen und Blutergüssen.

Synonyme: *Chrysanthemum parthenium* Bernh.; *Matricaria parthenium* L.

Visitenkarte

Deutscher Name
Mutterkraut, Frauenminze, Römische Kamille

Familie
Korbblütler

Blütezeit
Mai bis Sept.

Sammelzeit
Sommer

Verwendung
blühende Spross-Spitzen

Wirkstoffe
ätherische Öle, Bitterstoffe, Gerbstoffe

Therapeutische Verwendung
Aufguss, Tinktur

Tanacetum vulgare L.

Visitenkarte

Deutscher Name
Gemeiner Rainfarn, Wurmkraut

Familie
Korbblütler

Blütezeit
Juli bis September

Sammelzeit
Frühling/Sommer

Verwendung
Blätter, blühende Spross-Spitzen

Wirkstoffe
ätherische Öle, Bitterstoffe, Harze

Therapeutische Verwendung
Aufguss, Tinktur

Krautige mehrjährige, aromatisch duftende Pflanze mit aufrechten 30 bis 120 cm langen **Stängeln.** Die fiederteiligen **Blätter** setzen sich aus 15 bis 23 linealisch lanzettlichen Segmenten zusammen, die randlich tief eingeschnitten und gesägt sind. Die goldgelben Köpfchen sind zu dichten **Doldenblütenständen** vereint.

Verbreitung und Habitat: Diese Spezies ist im eurasischen Raum heimisch und in Mitteleuropa häufig anzutreffen. Die Pflanze wächst bevorzugt auf Brachland, auf Feldern und auf von Menschen bearbeiteten Böden sowie entlang von Wegrändern bis in 1600 m Höhe.

Aufzucht und Pflege: Der Rainfarn ist eine sehr häufig auftretende Spezies und gilt vielfach als Unkraut, weshalb sich die Kultivierung dieser Art meist auf die Gartensorte »Crispum« beschränkt. Ihr spezielles Merkmal sind die gekrausten, besonders stark duftenden und dekorativ wirkenden Blätter. Wie alle Kultursorten lässt sie sich ausschließlich durch Teilung der Stöcke oder mittels der an der Basis der Mutterpflanze wachsenden Seitentriebe vegetativ vermehren.

Sammeln und Aufbewahren: Die Blätter und blühenden Spross-Spitzen im Sommer abschneiden und an einem schattigen und luftigen Ort trocknen lassen. Danach geschützt vor Licht und Feuchtigkeit aufbewahren.

Therapeutische Eigenschaften: Verdauungsfördernd, bitter-tonisch, die Monatsblutung fördernd und regulierend, krampflösend, wurmabtreibend. Äußerliche Anwendung als schmerzlinderndes Mittel bei Prellungen und Blutergüssen.

Verwendung in der Küche: Die Blätter des Rainfarns werden bei der Herstellung eines bekannten Likörs mit der Bezeichnung »Arquebuse« verwendet, einem sehr aromatischen Digestif. In kleinen Mengen dienen sie auch dazu, den Geschmack von Omeletten, Salaten, Fleischfüllungen und Wildgerichten zu verfeinern.

Synonyme: *Chrysanthemum vulgare* Bernh.; *Pyrethrum tanacetum* Bernh.

Taraxacum officinale Weber

Krautige mehrjährige, 15 bis 30 cm hohe Pflanze mit einer langen **Pfahlwurzel.** Die länglichen bis lanzettlichen **Blätter** weisen unterschiedlich gezähnt-gelappte bis schrotsägeförmige Ränder auf und bilden eine dichte grundständige Rosette, die dem Boden weitgehend aufliegt. Die Köpfchen setzen sich aus intensiv gelb gefärbten **Zungenblüten** zusammen. Die **Früchte** sind mit Rippen versehene Achänen (Schließfrüchte), auf deren oberen Ende ein fallschirmartiges, aus feinen weißen Haaren gebildetes Flugorgan sitzt (siehe Bild links).

Verbreitung und Habitat: Der Löwenzahn ist in den meisten Ländern Europas, Asiens, Nordafrikas und Nordamerikas anzutreffen. Er wächst bevorzugt auf saftigen Wiesen, Brachland, entlang von Wegrändern sowie auf Feldern und vom Menschen bewirtschafteten Böden bis in 1700 m Höhe.

Sammeln und Aufbewahren: Die Pfahlwurzeln in der Zeit zwischen Frühling und Herbst ausgraben, waschen, die Seitenwurzeln entfernen, dann in Stücke schneiden und an der Sonne oder im Backrohr bei mäßiger Hitze trocknen lassen. Die Blattrosetten im Frühling ausstechen und frisch verwenden oder an einem schattigen und luftigen Ort trocknen lassen.

Therapeutische Eigenschaften: Reinigend, gallentreibend, harntreibend, eupeptisch, bitter-tonisch, abführend.

Verwendung in der Küche: Die zarten Blattrosetten lassen sich im Frühling roh als Salat oder gedünstet als reinigendes Gemüse zubereiten.

Visitenkarte

Deutscher Name
Löwenzahn, Herzheil, Röhrlsalat, Maiblume, Augenmilchkraut

Familie
Korbblütler

Blütezeit
März bis August

Sammelzeit
Frühling, Sommer, Herbst

Verwendung
Blätter, Wurzeln

Wirkstoffe
Bitterstoffe, Phytosterin, Gerbstoffe, Vitamine

Therapeutische Verwendung
Aufguss, Tinktur, Absud

Teucrium chamaedrys L.

Visitenkarte

Deutscher Name
Echter Gamander, Edelgamander, Schafkraut

Familie
Lippenblütler

Blütezeit
Mai bis Juli

Sammelzeit
Sommer

Verwendung
blühende Spross-Spitzen

Wirkstoffe
ätherische Öle, Harze, Gerbstoffe, Bitterstoffe

Therapeutische Verwendung
Aufguss, Tinktur

Halbstrauch von 20 bis 35 cm Höhe mit Wurzelstock und aufsteigenden, an der Basis leicht verholzten **Stängeln.** Die lanzettlichen bis spatelförmigen **Blätter** sind an den Rändern stark gekerbt. Die rosafarben bis purpurn gefärbten **Blüten** bilden in den Achseln von blattähnlichen kleinen Deckblättern dichte Quirle.

Verbreitung und Habitat: Der Echte Gamander stammt aus Südeuropa. Die Pflanze gedeiht bevorzugt auf trockenen Feldern, Waldlichtungen sowie an anderen steinigen und sonnigen Standorten bis in 1700 m Höhe.

Sammeln und Aufbewahren: Die jungen blühenden Zweige Anfang Sommer abschneiden und an einem schattigen und luftigen Ort trocknen lassen. Danach geschützt vor Licht und Feuchtigkeit aufbewahren.

Therapeutische Eigenschaften: Verdauungsfördernd, appetitanregend, bitter-tonisch, windtreibend, abführend. Äußerliche Anwendung als Gurgelwasser und zusammenziehendes Mittel bei Entzündungen der Mundhöhle.

Verwendung in der Küche: Der Echte Gamander stellt einen wichtigen Bestandteil bei der Herstellung von Wermut und Likören dar (z. B. Chartreuse), denen er ihren typischen bitter-tonischen Geschmack verleiht.

Thymus serpyllum L.

Mehrjähriger, 10 bis 30 cm hoher Halbstrauch mit starkem aromatischem Duft. Die **Stängel** sind niederliegend oder kriechend und entwickeln an den Knoten sowohl Wurzeln als auch aufrechte oder aufsteigende Blütensprosse. Die lederigen **Blätter** sind eiförmig bis elliptisch. Die violetten oder rosafarbenen **Blüten** stehen in dichten kugelförmigen Quirlen zusammen.

Verbreitung und Habitat: Der Feldthymian ist Teil einer Gruppe von sehr ähnlichen Arten, die in Mittel- und Südeuropa sowie Kleinasien beheimatet sind. Die Pflanze wächst bevorzugt an trockenen und sonnigen Stellen, vorzugsweise auf silikathaltigen Böden, bis in Höhen von 2200 m.

Aufzucht und Pflege: Die Aufzucht des Feldthymians beginnt mit der Aussaat der Samen im Frühling auf leichte und sandige Erde. Sobald die Pflänzchen groß genug sind, setzt man sie in Einzeltöpfe oder gleich an eine sonnige Stelle im Freien mit sehr gut dräniertem lockerem Boden. Die Gartensorten mit dekorativ gestreiften oder goldgelben Blättern eignen sich vor allem für den Steingarten, sie lassen sich aber ausschließlich mittels Stecklingen oder Teilung der Stöcke vermehren.

Sammeln und Aufbewahren: Die blühenden Zweige abschneiden und an einem schattigen und luftigen Ort trocknen lassen. Danach geschützt vor Licht und Feuchtigkeit aufbewahren.

Therapeutische Eigenschaften: Verdauungsfördernd, reinigend, windtreibend, auswurffördernd, tonisch anregend, balsamisch. Äußerliche Anwendung als antiseptisches Mittel für Wunden und bei Verletzungen sowie als desinfizierendes Mundwasser bei Entzündungen der Mundhöhle.

Verwendung in der Küche: Der Feldthymian trägt dazu bei, zahlreiche Speisen leichter verdaulich zu machen. Die Pflanze kommt deshalb sehr häufig bei Braten, Schmorbraten, Soßen, Füllungen, Gemüse, Pilzen, Kräuteröl und -essig zum Einsatz. Sie dient auch zur Herstellung von Kräuterbitter und Kräuterweinen.

Visitenkarte

Deutscher Name
Feldthymian, Sandthymian, Feldkümmel

Familie
Lippenblütler

Blütezeit
April bis August

Sammelzeit
Frühling/Sommer

Verwendung
Blätter, blühende Spross-Spitzen

Wirkstoffe
ätherische Öle, Bitterstoffe, Gerbstoffe

Therapeutische Verwendung
Aufguss, Tinktur

Thymus vulgaris L.

Visitenkarte

Deutscher Name
Thymian, Gartenthymian, Immenkraut

Familie
Lippenblütler

Blütezeit
Mai/Juni

Sammelzeit
Frühling/Sommer

Verwendung
Blätter, blühende Spross-Spitzen

Wirkstoffe
ätherische Öle, Saponine, Gerbstoffe, Vitamine

Therapeutische Verwendung
Aufguss, Tinktur

Mehrjährige, 10 bis 30 cm hoher Halbstrauch mit starkem aromatischem Duft. Die **Stängel** sind aufrecht und verzweigt. Die **Blätter** sind graugrün gefärbt, linealisch oder schmal lanzettlich mit aufgerollten Rändern. Die violetten oder rosafarbenen **Blüten** bilden in den Achseln der lanzettlichen Deckblätter Quirle.

Verbreitung und Habitat: Diese Spezies stammt aus dem östlichen Mittelmeerraum und ist in Mitteleuropa zumeist nur in kultivierter Form anzutreffen. Wild wachsend bevorzugt sie dabei trockene und sonnige Standorte, vorzugsweise auf kalkhaltigen Böden, bis in 900 m Höhe.

Aufzucht und Pflege: Die Aufzucht beginnt im Frühling mit der Aussaat der Samen in leichte und sandige Erde. Sobald die Pflänzchen groß genug sind, pflanzt man sie in Einzeltöpfe oder gleich an eine sonnige Stelle ins Freie mit leicht kalkhaltigem, sehr gut dräniertem Substrat. Die Gartensorten, welche leider recht anfällig für Pilzerkrankungen sind, lassen sich ausschließlich mittels Stecklingen oder durch Teilung der Stöcke vermehren.

Sammeln und Aufbewahren: Die blühenden Zweige abschneiden und an einem schattigen und luftigen Ort trocknen lassen. Danach geschützt vor Licht und Feuchtigkeit aufbewahren.

Therapeutische Eigenschaften: Verdauungsfördernd, reinigend, windtreibend, auswurffördernd, tonisch anregend, balsamisch. Äußerliche Anwendung als antiseptisches Mittel für Wunden und bei Verletzungen sowie als desinfizierendes Mundwasser bei Entzündungen der Mundhöhle.

Verwendung in der Küche: Der Thymian trägt dazu bei, zahlreiche Speisen leichter verdaulich zu machen. Die Pflanze wird deshalb sehr häufig zum Würzen von Braten, Schmorbraten, Soßen, Füllungen, Gemüse, Pilzen sowie für Kräuteröl und -essig verwendet, sie dient auch zur Herstellung von Kräuterbitter und Kräuterweinen.

Tropaeolum majus L.

Krautige mehrjährige Pflanze mit niederliegenden oder kletternden 30 bis 50 cm langen **Stängeln.** Die **Blätter** sind gestielt, schildförmig mit gerundetem Rand und hellgrün gefärbt. Die orangeroten oder gelb gefärbten **Blüten** haben eine Krone, die nach hinten in einen langen Sporn übergeht.

Verbreitung und Habitat: Diese Spezies stammt aus Südamerika und wird in Europa nicht selten als Zierpflanze in Gärten angepflanzt.

Aufzucht und Pflege: Die Aussaat der Kapuzinerkresse erfolgt im Frühling am besten in Töpfen mit einer leichten und fruchtbaren Erde. Sobald die Pflänzchen groß genug sind, pflanzt man sie in Einzeltöpfe oder in den Garten in fruchtbare, sehr gut dränierte Erde. Diese Pflanze benötigt einen Standort im Halbschatten und regelmäßige Wassergaben.

Sammeln und Aufbewahren: Die Blätter und Blüten im Sommer abschneiden und frisch verwenden oder an einem schattigen und luftigen Ort trocknen lassen. Danach geschützt vor Licht und Feuchtigkeit aufbewahren.

Therapeutische Eigenschaften: Verdauungsfördernd, harntreibend, auswurffördernd (Bronchien), vitaminreich.

Verwendung in der Küche: Die Blüten und Blätter der Kapuzinerkresse eignen sich wegen ihres pikanten Geschmacks als Bestandteil von Salaten. Die Blütenknospen und unreifen Früchte sind ein hervorragender Ersatz für Kapern, wenn sie zuvor in Salz und dann in Essig eingelegt werden.

Visitenkarte

Deutscher Name
Kapuzinerkresse

Familie
Kapuzinerkressegewächse

Blütezeit
Mai bis Oktober

Sammelzeit
Sommer

Verwendung
Blätter, Blüten

Wirkstoffe
Glykoside, organische Säuren, Vitamine

Therapeutische Verwendung
Aufguss, Tinktur

Tussilago farfara L.

Visitenkarte

Deutscher Name
Huflattich, Rosshuf, Sandblume, Quirinkraut

Familie
Korbblütler

Blütezeit
Februar bis April

Sammelzeit
Köpfchen im Frühling, Blätter im Sommer

Verwendung
Blätter, Köpfchen

Wirkstoffe
Pflanzenschleim, Inulin, Gerbstoffe

Therapeutische Verwendung
Aufguss

Krautige mehrjährige, 10 bis 30 cm hohe Pflanze mit Wurzelstock. Die ei- bis herzförmigen **Blätter** weisen eine weiß behaarte Unterseite auf und entwickeln sich erst nach der Blüte. Die goldgelben Köpfchen stehen einzeln an der Spitze der aufrechten oder leicht gebogenen Blütenschäfte.

Verbreitung und Habitat: Diese Spezies ist in ganz Europa verbreitet, vor allem im Gebirge, und wächst an schattigen, feuchten Stellen, auf Sandhaufen, Erdabbrüchen Ödland sowie entlang von Forstwegen bis in 2400 m Höhe.

Sammeln und Aufbewahren: Die frisch aufgeblühten Köpfchen im Frühling ohne Schaft abschneiden, an einem schattigen und luftigen Ort trocknen lassen und dann geschützt vor Licht und Feuchtigkeit aufbewahren.

Therapeutische Eigenschaften: Zusammenziehend, hustenlindernd, auswurffördernd, krampflösend, erweichend. Äußerliche Anwendung als entzündungshemmendes und schmerzlinderndes Mittel bei Rötungen der Haut und Schleimhaut.

Urginea maritima (L.) Bak.

Krautige mehrjährige, 60 bis 150 cm hohe Pflanze mit teilweise aus der Erde ragender sehr großer **Zwiebel** und mit zylindrischem, aufrechtem Blütenschaft. Die lanzettlichen **Blätter** bleiben nur über den Frühling erhalten. Die weißlichen **Blüten** bilden einen lang gestreckten Traubenblütenstand.

Verbreitung und Habitat: Diese Spezies ist im Mittelmeerraum heimisch und wächst bevorzugt auf trockenen Hängen und in der Garrigue (Heide) bis in 600 m Höhe.

Sammeln und Aufbewahren: Die Zwiebeln im Herbst, wenn möglich als Ganzes, ausgraben, in Scheiben schneiden und an der Sonne trocknen lassen oder in Schichten im Sand eingebettet an einem kühlen und trockenen Ort aufbewahren.

Therapeutische Eigenschaften: Harntreibend, herzstärkend, schleimverflüssigend (Bronchien). Verwendung in der Homöopathie als herzstärkendes Mittel sowie gegen Bronchitis.

Synonyme: *Scilla maritima* L.; *Urginea scilla* Steinh.

Achtung! Die pharmakologische Verwendung dieser Pflanze, die giftige Glykoside enthält, muss ausschließlich Ärzten vorbehalten bleiben.

Visitenkarte

Deutscher Name
Meerzwiebel

Familie
Liliengewächse

Blütezeit
September und Oktober

Sammelzeit
Herbst

Verwendung
Zwiebeln

Wirkstoffe
Glykoside, Pflanzenschleim, Gerbstoffe

Therapeutische Verwendung
Tinktur

Urtica dioica L.

Krautige mehrjährige, zweihäusige Pflanze von 30 bis 120 cm Höhe mit vierkantigen **Stängeln,** auf denen sich die typischen Brennhaare befinden. Die gegenständigen, ovalen bis lanzettlichen und an den Rändern grob gezähnten **Blätter** tragen ebenfalls diese Brennhaare. Die gelbgrünen, kleinen und unscheinbaren eingeschlechtigen **Blüten** stehen in den Achseln der Blätter.

Verbreitung und Habitat: Die Brennnessel ist heute praktisch weltweit anzutreffen und in unseren Breiten sehr häufig. Die Pflanze wächst bevorzugt auf Ruderalbrachen und zwischen Schutt sowie entlang von Wegrändern auf stickstoffreichen Böden bis in 1800 m Höhe.

Sammeln und Aufbewahren: Die Blätter wenn möglich während der Blüte oder knapp davor abzupfen. Dabei als Schutz vor den Brennhaaren unbedingt Handschuhe tragen. Danach an einem kühlen und trockenen Ort trocknen lassen.

Therapeutische Eigenschaften: Harntreibend, zusammenziehend, blutstillend, vitaminreich, blutzuckersenkend. Äußerliche Anwendung der Brennnessel in Form von Lotionen und als Reinigungsmilch für die Kopfhaut (gegen Schuppen und Seborrhöe). In der Homöopathie verwendet bei der Behandlung von Hautausschlägen.

Verwendung in der Küche: Die jungen Blätter werden in gekochtem Zustand zur Verfeinerung von Suppen, Risotto, Omeletten und Füllungen eingesetzt.

Visitenkarte

Deutscher Name
Brennnessel, Hanfnessel, Donnernessel, Scharfnessel

Familie
Nesselgewächse

Blütezeit
Mai bis Oktober

Sammelzeit
April bis Oktober

Verwendung
gesamte Pflanze

Wirkstoffe
Zucker, Ameisensäure, Histamin, Vitamine C und K

Therapeutische Verwendung
Aufguss, Tinktur

Vaccinium myrtillus L.

Visitenkarte

Deutscher Name
Heidelbeere, Schwarzbeere, Blaubeere

Familie
Heidekrautgewächse

Blütezeit
Juni/Juli

Sammelzeit
Sommer

Verwendung
Blätter, Früchte

Wirkstoffe
Glykoside, organische Säuren, Gerbstoffe, Vitamine

Therapeutische Verwendung
Absud, Tinktur

Mehrjähriger Zwergstrauch von 10 bis 40 cm Höhe. Die im Winter abfallenden **Blätter** sind oval bis elliptisch, spitz zulaufend und an den Rändern gesägt. Die blattachselständigen, hängenden **Blüten** weisen eine grüne Grundfärbung mit violetter Tönung auf. Die **Frucht** ist eine kugelige, mit einer wachsigen Reifschicht überzogene, im reifen Zustand blauviolette Beere.

Verbreitung und Habitat: Die Heidelbeere ist in den kalten und gemäßigt kalten Regionen Mittel- und Nordeuropas weit verbreitet. Sie wächst bevorzugt in Nadelwäldern, Heideland, speziell auf sauren Böden, zwischen 1200 und 2000 m Höhe.

Sammeln und Aufbewahren: Die Früchte sammeln, sobald sie ganz ausgereift sind und entweder frisch verwenden oder tiefgekühlt aufbewahren. Die jungen Zweige im Sommer abschneiden und an einem schattigen und luftigen Ort so lange trocknen lassen, dass sich die Blätter ablösen. Geschützt vor Licht und Feuchtigkeit aufbewahren.

Therapeutische Eigenschaften: Zusammenziehend, entzündungshemmend, blutzuckersenkend, harntreibend, antiseptisch. Äußerliche Anwendung als linderndes Mittel bei Haut- oder Schleimhautentzündungen.

Verwendung in der Küche: Die reifen, süßsauer schmeckenden, aromatischen Früchte können roh gegessen oder zu Säften, Marmelade und Fruchtgelee verarbeitet werden. Sie dienen auch als Aromastoff für bestimmte Schnäpse und Liköre.

Vaccinium vitis-idaea L.

Mehrjähriger, immergrüner Zwergstrauch von 10 bis 30 cm Höhe mit aufrechten oder aufsteigenden holzigen **Stängeln.** Die glänzenden, lederigen lanzettlichen bis spatelförmigen **Blätter** weisen abgerundete Spitzen sowie stumpfe Ränder auf. Die weißen, rötlich überlaufenen **Blüten** bilden kurze, endständige Trauben. Die **Frucht** ist eine kugelige, im reifen Zustand rote Beere.

Verbreitung und Habitat: Die Preiselbeere ist in den kalten und gemäßigt kalten Regionen Europas, Asiens und Nordamerikas beheimatet. Sie wächst bevorzugt in Nadelwäldern der höheren Lagen und auf Heideland zwischen 1000 und 2200 m Höhe.

Sammeln und Aufbewahren: Die Früchte sammeln, sobald diese völlig reif sind, und frisch verwenden oder tiefgekühlt aufbewahren. Die jungen Zweige im Sommer abschneiden und an einem schattigen und luftigen Ort so trocknen lassen, dass die Blätter nicht aneinander kleben können. Geschützt vor Licht und Feuchtigkeit aufbewahren.

Therapeutische Eigenschaften: Zusammenziehend, entzündungshemmend, desinfizierend (Harnwege), harntreibend, antiseptisch.

Verwendung in der Küche: Die reifen, säuerlich bitter schmeckenden Früchte eignen sich vor allem als Beilage zu Wildgerichten und Schmorbraten. Sie kommen außerdem bei der Herstellung von Marmeladen, Fruchtgelees sowie hausgemachten Schnäpsen zum Einsatz.

Visitenkarte

Deutscher Name
Preiselbeere, Granten

Familie
Heidekrautgewächse

Blütezeit
Juni/Juli

Sammelzeit
Sommer

Verwendung
Blätter, Früchte

Wirkstoffe
Glykoside, Gerbstoffe, organische Säuren

Therapeutische Verwendung
Absud, Tinktur

Valeriana officinalis L.

Visitenkarte

Deutscher Name
Baldrian, Katzenkraut, Waldspeik, Brachkraut

Familie
Baldriangewächse

Blütezeit
Mai bis Juli

Sammelzeit
Herbst

Verwendung
Wurzelstock

Wirkstoffe
ätherische Öle, Alkaloide, Gerbstoffe, Harze

Therapeutische Verwendung
Absud, Tinktur

Krautige mehrjährige, hohe Pflanze mit einer großen spindelförmigen und typisch unangenehm riechenden Wurzel sowie aufrechten 50 bis 150 cm langen **Stängeln.** Die fiederteiligen **Blätter** setzen sich aus 7 bis 23 randlich eingeschnitten-gezähnten Segmenten zusammen. Die weißen oder rosafarbenen **Blüten** bilden dichte endständige Doldentrauben.

Verbreitung und Habitat: Der Baldrian ist in Europa beheimatet und wächst bevorzugt an feuchten Standorten, auf schattigen Wiesen sowie entlang von Waldrändern und Gräben bis in 1400 m Höhe.

Sammeln und Aufbewahren: Die Wurzelstöcke der mindestens 2 bis 3 Jahre alten Pflanzen im Herbst herausziehen oder ausgraben, waschen, in Stücke schneiden und an der Sonne oder im Backrohr bei mäßiger Hitze trocknen. Danach geschützt vor Licht und Feuchtigkeit aufbewahren.

Therapeutische Eigenschaften: Blutdrucksenkend, beruhigend, krampflösend, antineuralgisch.

Veratrum album L.

Krautige mehrjährige Pflanze mit **Wurzelstock** und aufrechten, zylindrischen **Stängeln** von 50 bis 150 cm Länge. Die wechselständigen, stängelumfassenden **Blätter** sind lanzettlich oder elliptisch. Die grünlich weiß gefärbten **Blüten** bilden eine dichte endständige Rispe.

Verbreitung und Habitat: Der Weiße Germer ist in den gemäßigten Regionen Europas beheimatet und wächst bevorzugt auf Weiden und Waldlichtungen zwischen 700 und über 2000 m Höhe. Er bevorzugt vor allem stickstoffreiche Böden.

Sammeln und Aufbewahren: Die Pflanzen möglichst während der Blüte oder knapp davor abschneiden, dann an der Sonne trocknen lassen und an einem trockenen und luftigen Ort aufbewahren.

Therapeutische Eigenschaften: Brechmittel, zusammenziehend, blutdrucksenkend. Äußerliche Anwendung in Form von Salben gegen Schmerzen, Rheuma und Gicht.

Achtung! Die pharmakologische Verwendung dieser Pflanze, die extrem giftige Alkaloide enthält, muss ausschließlich Ärzten vorbehalten bleiben.

Visitenkarte

Deutscher Name
Weißer Germer, Brechwurzel, Hermer

Familie
Liliengewächse

Blütezeit
Juni bis August

Sammelzeit
Sommer/Herbst

Verwendung
gesamte Pflanze

Wirkstoffe
Alkaloide, Stärke, Harze

Therapeutische Verwendung
Tinktur

Achtung!
Giftig

Verbascum thapsus L.

Visitenkarte

Deutscher Name
Kleinblütige Königskerze, Wollblume, Marienkerze, Fackelkraut, Johanniskerze

Familie
Rachenblütler

Blütezeit
Mai bis August

Sammelzeit
Frühling/Sommer

Verwendung
Blätter, Blüten

Wirkstoffe
Pflanzenschleim, Bitterstoffe, Saponine

Therapeutische Verwendung
Aufguss, Tinktur, Breiumschlag

Krautige zweijährige Pflanze, die mit einem dichten grünlich weißen oder gelblichen Haarfilz bedeckt ist und kräftige aufrechte **Stängel** von 50 bis 120 cm Höhe entwickelt. Die eiförmig bis lanzettlich geformten ebenfalls filzig behaarten **Blätter** weisen eine grobe Zähnung auf. Die zartgelben oder weißlichen **Blüten** bilden eine dichte endständige Rispe.

Verbreitung und Habitat: Diese Spezies ist in Mittel- und Südeuropa beheimatet und gedeiht bevorzugt auf steinigen, abbröckelnden Böschungen und entlang von Wegrändern bis in Höhen von 1700 m.

Sammeln und Aufbewahren: Die Blätter Anfang Sommer abschneiden und an einem schattigen und luftigen Ort trocknen lassen. Die frisch geöffneten Blüten vorsichtig abzupfen und frisch verwenden oder in lockeren Schichten aufgelegt im Schatten trocknen lassen, damit sie sich nicht schwarz verfärben können. Danach geschützt vor Licht und Feuchtigkeit aufbewahren.

Therapeutische Eigenschaften: Zusammenziehend, erweichend, krampflösend, schweißtreibend. Äußerliche Anwendung als entzündungshemmendes und schmerzlinderndes Mittel bei Haut- und Schleimhautentzündungen.

Verbena officinalis L.

Krautige mehrjährige, 20 bis 60 cm hohe Pflanze mit niederliegenden oder aufsteigenden, im oberen Bereich stark verzweigten **Stängeln** mit verholzter Basis. Die länglich lanzettlichen oder spatelförmigen **Blätter** sind gelappt oder fiederteilig. Die violetten oder rosafarbenen **Blüten** bilden lange endständige Ähren.

Verbreitung und Habitat: Das Eisenkraut ist ursprünglich in Europa und Asien heimisch, heute aber praktisch auf der ganzen Welt verbreitet. Die Pflanze wächst auf brachliegenden Böden, zwischen Schutt und entlang von Bahndämmen und Wegrändern bis in 1200 m Höhe.

Sammeln und Aufbewahren: Die blühenden Spross-Spitzen Anfang Sommer abschneiden und an einem schattigen und luftigen Ort trocknen lassen. Danach geschützt vor Licht und Feuchtigkeit aufbewahren.

Therapeutische Eigenschaften: Harntreibend, fiebersenkend, antineuralgisch und antirheumatisch. Äußerliche Anwendung als entzündungshemmendes und schmerzlinderndes Mittel bei Haut- und Schleimhautentzündungen.

Visitenkarte

Deutscher Name
Eisenkraut, Verbene, Druidenkraut, Wundkraut

Familie
Eisenkrautgewächse

Blütezeit
Mai bis Sept.

Sammelzeit
Sommer

Verwendung
Blätter, blühende Spross-Spitzen

Wirkstoffe
Glykoside, Pflanzenschleim, Bitterstoffe

Therapeutische Verwendung
Aufguss, Tinktur

Veronica officinalis L.

Visitenkarte

Deutscher Name
Waldehrenpreis, Veronika, Ehrenkranz, Wundheilkraut

Familie
Rachenblütler

Blütezeit
Mai bis Juli

Sammelzeit
Sommer

Verwendung
Blätter, blühende Spross-Spitzen

Wirkstoffe
ätherische Öle, organische Säuren, Gerbstoffe, Harze

Therapeutische Verwendung
Aufguss, Tinktur

Krautige mehrjährige Pflanze mit niederliegenden oder aufsteigenden, 10 bis 15 cm langen **Stängeln.** Die gegenständigen **Blätter** sind eiförmig bis elliptisch und an den Rändern gezähnt. Die blauvioletten **Blüten** bilden endständige Trauben.

Verbreitung und Habitat: Diese Spezies stammt aus Europa und Asien und bevorzugt als Standort Rodungsflächen und Waldlichtungen, vor allem auf sauren Böden, bis in 2000 m Höhe.

Sammeln und Aufbewahren: Die blühenden Spross-Spitzen abschneiden und an einem schattigen und luftigen Ort trocknen lassen. Danach geschützt vor Licht und Feuchtigkeit aufbewahren.

Therapeutische Eigenschaften: Verdauungsfördernd, bitter-tonisch, auswurffördernd sowie tonisch anregend, krampflösend, antiseptisch. Äußerliche Anwendung als entzündungshemmendes und schmerzlinderndes Mittel bei Entzündungen der Haut und Mundhöhle.

Vinca minor L.

Visitenkarte

Deutscher Name
Kleines Immergrün, Kleines Wintergrün

Familie
Hundsgiftgewächse

Blütezeit
Februar bis April

Sammelzeit
Frühling

Verwendung
gesamte Pflanze

Wirkstoffe
organische Säuren, Alkaloide, Gerbstoffe

Therapeutische Verwendung
Aufguss, Tinktur

Krautige mehrjährige, 10 bis 20 cm hohe Pflanze mit am Boden kriechenden und bis zu 1 m langen **Stängeln,** die an den Knoten Wurzeln schlagen. Die immergrünen lederigen **Blätter** sind lanzettlich oder elliptisch und an der Spitze abgerundet. Die blauvioletten **Blüten** stehen einzeln in den Achseln der Blätter.

Verbreitung und Habitat: Das Immergrün ist in Süd- und Mitteleuropa verbreitet und wächst bevorzugt in Laubwäldern, insbesondere in Eichenwäldern bis in 1300 m Höhe.

Sammeln und Aufbewahren: Die Stängel möglichst während der Blüte oder knapp davor abschneiden und an einem schattigen und luftigen Ort trocknen lassen.

Therapeutische Eigenschaften: Harntreibend, zusammenziehend, verdauungsfördernd, blutdrucksenkend. Äußerliche Anwendung als entzündungshemmendes und schmerzlinderndes Mittel für die Haut (Dermatose, Ekzeme usw.) und Mundhöhle.

Anmerkung: Von ähnlichem Aussehen und ähnlicher pharmakologischer Wirkung ist das Großblütige Immergrün (*Vinca major* L.), das sich durch seine eiförmigen Blätter und den bis zu 5 cm großen Blüten von *Vinca minor* unterscheidet.

Vincetoxicum hirundinaria Med.

Krautige mehrjährige Pflanze von 30 bis 90 cm Höhe mit kräftigem Wurzelstock sowie aufrechten oder aufsteigenden, an der Basis verholzten **Stängeln.** Die gegenständigen oder selten zu dritt in Quirlen stehenden **Blätter** sind lanzettlich bis elliptisch und laufen spitz zu. Die weißlichen oder cremegelben **Blüten** bilden Doldentrauben in den Blattachseln.

Verbreitung und Habitat: Diese Pflanze ist in Europa und Asien heimisch und gedeiht bevorzugt auf steinigen Standorten mit Kalkböden in Gebüschen, an Waldrändern und entlang von Hecken bis in 1000 m Höhe.

Sammeln und Aufbewahren: Die unangenehm riechenden Wurzeln im Spätsommer oder Frühherbst ausgraben, waschen, von den Seitenwurzeln befreien und in Stücke schneiden. An der Sonne oder im Backrohr bei mäßiger Hitze trocknen und danach an einem kühlen und trockenen Ort aufbewahren.

Therapeutische Eigenschaften: Harntreibend, reinigend, antirheumatisch, Brechmittel. Äußerliche Anwendung als wundheilendes Mittel bei Verletzungen mit langsamer Wundheilung. In der Homöopathie verwendet gegen Bluthochdruck.

Synonyme: *Vincetoxicum officinale* Moench; *Asclepias vincetoxicum* L.; *Cynanchum vincetoxicum* Pers.

Achtung! Die Schwalbenwurz ist mit absoluter Vorsicht und nur in kleinen Dosen zu verwenden, da sie toxische Wirkstoffe enthält.

Visitenkarte

Deutscher Name
Weißer Schwalbenwurz, Hundswürger, Giftwende

Familie
Seidenpflanzengewächse

Blütezeit
Mai bis August

Sammelzeit
Sommer/Herbst

Verwendung
Wurzeln

Wirkstoffe
Glykoside, Pflanzenschleim, Gerbstoffe

Therapeutische Verwendung
Aufguss, Tinktur

Viola odorata L.

Visitenkarte

Deutscher Name
Märzveilchen, Wohlriechendes Veilchen, Osterveilchen, Veigele

Familie
Veilchengewächse

Blütezeit
Februar bis April

Sammelzeit
Frühling, Herbst

Verwendung
Wurzelstock, Blüten

Wirkstoffe
ätherische Öle, organische Säuren, Pflanzenschleim

Therapeutische Verwendung
Aufguss, Sirup, Absud

Krautige mehrjährige Pflanze von 8 bis 15 cm Höhe mit kriechenden Ausläufern, die an den Knoten Wurzeln schlagen. Die rundlichen bis nierenförmigen **Blätter** bilden eine grundständige Rosette und weisen eine herzförmige Basis sowie gekerbte Ränder auf. Die mehr oder weniger dunkelvioletten **Blüten** duften intensiv und stehen einzeln auf langen Stielen.

Verbreitung und Habitat: Das Märzveilchen ist in Süd- und Mitteleuropa verbreitet und wächst auf Wiesen an Waldrändern und entlang von Hecken sowie an anderen schattigen Standorten bis in 1200 m Höhe.

Sammeln und Aufbewahren: Die Wurzelstöcke im Frühling oder Herbst ausgraben, säubern, waschen, in Stücke schneiden und an der Sonne oder im Backrohr bei mäßiger Hitze trocknen. Noch nicht aufgeblühte Knospen abzwicken und rasch an einem luftigen und schattigen Ort trocknen lassen. Danach geschützt vor Licht und Feuchtigkeit aufbewahren.

Therapeutische Eigenschaften: Harntreibend, abführend, auswurffördernd, erweichend, hustenlindernd. Äußerliche Anwendung als schmerzlinderndes Mittel bei Verbrennungen sowie bei Haut- und Schleimhautentzündungen.

Viola tricolor L.

Krautige ein-, zwei- oder mehrjährige Pflanze von 10 bis 30 cm Höhe mit aufrechten oder aufsteigenden, verzweigten **Stängeln.** Die unteren **Blätter** sind oval, rundlich oder länglich, während die oberen eine linealische oder lanzettliche Spreite aufweisen. Die Blattränder sind gekerbt. Neben violetten, weißen oder gelben **Blüten** finden sich auch dreifärbige.

Verbreitung und Habitat: Das Stiefmütterchen ist in Europa verbreitet und wächst auf gedüngten Acker- und Gartenböden sowie auf Weiden bis in 2100 m Höhe.

Sammeln und Aufbewahren: Blüten samt Stängel abschneiden und an einem luftigen und schattigen Ort trocknen lassen. Danach geschützt vor Licht und Feuchtigkeit aufbewahren.

Therapeutische Eigenschaften: Reinigend, auswurffördernd, schweißtreibend, erweichend, harntreibend. Äußerliche Anwendung als entzündungshemmendes und schmerzlinderndes Mittel bei Entzündungen der Haut und der Schleimhaut.

Visitenkarte

Deutscher Name
Stiefmütterchen, Ackerveilchen, Samtblümchen

Familie
Veilchengewächse

Blütezeit
Mai bis Juli

Sammelzeit
Sommer

Verwendung
gesamte blühende Pflanze

Wirkstoffe
Glykoside, Pflanzenschleim, Gerbstoffe, Harze

Therapeutische Verwendung
Aufguss, Tinktur

Viscum album L.

Visitenkarte

Deutscher Name
Mistel, Vogelmistel, Laubholzmistel, Drudenfuß, Hexenbesen

Familie
Mistelgewächse

Blütezeit
März bis Mai

Sammelzeit
Herbst/Winter

Verwendung
Blätter und junge Zweige

Wirkstoffe
Aminosäuren, Saponine, organische Säuren

Therapeutische Verwendung
Aufguss, Tinktur

Immergrüner zweihäusiger Halbschmarotzer von 20 bis 50 cm Höhe, der sich in den Leitungsbahnen der Äste an der Wirtspflanze mit seinen kräftigen Senkerwurzeln verankert. Die lederigen, gegenständigen **Blätter** haben eine lanzettliche bis spatelförmige Spreite. Die gelb-grünen eingeschlechtigen **Blüten** sind eher unscheinbar. Die **Früchte** sind runde weiße Scheinbeeren. Sie enthalten einen einzigen Samen, der in einem zäh-klebrigen Fruchtfleisch eingebettet ist

Verbreitung und Habitat: Die Mistel ist in Europa weit verbreitet und wächst als Halbschmarotzer auf Laub- und Nadelbäumen bis in 1200 m Höhe.

Sammeln und Aufbewahren: Junge blattreiche Zweige abschneiden und an der Sonne trocknen lassen. Anschließend säubern und zerkleinern und sodann geschützt vor Licht und Feuchtigkeit aufbewahren.

Therapeutische Eigenschaften: Blutdrucksenkend, gegen Arteriosklerose, krampflösend, antiepileptisch.

Vitis vinifera L.

Verholzte Kletterpflanze von 1 bis 3 m Höhe mit verzweigten, knotigen, bis zu 20 m langen Reblingen. Die **Blätter** sind handförmig gelappt mit 3 bis 5 an den Rändern unregelmäßig gezähnten Lappen. Die grünlichen, unscheinbaren **Blüten** bilden dichte Rispen. Die elliptischen oder runden **Beerenfrüchte** enthalten nur wenige Samen.

Verbreitung und Habitat: Die Herkunft der kultivierten Weinrebe ist ungeklärt, sie wird aber heute in allen wärmeren Regionen Europas und der Welt angebaut.

Sammeln und Aufbewahren: Die Blätter im Herbst sammeln, sobald sie sich rot verfärben, und dann an einem luftigen und schattigen Ort trocknen lassen. Danach geschützt vor Licht und Feuchtigkeit aufbewahren.

Therapeutische Eigenschaften: Reinigend, zusammenziehend, gefäßschützend, harntreibend, anregend. Äußerliche Anwendung in Form von Breiumschlägen bei Frostbeulen und bei erweiterten Kapillargefäßen der Haut.

Verwendung in der Küche: Die frischen Trauben werden weltweit als gesundes Obst geschätzt. Dieses vitaminreiche Obst mit hohem Ernährungswert ist wohlschmeckend, durstlöschend und erfrischend. Getrocknete Trauben wie (Sultaninen, Rosinen usw.) weisen einen hohen Zuckergehalt auf und können das ganze Jahr über problemlos aufbewahrt werden. Nicht zuletzt spielt auch der vergorene Wein für verschiedene Speisen und deren Zubereitung eine große Rolle.

Visitenkarte

Deutscher Name
Weinrebe, Weintraube

Familie
Weinrebengewächse

Blütezeit
Mai bis Juli

Sammelzeit
Herbst

Verwendung
Blätter, Früchte

Wirkstoffe
Flavonoide, organische Säuren, Gerbstoffe

Therapeutische Verwendung
Absud, Breiumschlag

Zea mays L.

Visitenkarte

Deutscher Name
Mais, Türken, Kukuruz, Welschkorn

Familie
Süßgräser

Blütezeit
Juli bis Sept.

Sammelzeit
Sommer

Verwendung
Griffel und Narben

Wirkstoffe
Saponine, Mineralsalze, Fettsäuren

Therapeutische Verwendung
Aufguss, Absud, Tinktur

Krautige einjährige Pflanze mit aufrechten, kräftigen 1 bis 3 m hohen **Stängeln** (Halme). Die lanzettlichen **Blätter** weisen eine Blattscheide und behaarte Oberseiten auf. Die männlichen **Blüten** bilden einen endständigen **Blütenstand,** während die darunter befindlichen weiblichen zu dichten Ähren in den Blattachseln vereint sind, die fälschlicherweise oft als Blütenrispe bezeichnet wird und die von breiten häutigen Hochblättern umschlossen werden. Die **Frucht** (Samen) ist eine Karyopse.

Verbreitung und Habitat: Der Mais stammt ursprünglich aus Südamerika, wird aber heute weltweit in großen Mengen als Futter- und Nahrungspflanze angebaut.

Sammeln und Aufbewahren: Die haarschopfartigen Griffel, die oben aus den weiblichen Blütenständen herausragen, nach der Befruchtung abschneiden und gleich in der Sonne trocknen lassen. Danach geschützt vor Licht und Feuchtigkeit aufbewahren.

Therapeutische Eigenschaften: Harntreibend, reinigend, blutdrucksenkend, beruhigend, entgiftend.

Pharmakologisches Glossar

Ableitungsmittel: Medikament zur äußerlichen Anwendung, dessen reizende Inhaltsstoffe eine Rötung an jener Stelle verursachen, auf der sie aufgetragen werden. Die gesteigerte Durchblutung soll eine Abschwellung der darunter liegenden Organe bewirken.

Abschwellend: Mittel, das eine Schwellung lindert oder zum Verschwinden bringt.

Adstringens: Substanz (z. B. Gerbstoffe), welche die Oberfläche bestimmter Gewebe zusammenzieht und deren Absonderungen vermindert (Schleimhaut).

Anabolikum: Wirkstoff, der den Aufbaustoffwechsel des Körpers fördert.

Analeptikum: Substanz mit zentral anregender Wirkung auf bestimmte Organsysteme wie z. B. Atem-, Gefäß- oder Zentralnervensystem.

Analgetikum: Medikament, das den Schmerz lindert oder beseitigt.

Anaphrodisiakum: Substanz, die sexuelle Impulse besänftigt oder unterdrückt.

Anästhetikum: Medikament, das bestimmte Reizaufnahmeprozesse des Organismus abschwächt oder zur Gänze ausschaltet, wie z. B. den Tastsinn, Schmerzsinn usw.).

Antihelminthikum: Mittel zur Bekämpfung von Eingeweidewürmern.

Antipyretikum: Fiebersenkendes Mittel.

Antiseptikum: Desinfizierendes antibakterielles Mittel, das die Entstehung von Entzündungen verhindern soll.

Antispasmodikum: Krampflösendes Mittel, das die nicht unserem Willen unterliegenden unwillkürlichen Kontraktionen der glatten Muskulatur dämpft (Krämpfe, Konvulsionen usw.).

Aperitif: Appetitanregendes Getränk.

Aphrodisiakum: Den Geschlechtstrieb anregendes Mittel.

Bakterizid: Substanz, welche Bakterien abtöten kann.

Balsamisch: Reizlindernd, z. B. bei Schleimhäuten.

Carminativum: Blähungen ableitendes Mittel, welches im Magen-Darm-Trakt wirkt.

Cholagogum: Den Gallenfluss anregendes Mittel.

Choleretikum: Mittel, welches die Gallenbildung in der Leber fördert.

Depurans: Schwach entgiftend wirkendes Mittel, das die natürliche Ausscheidung schädlicher Stoffe aus dem Organismus fördert, z. B. über Schweiß und Urin).

Diaphoretikum: Schweißtreibendes Mittel.

Digestivum: Die Verdauung förderndes Mittel.

Diuretikum: Harntreibendes Mittel.

Emmenagogum: Mittel, welches den Ablauf der Monatsblutung reguliert und fördert.

Emolliens: Erweichendes Arzneimittel, das die Haut weich und geschmeidig macht, die Schleimhäute schützt und Entzündungen lindert.

Entzündungshemmendes Mittel: Medikament, das Entzündungsvorgänge lindert.

Eupeptisch: Verdauungsfördernd bzw. die Absonderung der Magensäfte anregend.

Expektorantium: Hustenlösendes, auswurfförderndes Mittel.

Fiebersenkend: Senkung zu hoher Körpertemperatur.

Galaktogen: Die Milchproduktion fördernd.

Hämostatikum: Blutstillendes Mittel.

Hypoglykämie: Absinken des Blutzuckers unter den Normalwert.

Hypotensivum: Mittel, welches den Blutdruck senken kann.

Kardiakum: Herzstärkendes Mittel.

Kräuteressig: Aromatisch duftender Essig, dessen Inhaltsstoffe leicht verdauungsfördernd wirken.

Laktafugum: Verringert oder hemmt die Milchproduktion.

Laxativum: Leicht abführendes Mittel.

Magenstärkendes Mittel: Stärkt den Magen und fördert die Verdauung.

Narbenbildend: Den Wundverschluss fördernd.

Narkotikum: Betäubungs- und Rauschmittel.

Purgans: Abführmittel mittlerer Stärke.

Rötender Stoff: Hautrötung verursachendes Hautreizmittel.

Sedativum: Beruhigungsmittel, welches die Sensibilität und die nervöse Erregung verringern kann.

Spasmolytikum: Krampflösendes Mittel.

Stomatika: Medikamente für die Therapie von Mund- und Rachenerkrankungen.

Sudoriferum: Schweißtreibendes Mittel.

Tonikum: Kräftigung- und Stärkungsmittel, indem der Muskeltonus gestärkt wird.

Toxisch: Giftig.

Vasodilatanzien: Substanzen, welche die Blutgefäße erweitern können und eine Senkung des Blutdrucks bewirken.

Vasokonstringenzien: Substanzen, welche das Lumen der Blutgefäße verengen können und dadurch eine Erhöhung des Blutdrucks bewirken.

Vermifugum: Arzneimittel zum Abtreiben von Eingeweidewürmern.

Wundheilmittel: Substanz, die Verschluss und Ausheilung von Wunden und Verletzungen fördert.

Deutsches Artenverzeichnis

Wissenschaftliches Artenverzeichnis